持続可能な地域創生

SDGsを実現するまちづくり

《暮らしやすい地域であるためには》

山口 幹幸／高見沢 実／牧瀬 稔 編著

PROGRES
プログレス

はじめに

本書は，今日，国や地方自治体を中心に推進されているSDGsに着目し，わが国の人口減少・少子高齢社会のもとで直面する地方創生に焦点をあて，住み続けられるまちづくりをテーマとしたものである。

周知のようにSDGsとは，2015年，国連に加盟する国々が地球の未来図を示す「持続可能な開発目標」の推進を採択し，経済成長，社会問題の解決，環境保全がバランス良く達成された持続可能な世界を目指したものである。SDGsの実現に向けて17の目標を掲げ，わが国では，政府をはじめ，行政，住民，企業を含むすべての公共と民間が連携と協働により目標を達成することとしている。

「住み続けられるまちづくり」は，SDGsの目標11に掲げる「持続可能な都市及び人間居住の実現」をベースに，SDGsの他の目標と相互に関連して達成できるものである。つまり，地方自治体等のハード・ソフトからの様々な政策・施策を統合し，その取組みによって実現されるものであり，暮らしやすい地域を目指す一連の取組みといえる。これは，地方都市，大都市を問わず，今日の社会状況のなかで活力や魅力ある持続可能な地域創生が求められていることに依拠する。本書は，こうした観点に立って，持続可能な地域創生による住み続けられるまちづくりの実現を捉えている。

現在，SDGsの取組みは，国の掛け声とともに徐々に広がりを見せているが，未だ一般化しているとは言い難い。それは，聞き慣れないSDGsの言葉そのものに馴染み難いことや，個々の人には新たな概念と捉えられがちで全体像が消化されていないからでもあろう。

SDGsの理念は，わが国の憲法や地方自治法等の法規にそもそも根付いたものであり，わが国のこれまでの取組みの中で，すでに高い水準で持続的に発展を遂げてきている。

すると，SDGsの取組みがなぜ必要なのか疑問に感じる向きもあろう。しかし，世界的なグローバル化や地政学上のリスクなど政治・経済をめぐる不透明・不安定感が漂うなか，かつて先進国が経験したことのない人口減少や少子高齢社会の進展などから，従来の発想では，法の理念に沿って政策効果を発現することがきわめて困難な状況となっている。SDGs 推進の方向性は，現在のわが国が取り組む主要施策とも軌を一にしており，これは国内課題の取組みが国際社会の目標とも関連が深いことを示している。

このことは，他国の政策が自国の課題解決のヒントになるということでもある。また，SDGs の理念や目標に照らし，わが国の政策のさらなる取組みを要する分野や，従来の施策を振り返って改めて課題を洗い出す必要もある。こうした意味で SDGs の推進がひとつの転機となり，政策を見直す好機であるといえよう。また，課題先進国であるわが国の経験の積み重ねは，他の先進諸国や高齢化問題が今後深刻となるアジア諸国など，国際社会の課題解決に活かし貢献することもできる。つまり，わが国自身と国際社会に向けて持続可能な未来を切り開くことが期待できるのである。

こうした理解のもとに，本書は全体を 2 部構成とし，第Ⅰ部は「SDGs『持続可能な地域創生』と都市政策」，第Ⅱ部は「地方自治体の SDGs 政策の実際」としている。

第Ⅰ部では，持続可能性のある住み続けられる地域を創出するために，基本的な役割をもつ都市計画・地方自治・住宅などの都市政策について，専門領域の立場から各執筆者がそのあり方や方向性を述べている。

これについては，高見沢実の「SDGs 時代の都市計画を考える ～グローバルな視点から～」，城山佳胤の「SDGs の推進と行政運営のあり方」，楠亀典之の「変化する時代の地域性を磨く持続的まちづくり」，川崎直宏の「地域循環型社会の居住システムの構築に向けて」，山口幹幸の「東京一極集中の流れを変える都市政策とは」とし，専門的な知識・経験をもつ学識研究者，実務者，行政経験者によって考察している。

第Ⅱ部では，SDGs に取り組む地方自治体の実態と，全国の代表的な 7 市の具体的な事例を紹介している。

これについては，牧瀬稔の「地方自治体の価値を高める SDGs の潮流」，実例として，岩手県北上市，栃木県日光市，石川県加賀市，東京都多摩市，神奈川県相模原市，大阪府豊中市，愛媛県西条市における SDGs 政策を述べている。自治体政策に精通した学識者の論述のほか，各市の実務担当者が，地域の自然環境や産業等の実態をふまえて設定したSDGsの目標の考え方や，目標達成に向けた住民や企業等との協働による多様な取組みを述べている。

本書は，SDGsの類書が少ないなか，これからSDGsを推進しようとする全国の各市町村や，公共と協働する民間の方々のさらなる取組みに資することを望んでいる。また，国や都道府県の政策部局をはじめ，まちづくり活動に自主的に取り組んでいる住民やNPOなどの団体，都市開発の計画・事業に携わるコンサルや企業の方々にとって有益な書となることを目指した。

なお，本書のとりまとめや執筆にあたっては，㈱プログレスの野々内邦夫氏にはアドバイスをいただくなど大変お世話になり，執筆者を代表して謝意を表する。本書が，今後の都市づくり・まちづくりを考える上で，少しでも寄与できれば望外の喜びとするところである。

令和２年３月１日

山口　幹幸

目　次

第Ｉ部◆SDGs『持続可能な地域創生』と都市政策

SDGs 時代の都市計画を考える～グローバルな視点から～ … 高見沢　実

SDGs の推進と行政運営のあり方 …………………………… 城山　佳胤

変化する時代の地域性を磨く持続的まちづくり ………… 楠亀 典之

地域循環型社会の居住システムの構築に向けて ………… 川崎　直宏

東京一極集中の流れを変える都市政策とは ………………… 山口　幹幸

第Ⅱ部◆地方自治体のSDGs政策の実際

地方自治体の価値を高めるSDGsの潮流……………………牧瀬　稔

●持続可能な地域創生～あじさい都市の実現を目指して

[北上市近未来政策研究所（北上市 企画部 政策企画課）]

●パートナーシップで「人が輝く日光」を目指して

[日光市 企画総務部 総合政策課]

●**持続可能なまちづくりへの取組み**～「経済」「社会」「環境」３つの側面から

［西条市 経営戦略部 政策企画課］

第Ⅰ部

SDGs『持続可能な地域創生』と都市政策

SDGs 時代の都市計画を考える
～グローバルな視点から～

横浜国立大学大学院 都市イノベーション研究院 教授
高 見 沢　　実

1. はじめに

筆者の専門は都市計画である。

当初本章に仮に付けたテーマは「SDGs 推進とまちづくり」であったが，そもそも「都市計画」も「SDGs」も「まちづくり」もあいまいな概念・用語であり，このままでは議論ができない。

従来，「都市計画」は行政中心の都市の骨格をつくる仕事，「まちづくり」は住民・市民中心の街を住みやすくするための活動との意味で使われることが多かったが，特に近年では，「都市計画は本当に役立っているのか？」という疑問が提起される一方，「まちづくり」はあまりに漠としていて何でもまちづくりといえなくもないなど，議論を整理するとともに，「都市計画」の内容そのものについても再定義が必要である。

その際，「SDGs」を加えて考えることで，議論を可能な限り現代化して，グローバルな位置づけと今後の課題共有をめざす。

本章では，SDGs で示されたゴールのうち 11 番目の「包摂的で安全かつ強靭で持続可能な都市及び人間居住を実現する」が本分野で最も中心となるゴールととらえたうえ，この包括的目標は世界のどの地域でも共通する目標であることを重視する。そのうえで，それを達成する「都市計画」とはどのようなものかをグローバルな視点で整理するものとする。

歴史的にみると，各国の近代都市計画はまず，西欧先進諸国からその必要性に迫られて確立し，日本もおよそその流れに乗って近代都市計画システムを開発しながら都市が成長した。一方，多くの途上国では旧宗主国が導入したそれぞれの都市計画を引き継ぎながらも圧倒的な都市化の勢いにどこまでを「都市計画」と呼ぶかがあいまいになり，「都市計画」の輸出元の先進諸国においても，現代的課題に対処するなかで何を「都市計画」と呼ぶかがあいまいになっていると考えられる。ある意味，SDGsの11番目にある「包摂的で安全かつ強靭で持続可能な都市及び人間居住を実現する」ことが世界共通の「都市計画」といえなくもない。

そこで本章では，これまでの歴史的経緯にこだわらず，また，ステレオタイプの「各国事情」に左右されずに，2030年までに目標とすべきは「包摂的で安全かつ強靭で持続可能な都市及び人間居住を実現する」ことであるとして，旧来の「都市計画」とこの目標との間に道筋をつけることを目標とする。

2. 日本の都市計画とグローバルな都市計画

現行の都市計画法は1968年に旧都市計画法を刷新してできたもので，既に半世紀が過ぎている。「半世紀前」の都市計画をしているというのも驚きで，そのような都市計画はおそらく現代の日本に適合していない。当時は都市拡大，とりわけ無秩序な拡大を意味する「スプロール」をどう食い止めるかが最大の政治課題で，国民にとっても，急激に地価が上昇する現実をなんとかしようと改正されたもので，同時に国から都道府県へと都市計画の主体が移され住民参加規定も加えられたものである。

とはいえ，現在あるいはこれからどのような都市計画法が必要かと考えたとき，個別課題については新たな法制でその都度対応済みの観もあるなかで，現時点では何が国民的課題かが明確でない。まさにそれを明確にしようとする際，「SDGs」というグローバルな政策目標にも合致するよう視野をふくらませて考える，との関係がある。

その際，本章では，「日本の都市計画法（制度）のこれから」を考えるにあたって，「先進諸国の都市計画法（制度）のこれから」，「途上国の都市計画法（制度）のこれから」も並行して整理してみる。

というのも，「都市計画法（制度）」に限定すると，「各国さまざまなのだから，それぞれの事情に応じて課題も違う」との議論になりがちである。しかし，「SDGs」はグローバルな目標であるから，根本の部分では共通の大きな目標が掲げられている。

もちろん，169のターゲットでは，「それぞれ国の事情にもとづいて考えてください」ということにはなっているが，もしかすると都市計画法（制度）もグローバルな共通点を考えることによって，より明確な「日本の都市計画法（制度）のこれから」像が見出せる可能性がある。

こうした観点は，筆者が1998年に『イギリスに学ぶ成熟社会のまちづくり』（学芸出版社）を書いた時点でも萌芽的に持っていた。そこでは，「先進国」と「日本」という単純な枠組みではあったが，「先進性」「固有性」「同時代性」の3つの面から都市計画をとらえようとした。グローバルに考える場合も，ここから発想することは可能である。

3つめの「同時代性」については，まさにグローバルな共通課題をどうとらえるか，とりわけ「持続可能性」を都市計画にどのように関連づけるかがポイントになりそうである。

2つめの「固有性」については，とりあげる国や地域の事情とか文化的・社会的特性など「それぞれ」の方が強調される部分であるが，本当にそれが「固有」なのか，実はそれはそうではないのかを見分ける必要がある。

残る1つめの「先進性」は，『イギリスに学ぶ成熟社会のまちづくり』では，「先進国」だから先進というよりも，他国にさきがけて（いずれは自国でも課題になりそうな）大きな課題に取り組み一定の成果を得た，といった意味で「先進」と考えた。たとえば，超高齢化や市街地縮減が進む日本で考える新しい都市計画はグローバルにみて先進的かもしれないし，アフリカの都市で貧困と闘うべく新たに考案された都市計画は先進的かもしれない。

なお，「都市計画」と「まちづくり」の関係であるが，一般に，「まちづくり」の方が範囲が広く漠としている。筆者の専門が「都市計画」であることと，「まちづくり」全般としてしまうとテーマが広がりすぎてしまうことから，本章のタイトルを「SDGs時代の都市計画を考える～グローバルな視点から～」とした。都市計画の課題をグローバルに検討しながら，日本のこれからの都市計画のあり方を「まちづくり」との関係整理も含めて展望することを目標とする。

議論は以下のように進める。3., 4.では，途上国と先進国から話をはじめ，それらが現代都市計画とどのようにかかわっているか，何が「先進」「固有」「同時代」な側面かを整理する。5.では，「先進国」「日本」「途上国」の都市計画を近代200年の軸のうえで整理することで，「日本」の都市計画の相対的位置関係を確認する。6.では，日本の都市計画担当者が都市計画課題，とりわけ制度としての都市計画の課題をどうとらえているかを概観する。最後の7.が以上を踏まえたまとめとなる。

3.『風をつかまえた少年』とアフリカ都市計画

2019年夏に日本でも公開された映画『風をつかまえた少年』。

現代世界の最貧国の1つとされるアフリカマラウイの，とある村で，小学校の学費も支払えなくなり退学となった農家の少年が，学校の図書館を周囲の大人たちのサポートで使わせてもらいながら勉強に励み，旱魃で疲弊する地域を皆と協力しながら救おうと奮闘する，実話にもとづく映画である。

「SDGs推進」の原点であり，日本に暮らす私たちも忘れかけていた地域で暮らすことのリアルな姿を描いているように思え，本章の最初に置くことにする。少年の暮らす村でとれた作物は町の市場に持っていくのだが，旱魃が続くと思えば洪水が起こって生産は安定せず，貧困の度合いが増していく。

2017年に出版された『The Routledge Handbook of Planning History』の第22章に掲載された論説「Africa's Urban Planning Parimpsest」では，20世紀初頭に先進諸国で確立した近代都市計画から100年後のアフリカで，新しい都市計画法の確立が必要なことを強く訴えている。

サブサハラの多くの国において，都市計画法はあっても機能しておらず，自治体に都市計画部局はなく，都市計画の人材も（ほぼ）いない。民間主導でばらばらに開発が進み，多くの人々にはちゃんとした家もない。都市はリスクにあふれている。町にも村にもリスクがあふれている。そうした場所で求められる都市計画像とは，著者によれば以下のようなものである。

第一は，「土地」に対する安定性である。

『風をつかまえた少年』では農村が舞台のため，「土地」問題の多くは「農地」を生産の場として持続的に運営することの困難さであった。所有関係は明確なようだが，現金欲しさに外部からくるブローカーに農地を売却してしまい，それが森林破壊につながって，洪水―旱魃の悪循環をさらに悪化させる。アフリカ全般の課題としては，インフラ未整備のままスラム化してしまう「都市化」への有効な対処法であり，既存の「不法占拠」をどのように解決するかの有効な選択肢としての土地・都市計画システムの開発・定着である。本論説では，「植民地時代」の問題だけを過大視するのではなく，「植民地化以前」「独立以後」のシステムを通して理解したうえ，アフリカに合った解決法を見出すべきことを強調している。

第二は，「生産」の安定化と食糧問題の解決である。

『風をつかまえた少年』では，自らの生産物を町で売ることで生計を立てているのだが，収穫が安定しないため一家に残される現金はほとんどなく，食糧さえ確保できない。これでは生きていけないと有志らが政府にかけあい，トラックで各村の拠点に安価な食料を配給するのだが，それを購入しようと壮絶な競争が繰り広げられる。著者は，食糧を貧困層に届けるレギュレーションが重要と説く。

第三は，自然資源連関の適正なマネジメントである。

『風をつかまえた少年』では，「土地」自体が商品としてブローカーに流れてしまうため，自然資源の管理は不可能である。開発許可的にいえばブローカーの方に土地開発・土地利用のためのルールを課すべきだろうが，そのようなパワーはない。少年は周囲にある資源（自転車の発電装置）を使って自然エネルギーを利用して（風をつかまえる）灌漑施設をつくり（村人が力を合わせて），なんとか困難を乗り越えようとする。

これらに通底する「都市計画」のテーマとは，少なくとも都市が安全に住まうことができる，安心して「暮らし」が営める場所になるというもので，これをあえて19世紀末から20世紀初頭にかけての当時の先進国の都市計画と比べるなら，当時もやはり都市人口が爆発的に増大するなかで伝染病対策が為政者からも急がれ，その延長上に衛生的な居住空間づくりのルール化～特に上下水，日照，密度抑制～がなされて，次第に所得水準が上がるなかで，その水準が高度化していった。

そこで達成できた基準自体が「都市計画」だとすると，現代アフリカでは基準が高すぎて，多くが「不法」「非公式」となってしまうので，時間軸を入れつつ，現実をどのように受け入れて，しかも持続的により良い状態に都市を移行させていくかを，植民地化以前からあった慣習や地域の知恵，ローカルな力の連携とイノベーションなども総動員しながらシステムとして構築していかなければならない。

4. 先進国の都市計画の現代的課題

4.1 ロンドンイーストエンドのNPO，SSBA

現代の世界都市は内に貧困問題や住宅問題，移民問題を抱えている。

ロンドンからSSBA（Spitalfields Small Business Association）というNPOが1998年に来日したときの話からはじめる。

この組織が活躍する「Spitalfields」は，ロンドンイーストエンドの一角にある，古くからバングラディシュからの移民の多い，貧困問題を抱えつつも地域主導の取組みで広く知られた地域である。

NPOとして設立されたこのグループは，ハウジングコーポラティブを得意とし実際の事業までこなす専門家集団だった。1982年の設立の意図も，ハウジングコーポレーションの資金を調達してコミュニティに根ざしたハウジングを行うためだった。イギリスには日本のUR（都市機構）のような大組織がないかわりに，ハウジングを担える「ハウジングアソシエーション」が地域にきめ細かく数千も存在し，それぞれが目標を定めて事業を行っている。政府の仕事は，そうした諸組織が活躍できるように主として資金的な支援を担当する。

SSBAもそうした地域に根差した組織の一つであるが，ハウジングコーポレーションの資金はハウジングにしか使えないため，SSBAが物件を取得して上階をその融資を得て改修したうえ売却する。1階部分を店舗やワークスペースとして整備し貸し出す。実際の事業はより地域性や組織のミッションを反映しているので２つの事業を紹介する。

第一は，Crown and Leek Joinery。SSBA の建物修復トレーラングプログラムに参加して技能を習得後，カレッジに進んだ人を SSBA が雇用して，ワークスペースを提供。建具屋として地域周辺の建築家，レストラン経営者，住宅所有者や大企業などを顧客として経営を展開している。

第二は，HERB Women's Project。バングラディシュからの移民女性の就労支援。語学支援や，手工業技術獲得トレーニングと起業サポートを行うために 1991 年に創設された。

このように，SSBA は，個人の能力開発と事業化・自立支援を行うなかで人々の結びつきを強め，地域経済の活性化に貢献している。これらをソフト面とすると，ハード面ではコミュニティディベロッパーとして物件を広げつつ修復の積み重ねによって都市再生の実践を積み重ねている。

1998 年に事務局長のケイさんが来日してから既に 20 年が経過している。現在もネットを見ると，SSBA は地域でさらに活動を展開している様子がわかる。こうした組織が地域にあると，日常的なハード・ソフト両面にわたるプロジェクトの種が蓄積されマネジメントできる。アセットも持っているので，プロジェクトファイナンスの幅も広がり，持続的な社会貢献・地域価値の向上に大きな力を発揮できることがわかる。

4.2　イーストエンドのまちづくりと都市計画

では，このような課題と都市計画とがどのようにつながっているのかを考えてみる。

ロンドンのイーストエンドは，先にも書いたように，まさに「19 世紀終わりから 20 世紀はじめに」都市計画が必要になった問題の集中するエリアだった。「スラム」問題を克服すべく，当初は公衆衛生的法制だったものが次第に進化して，劣悪な住宅をその所有者に取り壊させる法制ができ，さらに貧困にあえぐ低所得層向けに地方自治体が住宅を建てる法制・政策ができた。さかんに「スラムクリアランス」がなされ，公営住宅が大量に建てられた。その結果，町のストックは「スラムクリアランス」を逃れた最低水準に近い密度の市街地と，以前はさらに水準の低かったエリアを建て替えた公営住宅群で占められる。とはいえ，常に移民が流れ込む町であり，貧困は根本的には解決されず，との文脈が背景にある。市街地はかなり老朽化もしているので，修繕・修復が必要である。

さきのSSBAによる事業をみると，第一の事業は「建物修復」が主体にあり，それに自立支援や地域経済再生策が組み込まれて，うまく回れば小さなプロジェクトが積み重ねられて下町が再生される，というビジョンが描ける。第二の事業は，自立支援というソフトな目標がベースにあり，受け皿として第一の事業も関係づけられる。

ここでは2つの事業しか紹介していないが，歴史的には先進国として「都市計画は対応済み」のはずの世界都市ロンドンの一角で，構造的・継続的に都市問題が再生産されている。いわゆる「都市計画」の手が届かない部分に対して，地域の側で主体的に課題解決せざるを得ない。

こうした地域は，本当に「都市計画は対応済み」なのだろうか。

そこで，Spitalfieldsで現在検討されている「近隣計画」を手がかりに，何が本当の都市計画のテーマなのかを探ってみる。

「近隣計画」は，2011年の「Localism法」で策定が可能となった近隣レベルの都市計画であり，大都市部では「近隣フォーラム」を立ち上げて，それが地元自治体で認可されると，近隣計画の立案主体となる。

成案は，その近隣で投票にかけ，過半の票を得れば，その近隣のある地元自治体の公式の「都市計画マスタープラン」の一部となる仕組みである。

運用はその自治体の都市計画当局および都市計画委員会が担うとはいえ，地元のきめ細かな都市計画の意志を近隣計画に書き込んであるので，ボトムアップの持続的なまちづくりが期待できる。ただし，金のかかる都市計画プロジェクトを起こすというところは守備範囲外となる。

むしろ，民間から申請される「開発」に対しての許可基準として機能し，計画に適合しない開発に対しては条件をつけて計画に適合するものだけを誘導することができる点に基本的な強みがある。

4.3 Spitalfields近隣計画（策定中）の分析

まず，近隣計画では計画策定エリアを定めるとともに，21名以上のグループをつくって「近隣フォーラム」を申請するところからはじめる。2014年11月に申請された内容をみると，まさにSDGsの目標を追求する組織といえる。都市計画の基本をなす近隣計画もSDGs推進の重要なツールといえそうである。

以下に申請要件と本地区での説明を示す。

［要件1］　その近隣の社会的，経済的，環境的安寧（well-being）を促進または改善するためにフォーラムは設立される。

これに対して，

・社会的，経済的，環境的安寧をそれぞれどのように促進・改善するかを説明。
・上位計画への整合を説明。
・近隣の多くのステークホルダーとどのように連携していくかの方針を説明。

［要件2］　フォーラムのメンバーシップが開かれたものであること（住む/働くの両面で）。

・地域の諸主体と連携をとっていることを説明。
・アウトリーチプログラムにより多様な主体と連携を拡大してきたことを説明。
・仮に「推進グループ」をつくり近隣計画策定の下準備をしてきたことを説明。
・以上の証拠として10点のメンバーシップ表，ミーティングの記録などを添付。

［要件3］　フォーラムメンバーが最低21人おり，各界を代表していること。

・21人以上いる。
・どのように各界を代表しているかを説明。
・以上の証拠として9点のミーティングの記録などを写真等も合わせて添付。
・さらに21人のメンバーのリストを添付。住所（ポストコード），利害の内容を記す。

［要件4］　フォーラムの規則（書かれたもの）。

・ある。添付している。

図1

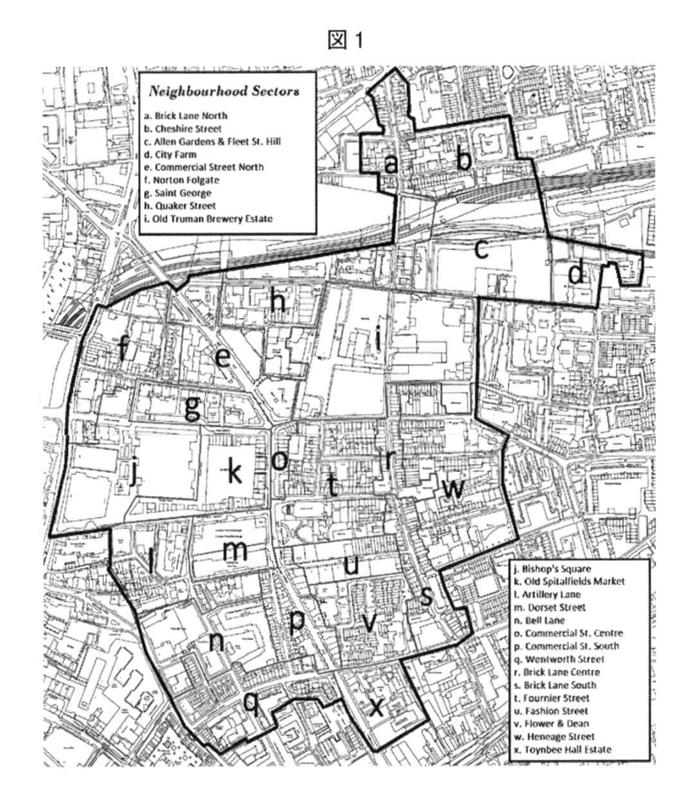

・どうやって近隣の境界を定めたか。それが適切であることを経緯も含め説明。

この近隣計画は,「ビジネス近隣計画」をめざしている。この場合，最後の投票の際，居住者による投票に加えて，ビジネスセクターによる投票があり，両者とも過半の票が支持していることをもって近隣計画は地元で承認されたとされる。

ところで，2014年11月の申請後，エリア指定およびフォーラム認定は2016年4月5日とのことである。この間,約1年半が経過しているが,地元協議期間があり，地元区議会の判断で，エリアの一部を修正のうえ採択となった（**図1**）。また，申請の過程で，当地区ではビジネス近隣計画とすることが適当と判断された。

2019年末の時点で，フォーラムで合意された近隣計画の「目的」は以下の7点である。

①　グリーンスペース，環境と空気の質：グリーンスペースを維持保全し新たに取得する。イノベイティブな解決法によって空気の質を改善し汚染やゴミを削減する。

②　都市遺産と近隣特性：これらを維持保全する。

③　新開発のインパクト：新開発のインパクトを考慮し，追加的な計画ガイダンスにより負のインパクトを減らす。

④　ビジネスミックス：アフォーダブルなワークスペース創出を促進するためビジネスミックスを改善・保護する。

⑤　反社会的行為や犯罪：計画条件を強化しシビックインフラへの投資を強化することにより，反社会的行為や犯罪等を制御し減少させる。

⑥　民主主義とコミュニティ：参加の機会を増やすことでローカルコミュニティの感覚をサポートし改善・増進させる。

⑦　住宅ミックス：攪乱要因を減らしコミュニティのつながりをサポートしアフォーダビリティを増進させる手段により，住宅ストックを支援・改善・増進する。

「都市計画」というと，道路をつくったり再開発したり用途地域を指定したりというのが日本でのイメージかもしれないが，この近隣の特質や都市課題に即して，あらゆる機会をとらえてきめ細かな政策を地域自ら打ち出そうとしていることがわかる。

先に紹介したSSBAの活動は，直接的には④や⑦の目的に，少し広目にとらえれば②や⑥に，さらに近隣の環境まで考えれば①③⑤にもかかわっていることがわかる。

近隣計画策定プロセスとしては，このあと，7つの「目的」ごとに2～3の「政策」の形に落とし込むのが次の段階である。最終的に投票にかけられるのは3年後，といったスケジューリングが想定されている。

実際に都市計画（近隣計画）でできることは限定されるので，SDGsの理念をもちつつ，近隣計画本体に書き込めないことは「aspiration」や「project」等の形で記述するなどの工夫が，先行する策定事例ではみられる。

おそらく当近隣においても，「都市計画」で扱える範囲は限定されるものの，「その他のまちづくりなど」についてはずしてしまうのではなく，「aspiration」や「project」等の表現を工夫しながら，近隣計画図書に含める形で書き込むことが予想される。

そうしておけば，「その近隣の社会的，経済的，環境的安寧（well-being）を促進または改善するためにフォーラムは設立される」という，SDGsの思想・政策ともかなり近い目的・目標をもった「フォーラム」のまちづくり活動によって，SDGsが推進されていくと期待することができるだろう。

SSBAは，近隣計画策定の中心主体とはなっていないが，策定プロセス初期段階において関連組織として参画している。また，この近隣計画が法定図書として民間開発申請の許可判断の重要根拠となることで，当地域にふさわしい開発が誘導されることが期待される。それだけではやや間接的にみえるが，さらに，「aspiration」や「project」の実現により，たとえば公共空間が整備される，老朽建物が修復されてワークスペースが生み出されるなどにより，この近隣が暮らしやすく働きやすい安全な場所となることで，SDGs推進にも貢献する。近隣計画策定エリアには，地元自治体が徴収した「CIL（コミュニティインフラ税）」が手厚く配分される仕組みもあり，「aspiration」や「project」実現の財源とすることも可能である。

この地域では，地域課題解決をさらに強力に進めるべく，現在は「フォーラム」でしかない地域のガバナンスを「タウン・カウンシル」とすることも検討している。この組織は，地方部には現在も存在する地域民主主義の主体であるが，近年の法改正によりロンドンでも設立することができるようになったものである。「フォーラム」だけでは位置づけが限定的だが，「タウン・カウンシル」となれば地域民主主義の基本組織としてまちづくりを広く行うことが可能となる。

5. グローバルにみた「都市計画」

「都市計画」課題は地域により大きく異なるようにもみえるが，人々が暮らしやすい場所をめざして公民の活動を連携・調整・制御する，という意味では共通する。「暮らしやすい」には，住みやすいのほか，働きやすい（そもそも職場がある），楽しい，誇りを持てるなどの側面がある。

アフリカでは生活のための農業が安定しないなどの問題は大きいが，ロンドンでも移民が手に職をつけて自立し老朽建物の修繕も行って住みやすい街をめざしているように，『風をつかんだ少年』でも少年の学習意欲を周囲の者が支えつつ地域で協力して風車プロジェクトを行って土地利用を安定しようとチャレンジしていた。

たとえば，仮に少年の村で「近隣計画（もしくはビレッジプラン）」を立てたとして，そこに「aspiration」や「project」を書き込めば，そしてその計画の中に農地や森林の土地利用計画を書き込めば，それはアフリカ型の新しい都市計画でもあると言える。

これらと同じように，現在日本の「地方再生」などで「まちづくり計画」を書き，それらのうち都市計画で位置づけられるものとそれ以外のものをうまく融合させながら書き込んでおけば同じことがいえる。

日本の都市計画では，近隣計画ほどきめ細かくはないものの，各地でさまざまな取組みがあり，まちづくり条例も実績が積み上げられ，近年の「エリアマネジメント」のような動きもある。それらが，大元の「地域再生」「SDGs」の大きな文脈の中でシステムとして組み込まれて，新しい都市計画がそうした動きを促進する役割を果たせるようになるとよい。アフリカもロンドンも日本も同じ「SDGs」の文脈でグローバルな都市計画を考えることができる。

以上をもとに，グローバルにみた「都市計画」の変遷と現状を概念図にまとめてみた（図2，図3）。

「先進性」：課題が先に現れると，その解決方法が先進的な都市計画となる。
都市化の古いほうが先に現れるものと，常にどこかに現れるものの両方。

「固有性」：現れ方も解決方法も異なるが，テーマには世界的な共通点もある。

図2

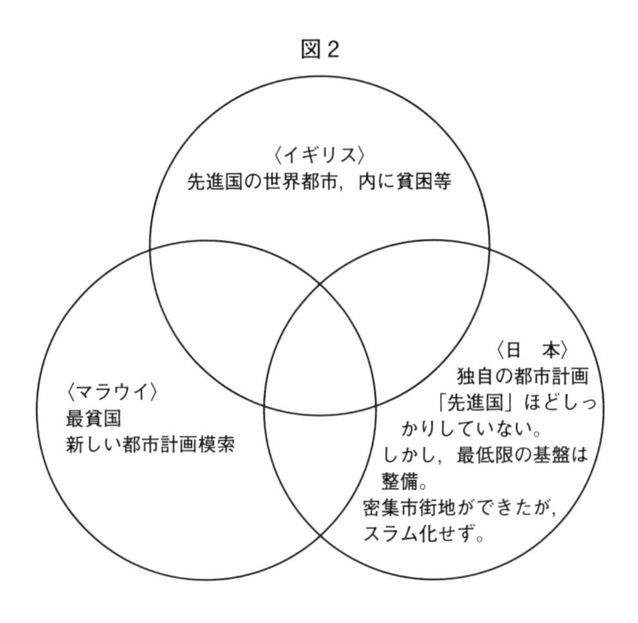
〈イギリス〉
先進国の世界都市，内に貧困等
〈マラウイ〉
最貧国
新しい都市計画模索
〈日　本〉
独自の都市計画
「先進国」ほどしっかりしていない。
しかし，最低限の基盤は整備。
密集市街地ができたが，
スラム化せず。

図3

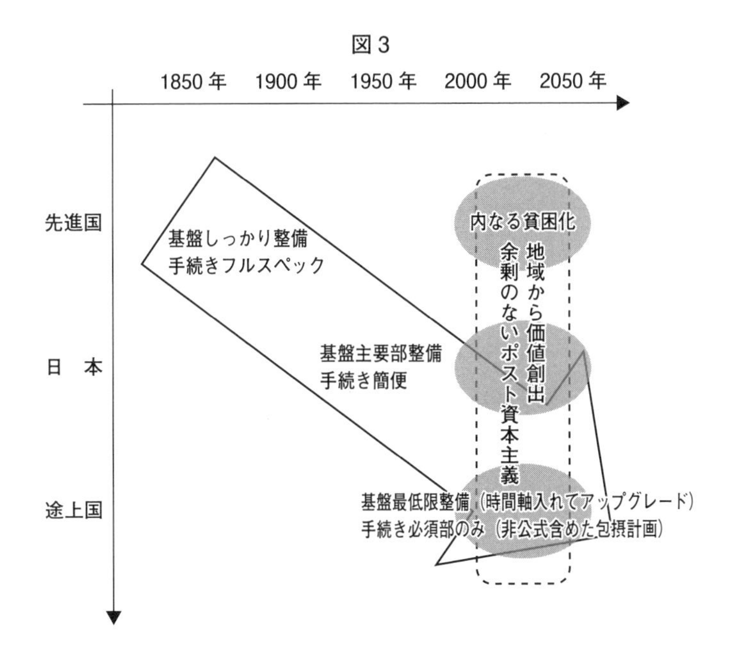
1850年
1900年
1950年
2000年
2050年
先進国
日　本
途上国
基盤しっかり整備
手続きフルスペック
基盤主要部整備
手続き簡便
基盤最低限整備（時間軸入れてアップグレード）
手続き必須部のみ（非公式含めた包摂計画）
内なる貧困化
地域から価値創出
余剰のないポスト資本主義

「同時代性」：踏まえるべき状況がグローバルに共通している部分。

- 先進国においては，内なる貧困化等の新しい課題を抱えるなか，余剰の生み出せない資本主義を乗り越え，地域からの価値創出が強みとなる都市計画へとシフト。
- 日本においては，もともと基盤未整備等による環境・防災上の課題を抱えつつ，余剰の生み出せない資本主義を乗り越え，地域からの価値創出が強みの都市計画へとシフト。
- 途上国においては，基盤整備ができないまま都市化が激しく進み（つつあり），スラム化も激しいなか，時間軸を入れながら，どうやってそれを克服するか。生産余剰が政治的にも気候変動による悪条件によっても生み出せないのを安定化させる都市計画を確立。

いずれの場合も，地域からの価値創出が強みとなる都市計画を確立することがテーマである。

6. 日本の新しいまちづくり法制に向けて

6.1　都市計画を取り巻く大きな課題

現在の都市計画法は，都市が成長する時代の，高い経済成長率を背景として国民所得が短期間で倍増するような好条件下のマネジメントを基本に構成されているため，なかなか「本当の」都市計画課題が見えてこない。

近年制度化された立地適正化計画も，「成長」⇒「縮減」の市街地をマクロにコントロールすることをめざした制度ではあるが，「地域再生」のような大きな課題に対して貢献できる部分は小さい。

一方，各地でつくられている「まち・ひと・しごと創生総合戦略」をみても，一般には，総論的でどのようにまちの活性化と暮らしやすい地域づくりが進むか見えにくい。

こうした中で，各地域の都市計画担当者は，現行の都市計画課題，とりわけ都市計画法の課題をどのようにとらえているのだろうか。

6.2　都市計画担当者がとらえる都市計画の課題

そこで，地方自治体の担当者が現状の都市計画の課題をどうとらえているかについて筆者らが2013年末に行った全国アンケート結果の概要を紹介する。

対象は，都市計画区域を含み都市計画を所管している全国の1,370自治体で，アンケート票を郵送し，回答も郵送により回収した。回収725票，回収率52.9%である。

〈問1〉現在の都市計画制度（特に地域地区制度，地区計画制度，まちづくり関連制度）に問題はありますか？
①大きな問題がある　②問題がある　③特に問題はない

結果は，①9（1.2%），②241（33.2%），③468（64.6%）である。

「①大きな問題がある」とした自治体は9件とほんの少数にとどまり，およそ3分の1が「②問題がある」，残りの3分の2が「③特に問題はない」としている。

〈問2〉〈問1〉で①②の場合，どの制度が問題ですか？（自由に記述）

「①大きな問題がある」，「②問題がある」とした250件の傾向をみると，最も多いと思われるのが，⑴地方分権したものの都道府県の協議は以前の「同意」と変わっていない，の手続き面であった。⑵現在の制度は市街地の縮小や都市計画の廃止等の動きに向いていない，との近年の社会経済動向や対象とする市街地の動向・課題に対応していないが続く。⑶技術的には，合併により多様な地域が併存する市町村での規制の強弱の逆転による問題，用途地域基準等が小さな町には合わない（そもそも都市計画制度が大都市向き）といった問題などがあげられた。

〈問3〉〈問1〉で①②の場合，どういうところが問題ですか？（複数回答可）
①一度決めたところを変更するのが難しい

②不合理な規制により問題が大きくなっている
③制度が複雑で思うような活用が難しい
④規制緩和の要望が多く苦慮している
⑤規制を強化したいが賛成が得られない
⑥その他

結果は，① 160（64.0％），② 26（10.4％），③ 55（22.0％），④ 68（27.2％），⑤ 25（10.0％），⑥ 79（31.6％）である。

〈問 1〉で①②とした 250 を母数とし，複数回答ありで回答状況をみると，ほぼ 3 分の 2 が「①一度決めたところを変更するのが難しい」とした。

たとえば千葉県 A 市では，「地方都市では既に車中心の生活となっており，旧市街地（鉄道駅周辺）に商業用途を指定しても機能しない。シャッター通り化した商業系用途を住居系用途へ変更しダウンサイジングで商業の集約化を図りたいが，地権者の同意が得られない」としている。課題は認識できても，用途地域の効果を実際に活用しようとする段階において課題があるといえる。

〈問 4〉〈問 1〉で①②の場合，問題の背景にある大きな課題は何とお感じですか？（複数回答可）
①そもそも基礎自治体の権限が弱すぎる
②そもそも財源が乏しく何かをしづらい
③時代状況が悪い（人口減少／高齢化／地価下落など）
④解決すべき課題が複雑で高度な専門性が必要
⑤行政の人材不足（人数がそもそも少ない／業務量が多すぎる）
⑥行政のその他の問題
⑦地権者の無理解
⑧事業者の無理解
⑨市民側の課題（無理解／行政依存など）
⑩その他

結果は，① 88（35.2％），② 86（34.4％），③ 95（38.0％），④ 87（34.8％），⑤ 87（34.8％），⑥ 41（16.4％），⑦ 39（15.6％），⑧ 30（12.0％），⑨ 60（24.0

%)，⑩39（15.6%）である。

〈問1〉で①②とした250を母数とし，複数回答ありで回答状況をみると，まんべんなく回答があった。

3割以上回答があったのが，「①そもそも基礎自治体の権限が弱すぎる」，「②そもそも財源が乏しく何かをしづらい」，「③時代状況が悪い（人口減少／高齢化／地価下落など）」，「④解決すべき課題が複雑で高度な専門性が必要」，「⑤行政の人材不足（人数がそもそも少ない／業務量が多すぎる）」であった。2割以上だったのが，「⑨市民側の課題（無理解／行政依存など）」である。これらに対して，1割台だったのが「⑥行政その他の問題」，「⑦地権者の無理解」，「⑧事業者の無理解」である。このうち，⑦⑧にくらべて⑨がかなり多く回答されているのは，やや意外であった。

総じてみると，都市計画の課題をステークホルダーそれぞれの問題に帰すよりも，時代状況や解決すべき課題の複雑性を前に，権限や財源での限界を抱え，特に専門性をもった人材の必要性を感じる自治体が多いことがわかる。

〈問5〉 都市計画法や建築基準法を改革すべきだと思いますか？
①かなり思う　②一部については思う　③特に思わない

結果は，①25（3.4%），②174（24.0%），③514（70.9%）である。

最も直接的に尋ねたこの設問では，199と27.4%が何らかの改革が必要とした。〈問1〉で①②としたのは34.4%だったから，問題とは感じていても，それがすぐには改革の必要性に結びつかない部分もあるものと推察されるが，おおざっぱにみれば約3割程度の自治体で改革の必要性を感じているともいえる。

なお，〈問6〉はこれまでの実績を問うたもので，ここでは省略する。

〈問7〉〈問5〉で①②の場合，どのようなプロセスで改革すべきと思いますか？
①国が率先して新しい仕組みを設けるべき
（具体的に　　　　　）

②自治体が率先して新たな動きをつくるべき
（具体的に　　　　　）
③民間事業者が率先して優良事例をつくれるようにすべき
（具体的に　　　　　）
④意識の高い住民やNPOが提案・運営できる仕組みをつくるべき
（具体的に　　　　　）
⑤その他

結果は，①138（69.3%），②35（17.6%），③16（8.0%），④17（8.5%），⑤16（8.0%）である。

〈問5〉で①②とした199を母数と考えると，改革のプロセスは，圧倒的に「①国が率先して新しい仕組みを設けるべき」が多く約7割に達する。

17.6%と率は低いものの，「②自治体が率先して新たな動きをつくるべき」が続く。

「③民間事業者が率先して優良事例をつくれるようにすべき」，「④意識の高い住民やNPOが提案・運営できる仕組みをつくるべき」もそれぞれ8.0%程度あった。

これだけ国頼りになるのは意外であるが，国で率先して改革すべきは都市計画法そのものもさることながら，補助金行政の見直し，すなわち交付金化されヒモの数は減ったが，さらに地域で自立できるようにすることや，国交省予算だけでなくさまざまなファイナンスを動かせる主体・人材が地域に育つように，制度の構造を大きく変えることが国には期待される。

7. まとめ：日本の都市計画のこれからを考える視点

以上の結果も含め，「都市計画」，「まちづくり」，「SDGs」の関係について整理すると以下のような議論が可能である。

第一に，日本の現在の「都市計画」観念がかなり古い。イギリスの近隣計画事例でみるように，NPO（SSBA）の「まちづくり」活動も策定中の近隣計画の中では強く関連しあいながらきめ細かな「政策」に落とし込もうとしていた。開発コントロールを通して民間開発を制御する狭義の「都市計画」の内容も相当工夫されていたが，それにとどまることなく，日本では「まちづくり」活動でしかないさまざまな要素について取り込もうとしていた。市街地が成熟し，実際に活動を行う地域主体と連携したきめ細かな「まちづくり」が，日本でもこれから中心的役割を果たすようになるだろう。

第二に，SDGs の追求という意味では，近隣フォーラム設立の要件の最初に，「その近隣の社会的，経済的，環境的安寧（well-being）を促進または改善するためにフォーラムは設立される」の部分に，「包摂的で安全かつ強靭で持続可能な都市及び人間居住を実現する」という SDGs の目標が重なってみえた。アフリカではまさにこのことが都市計画の基本的目標といえそうである。日本においても，現行の都市計画法の先入観を一度取り払えば，「包摂的で安全かつ強靭で持続可能な都市及び人間居住を実現する」という SDGs の目標そのものが都市計画の目標であるともいえる。全国アンケート結果からみると，実際の地域の課題に対応していない（〈問 2〉に対して），一度決めたところを変更するのが難しい（〈問 3〉に対して），権限や財源，課題の複雑さや人材不足の課題（〈問 4〉に対して）などの認識のうえに，「国が率先して新しい仕組みを設けるべき」（〈問 7〉に対して）との回答が突出して多かった。日本は国のレベルで「都市計画」の課題や目標と同時に主体のありようを現代化させる必要がある。

第三に，日本におけるこれからの「都市計画」と「まちづくり」の関係について。これには 2 つの側面がある。1 つは，「都市計画」と「まちづくり」は線引きして分けるようなものではなく，「まちづくり」を支援，促進する役割が都市計画にある。これは，実際に策定が進んでいるロンドンの近隣計画と SSBA の関係からみてとれた。SSBA の活動と直接かかわる政策だけでなく，SSBA が活動しやすいハードの環境を制御する政策や，SSBA の活動を地域コミュニティの安寧の増進という同じ目標に立脚する政策により支援する側面も見出せた。2 つめは，「都市計画図書」の構成と実際のまちづくりの関係である。「近隣計画」は法定都市計画としては狭い部分しかカバーできないが，「aspiration」や「project」等の形でいわゆる地域まちづくりへの方向づけを行っている場合が多い。その実現には地域の側で継続的な関与が必要とされるが，「（非法定事項も含む）都市計画図書」は，「都市計画」

と「まちづくり」を統合したものといえる。

第四に，これは社会経済の根本部分にあるのだが，近年の資本主義では特定の富裕層や巨大都市のみが生産からあがる余剰を享受できる一方，一般の都市計画においては「おこぼれ」のようなものはなく，地域価値を高めるためには自らがかかわり他主体とも連携しながら，あるいは相手のもっているエネルギーを地域のためにカスタマイズしながら実践を積み重ねることが必須条件になっている。都市計画そのものは何かを生み出すものではもともとないが，それを時代や地域の現実に合わせて賢く使うことで，そうした時代にも有効となりうる。都市計画のこれから生きる道は，こうした現実に貢献できるものになることである。

都市計画や都市計画法は，SDGsの目標に合わせて大きく定義し直す必要がある。SDGsは2030年を目標とするゴールにすぎないものの，グローバルなこの大きな目標を「都市計画」とすり合わせることは，各国共通な「都市計画」を考える契機となる。日本についていえば，「包摂的で安全かつ強靭で持続可能な都市及び人間居住」が気候変動や大災害により揺らいでいる。「持続可能な」の部分についても高齢化や人口減少，経済のマイナス成長に伴う生活困難や地域経済疲弊などの大きな課題を「都市計画」は突きつけられている。「都市計画」の内容も主体も目標も抜本的に見直さなければならない。

SDGs の推進と行政運営のあり方

帝京平成大学 健康医療スポーツ学部 教授
城 山 佳 胤

1. はじめに

右肩上がりの行財政運営に慣れてしまった日本の行政は，まず自らが有する「非効率の壁」(1)をぶち破るところから始めなくてはならない。

今から45年後の2065年には，総人口は8,807万人，0歳から14歳の人口は897万人との予測がある。2000年に生まれた子どもたちが高齢者となるとき，実に65年で総人口が3,900万人減，中学生までの子ども人口は1,847万人から950万人減という驚くべき事態である(2)。

このような縮小社会に突入することを念頭に，行政は少しでも持続発展的な都市経営を行わなければならず，これまでの右肩上がりの経営手法に頼ることはもはやできない。かつて平成バブル経済崩壊の際にも自治体は大きな行財政改革に迫られた。あれから25年余がたった今，行政運営のあり方はどれほど変革をみたのであろうか。政策主体となるべく，政策型思考への転換を図るといいながら，旧態依然とした自治体が多い。予算のあり方を見直すために行政評価を活用している自治体がどれほど存在するであろうか。

縮小社会に向けての行政運営は，経営の発想，つまり行政経営によらなければならない。もはや，公的なもの，お上といわれたものに依存し続けることはできない時代であり，公と民が連携して地域社会を創り上げる，いわば「共創（CSV）」の時代といえる。このような時代にむけて，自治体は，自ら官僚制を駆使しつつ，新しい発想や組織を採り入れ，そして住民（市民）との関係性を再構築しなければならないのである。

本章では，自治体の持続可能性のための，行政改革とNPM，ミドルアップダウン経営について，順次，解説を加えたい。

2. 行政改革とNPM

2.1　平成バブル経済崩壊の教訓とは

自治体が行政改革にマネジメントを取り入れようとした動きは新しい話ではない。三重県において政策評価が導入された1995年ごろからはじまり，遅いところでも地方分権改革の年といわれる2000年以降その導入に取り組んだといえよう(3)。

バブルのさなか膨張する予算要求に対し，行政組織，つまりは首長が「ノー」といえなかったことの経験はどうなったのであろうか。首長を支える財政担当部署には，「事後のコストを認識しない体質」の存在が指摘されている（宮脇，2003）。右肩上がりの時代の中で，「インクリメンタリズムの中の行動メカニズムとして矛盾を顕在化させずに済んできた」ことが財政危機の隠れた原因である（宮脇，同上）。「事後コストの測定」ともいうべき将来へのより確かな情報力・分析力の不足が財政錯覚を生む。これが，自治体を利益誘導体質に誘い，「ハコモノ行政」を進め，最後に，高いコストをもたらす構造である。この構造から脱却することこそが，行政改革の根源的な課題であったことを忘れてはならない。

以下では，バブル崩壊後のNPM改革手法に沿った行政改革の動きを眺め，少子高齢社会における行政運営のあり方を展望したい。

2.2　行政改革と持続可能性

行政改革とは，「行政における役割の創出と廃止，再編成のこと」をいう（松村，1999）(4)。バブル経済崩壊に伴う財政危機の教訓を踏まえ，行政の役割の見直しを不断に行うことができれば，予算資源の範囲内で必要な施策を展開すること，つまり持続可能なシステムをもつことになるはずである。ところが，そのようなシステムをつくり上げることは簡単ではない。実際，多くの自治体が採った手法は，「定員管理」を中心とした組織の引き締め策であった。一時帰休制度のない公務の世界では，「スクラップ・アンド・ビルド」と称して，「民間委託」と「非正規雇用化」を進めたのである[(5)]。

定員削減による財政効果は大きい。2,000人定員の自治体において定員を500人削減すると仮定すれば，年あたりおよそ14億円の財政効果が期待できる[(6)]。このようなダウンサイジングの経営を経て，ようやく基金（貯金のこと）を積み増すことができる。自治体の持続可能性への出発点に立つことができるのである。

2.3　行政経営を目指すNPM（New Public Management）

持続可能性の追求手法は，定員削減だけではもちろんない。経営の合理化と行政サービスを含めた公的サービスの質の確保を実現していく必要がある。そのための改革手法として登場したのがNPMである[(7)]。

NPMとは，ニューパブリックマネジメント（新公共管理／経営）といわれ，①市場をできるだけ大切にする，②市場的な誘因を行政システムの運営に利用する，③行政のモニタリング（監視）を重要視する，といった行政部門の効率化・活性化を狙う手法にほかならない（村松，1999）。これを4つに分類すると次のようになる[(8)]。

- 業績／成果による統制──→経営資源の使用に関する裁量を広げる
- 市場による統制────→民営化，民間委託，エージェンシー，内部市場，PFIなど
- 顧客主義への転換───→住民を行政サービスの顧客と見る
- ヒエラルキーの簡素化──→統制しやすい組織に変革する

NPMの手法が新型の行政運営システムを支える考え方であるとすれば，従来の行政運営システムとの比較を試みると6つの特徴に分類できる。

多くの自治体はNPM改革手法に取り組み，自らの持続可能性をアップさせたのであるが，システムの変革をもたらしたとまでいえるかどうかは疑わしい。民間委託，指定管理者，行政評価，業績評価，公会計とNPMに従って制度の導入は進んできたものの，いずれも中途半端の観がある。行政評価に基づいた決算と予算を目指すという課題では，公会計制度が導入された今

図表1　NPM（新公共経営）の6分類

	従来型	新型（NPM）
◯人的資源管理	・公務員型人事管理 ・定員管理 ・人事評価＝年功序列 ・短期異動，研修	・経営組織型人事管理 ・インセンティブの付与 ・外部化　・非公務員型　・任期制 ・業績評価，能力評価 ・スペシャリスト型ジェネラリスト
◯組織・機構管理	・縦割り専門化 ・調整組織 ・ライン　・スタッフ	・横割り組織　・ダウンサイジング ・目標管理　・企画立案と実施の分離 ・エージェンシー化
◯財務管理	・予算 ・決算 ・内部監査	・バランスシートの導入 ・発生会計主義 ・外部監査
◯効率化	・能率と民主主義	・効率性　・経済性 ・有効性（成果指標）
◯市民の権利	・措置（反射的利益） ・苦情処理 ・情報非開示	・契約（権利としての受益） ・オンブズマン ・情報開示　・情報と評価の提供
◯統制	・事前統制	・事前評価　・事後統制（結果責任） ・アカウンタビリティ

（出所）　平成2002年日本行政学会における稲継裕昭報告資料等を参考に筆者作成。

なお，評価を使った議論・討議が期待されていてもその実質に乏しい。また，保養所や宿泊所等を抱える中山間地の自治体では，そもそも指定管理者への応募が少ない。利用料金の増収によりトータルコストを低減すると意気込んでも，行政依存体質の業者しか集まらなければ，単価が多少下がるだけの結果ということになる。自治体と民間事業者の「協働」の意義が改めて問われている。

2.4　協働（Partnership）の伸展

地方分権改革（2000年）の当時，多くの行革プランにみられた「協働」は，「行政と市民と事業者が，役割分担を明確にしつつ，地域にふさわしい相互援助の仕組みづくりを行うこと」とされ，①新たな地域コミュニティづく

図表2　協働方針

目指すべき方向	プラン名称	方針（キーワード）	具体的な取組み
○市民との協働	協働による地域の活性化	・新たな地域コミュニティ ・NPO等への支援	・地域活動のあり方検討 ・非営利活動支援

（出所）東京都豊島区「新生としま改革プラン」より筆者作成。

り，②ボランティア活動，NPOなどの非営利活動への支援強化，③市民の参加などが協働の施策と考えられていた(9)。

自治体における協働の捉え方は自治体ごとの考え方によるといわなければならないが，リーマンショックを経て財政危機を脱し始めた2010年頃からは，協働の舞台は，PFIや指定管理者制度などを念頭においたPPP（Public Private Partnership）へとシフトした(10)。とりわけ2005年に導入された指定管理者は，このころから指定期間満了に伴う更新の佳境を迎える。「市民との協働」も，町内会などを除き，その連携の仕組みは民間委託，民営化，指定管理者などと同様に扱われるなどからPPPに埋没した観を呈している。

PPPに関する制度の動きは下表のとおりである。

現在，多くの自治体では，待機児童対策としての民間保育所の誘致や放課後対策事業の民間委託，子ども食堂支援など，多様な民間事業者との間で公

図表3　PPP/PFI推進に関する国の主な動き

年	内容
1999年	「民間資金等の活用による公共施設等の整備等の促進に関する法律」に基づくPFI制度の導入
2003年	「地方自治法」の改正による公の施設に係る指定管理者制度の導入
2006年	「競争の導入による公共サービスの改革に関する法律」（市場化テスト法）の制定 「地方公共団体における行政改革のさらなる推進のための指針」を各自治体へ通知（市場化テストの活用）
2013年	「PPP/PFIの抜本改革に向けたアクションプラン」の策定
2015年	「多様なPPP/PFI手法導入を優先的に検討するための指針」の策定
2016年	「PPP/PFI推進アクションプラン」の策定

（出所）内閣府民間資金等活用事業推進室資料より筆者作成。

民連携の必要に迫られている。また，地域振興・まちおこしが課題となって以来，どの自治体でも「選ばれるまち」としてのブランドづくりにおいて公民連携の推進が急務となっている。

時が経つに従い，公と民の関与の仕方も変化し，「より多く民間に任せる」形態が好まれる傾向にあり，関与（engagement）をめぐる公と民の合意のあり方も変化してきている(11)。

2.5　新たな公民連携

従来の公民連携は，民間委託や指定管理者制度など，自治体の求める内容に応じ，民間主体がいわば「自治体の事業を代わりに実施する」形態が主流であった。

今後は，多様化する社会的課題を迅速かつ的確に解決するため，民間の専門知識・経営資源を積極的に活用し任せるなど，自治体と民間主体が対等なパートナーとして双方にメリットを生み出しつつ責任を共有する連携の仕組みとして「新たな公民連携」が模索されている。民間企業も人口減少社会の中で生き残る戦略のひとつとしてCSR（Corporate Social Responsibility）から

図表4　新たな公民連携（PPP）の概念図

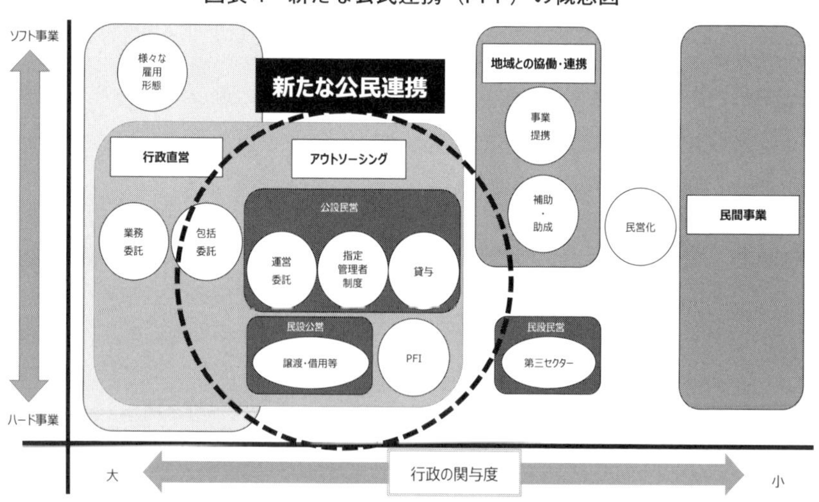

（出所）　東京都豊島区企画課の未来戦略会議資料に筆者加工。

CSV（Creative Shared Value）(12)へ転換する動きが見られる。地域と自治体に根差す民間主体がともに生き残るための取組みとして図のような「新たな公民連携」に重点が置かれつつある。自治体では，今後，公民連携の推進の窓口を明確にした部署を設け，民間事業者と幅広く意見交換しつつ，連携の芽を育てていくことが望まれよう。

3. ミドルアップダウン経営

SDGs時代の行政運営として，行政経営と新たな公民連携を進めていくことの重要性を見てきた。行政は，民間事業者との対話を含め，政策を取り巻く多様な利害関係者との熟議を経た調整を粘り強く行う組織を目指さなければならない。

行政組織のあり方は，その形態と意思決定のあり方で決まると筆者は考える。時代の要請に応えていく新しい機能体としての組織づくりを考えてみたい。

3.1 官僚制とピラミッド組織

機能体としての行政組織は，命令一元の原則の下，多様な公共サービスの企画・立案・調整・実施を行う必要上どうしても大規模化する。このような組織がピラミッド構造をとることは不可避である。

組織が大規模化するにつれ，割拠主義（セクショナリズム）による官僚制の弊害もまた随伴し増大化する(13)。このような弊害を調整し補正する機能を持つものと考えられるのが，プロジェクト・チームやタスクフォースなど

図表5　官僚制の特徴と弊害

官僚制の特徴	官僚制の弊害
○規則に基づく職務執行	○画一主義，法規万能，先例踏襲
○階統制構造（命令統制）の確立	○権威主義，事なかれ主義，先例踏襲
○専門能力の尊重	○政策決定の非弾力性，総合性の欠如
○公平無私な態度	○形式主義，傲慢な態度
○文書主義	○形式主義，秘密主義

（出所）　西尾勝『行政学（新版）』より筆者加工。

の「より柔軟な組織」である。これらは，多様な人材を集め，自由な発想とやり方で目的に沿った作業を行い，複雑多様なニーズにも様々な専門性を以て対峙できると考えられよう。

縮小社会を迎えるなか，将来への見通し，シミュレーションを持ちながら行政経営を行っていくためには，行政ニーズへの即応性と多様な主体との連携が重要である。また，会計年度主義のしきりの中で予算を持たなければ何もできない行政にあって，少しでも機動性を発揮する組織を考える必要がある。筆者は，アドホクラシー型組織の導入が官僚制の弊害への補完に有効であると考えているが，現状の行政組織の意思決定のあり方から見ていくこととする。

3.2　行政組織の意思決定方式（稟議方式）

通常，行政組織では比較的軽易な事務的事案についての決裁権限は，規定にしたがい上級の管理職から係長にいたるまでそれぞれに委譲されている。重要な政策的事案については持ち回り型の決裁方式が採用され，垂直・水平の全協議者間で合意が成立すれば，主管部署による起案が最終決定権者まで一気に流れる仕組みである。稟議方式は関係者間の協議が意思決定のプロセスとして重要であり，主管部署の部課長を中心に上下左右に情報連携がなされる点でミドルアップダウン方式[14]であるということが可能である。

日本の行政組織では，このように主管部署の縦の系列による原案に関係部局との協議結果が練りこまれながら意思決定のプロセスが進むといった「集団的意思決定方式」をとっている。より多くの利害関係部署の関与によって情報が集約され，意思決定に誤りなきを期す構造であると評価することもできよう。しかしながら，このような意思決定方式については，トップマネジメントの属性により，活用のされ方はさまざまである。

先述したように，バブル期の大型ハコモノの契約事案などでは予算措置を考慮に入れる必要から，財政部門や契約部門の管理職が絶えず補佐しながらではあるものの，事案の始めから決定までトップマネジメントが扱うことは間違いない。トップマネジメントが意思決定に係る周辺情報を多く保有すればするほど，トップダウンの傾向が増すこともまた否めない。

人口減少時代における不確実性への対応には，慎重を期す集団的意思決定方式の堅持と，専門集団としてのミドルマネジメントへの権限委譲の両方が調和する組織が目指されてよい(15)。平成バブルの教訓を戒めとするならば，ミドルマネジメントが現場を踏まえつつ，「事後コストの測定」を持ち，スクラップ・アンド・ビルドの原則に則って政策を開発することが肝要である。そうしなければ，財政の健全性を維持しながら未来への積極的な投資を行うことは難しい。

3.3　アドホクラシー組織の導入

アドホクラシー（adhocracy）とは，もともとその時々の状況に応じて柔軟に対処する姿勢，または，そのような主義のことをいう。組織におけるアドホクラシーは，通常の官僚制における指揮系統を断ち切ることで機会を機敏に捉え，問題を解決し，結果を出す柔軟な組織のこととされている（ミンツバーグ，2007）。自治体は，社会保障をはじめとした福祉や教育を着実に進めていく使命を負っている。同時に，福祉や教育への投資を行うことで持続可能な社会となるような効果的な政策展開が期待されている。

新たな公民連携も視野に入れながら，新規事業を立ち上げ，諸施策を開発

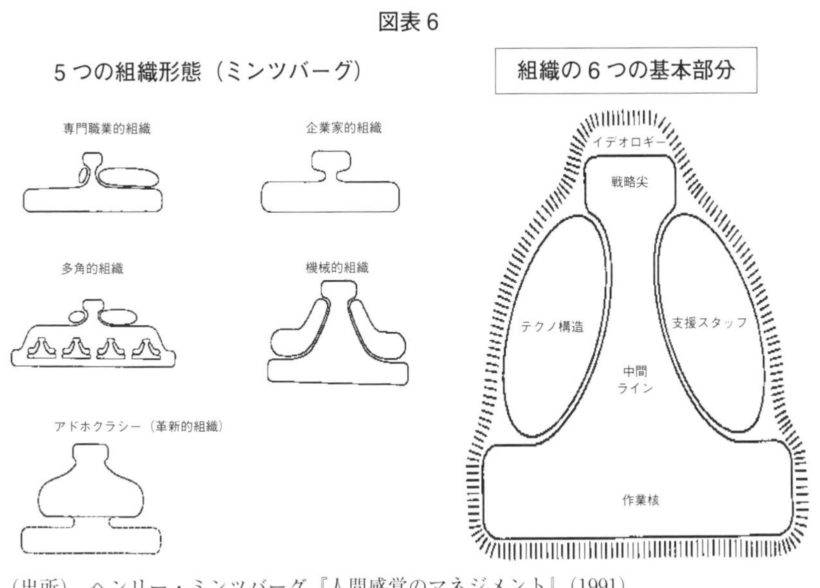

（出所）　ヘンリー・ミンツバーグ『人間感覚のマネジメント』（1991）

し，また改編していくには，行政組織に様々な専門分野からエキスパートを集め，スムーズに機能するような『プロジェクト構造』が必要となってくる。プロジェクト構造により，スムーズに機能する創造的なチームをまとめることができるため，ピラミッド型の官僚制組織の弱点を補うことができると考えるのである(16)。

このプロジェクト構造には，アドホクラシー，すなわち相互に作用しあうプロジェクト・チームの構造が好まれる。ミンツバーグによれば，このアドホクラシーは，5つの組織形態の一番下の革新的組織であり，組織の6つの基本部分の作業核の上の部分（壺のように見える部分）をさす。

アドホクラシーはライン，マネージャーとスタッフと業務エキスパートがたえず変化する相互関係のなかで，三位一体となって，プロジェクト・チームで仕事を進める組織集団とされる（ミンツバーグ，2007）。自律型状況対応組織と理解して差し支えない。

自治体は地域住民の生活問題解決機関としての機能を引き続き維持しなければならない。しかし，社会問題の解決に民間主体が参加し，行政と民間が多種多彩な連携を組む場合には，行政とそれぞれの主体が共同責任でプロジェクトを進めていく事例が増えていくことは明らかである。このような事例にこそ，行政はいくつものアドホクラシーを組んで柔軟に対応していくことで成果をあげることができる(17)。

3.4　ミドルアップダウン意思決定方式へのシフト

自治体では，シビルミニマムの実現に向けてトップダウン方式やミドルアップダウン方式をとりながら意思決定がなされる。分担管理の原則のもとでは，トップ・ミドルそれぞれに意思決定の役割分担がある。大きな行政組織になればなるほど，ミドルの意思決定が増える。

自治体でもっとも大きくかつ重要な意思決定ともいえる予算編成はミドルアップダウン方式がもっとも適している。予算編成は，従来からインクリメンタリズム（増分主義）で行われてきた。歳入不足への対応は，基本的に財政調整基金の取崩しと歳出削減で乗り切ることになる。歳出削減のメインは，定員管理による人件費の削減のほか，枠配分予算方式などシーリングをかけて圧縮する手法が多い。というのも，事業の休廃止にはプライオリティ付けの判断が必要になるが，やめるという判断の説明は，削るという判断の説明よりも何倍も難儀を極めるからである。必要なサービスをやめるわけにはいかないが，その水準を下げることはできる。この技術的な判断をトップが行うことは事実上困難である。トップは関係団体，議会（会派もしくは議員）からの陳情，要望を受けるなかで常に苦渋の決断を迫られる。しかし，その場合にこそ，トップは現場をよく知るミドル管理職の「何を伸ばし，何を縮減するか」の判断を尊重してやればよいのである。

新しい時代のミドルは，命令する人ではなく知識を供給する人であり，問題解決の本質を知る専門家でなくてはならない。また，下に向かって権限をもつ人ではなく，上や横に向かって（命令できない人に対して）責任をもつ人がミドルの管理職として求められる(18),(19)。

4. 人口減少社会時代の自治体

4.1 環境の変化への対応

日本は，犯罪，失業，離婚，自殺など先進社会化に伴う病理の進行に加え，リスクと格差の増大による社会の不安定化，福祉国家化における生産性の低さからの脱却，知識集約型・技能集約型経済の振興，ワークライフバランス，地球温暖化など，人口減のみならず大きな課題をいくつも抱えている。

自治体においても，国の構造改革や地方分権に沿ってその内部化，地域の個性の資源化，新たな産業と雇用の創出などの課題に直面し，行政経営の推進に加え，自治体に相応しい意思決定方式が模索されなければならなくなっている。これらの環境の変化に対する政策が選択肢として国民・市民に数多く提示されることと，国民・市民との間でコンセンサスを形成することが重要であろう。大統領制をとる自治体にあって行政組織のみならず地方議会もまた同様であるといわなければならない。

4.2 ガバナンスの確立

日本の転換点において，行政は質的なチェンジが必要となっている。そのためには，行政もガバナンスの確立が急務である。

ガバナンス（Governance）は「組織統治」と訳されて使用されることが多いが，政府部門の改革を念頭に使われる場合には，「透明性」，「説明責任」，「参加」，「公平性」の価値を行政運営の基本とする政府・自治体のあり方をさす（中邨，2003）(20)。

右肩上がり時代の行政運営のあり方と訣別するとすれば，説明責任を求めつつ，課題に積極的にチャレンジしようとするNPM手法は，行政運営の手本として大変分かりやすく魅力的であった。これからは，再び「非効率の壁」に苛まれることのないよう，これまで取り組んだ成果を中途半端に終わらせない仕掛けが必要になる。多くの自治体でNPMを盛り込んだガバナンス条例や自治基本条例が制定されたことの意義は大きい。

企業経営や行政経営は，失敗や戦略の無謬性にこだわらず，持続的な競争優位を構築する合理的な施策の体系としての戦略を掲げ続けなければならない。失敗すれば，失敗を認め，検証し，冷徹なフィードバックを行うことが必要である（冨山，2007）(21)。

ガバナンスの確立は，風通しのよい，納得性の高い自治体経営を実現するための要諦ということになる。

4.3　子どもの貧困と非正規雇用

今日の日本では，子どもの貧困を緩和することが急務である。子どもの貧困（経済的困難）は，子どもの権利のすべてに悪影響を及ぼし，虐待，ネグレクト，低学力など不利の累積をもたらす。そして，やがては貧困の連鎖へと至る。子どもへの投資こそが，将来の日本の持続可能性に対する最大の投資と考えてよい。

子どもの貧困は，若年世帯層の貧困でもある。そういう意味では，現在の20代，30代の世代は，近い将来の世帯形成層として日本の将来を拓く鍵の世代ともいえる。かつての日本では，長期雇用，コンセンサスによる意思決定，責任の共有，ゆっくりとした昇進など，日本的経営として諸外国からも再評価されてきた(22)。しかし，バブル経済崩壊後の25年のあいだ，日本全体に非正規雇用が大幅に増加した。これが，若年世帯の貧困に影響しているとみてよいだろう。ロスジェネ世代が40歳に到達した今では，遅きに失した観は否めないが，非正規雇用から正規雇用に自由に移れる社会をつくることが期待される。

オランダでは1990年以降，非正規雇用労働者の保護規定が大幅に改正された結果，非正規労働者を含む就業者の多数に幅広く雇用の安定を保障してローフティネットをかけることに成功したのである。労働者間の分断やワーキング・プアの増大を抑制することが，子どもの貧困に対する最大の予防策である(23)。

5. 結　語

以上，「SDGsの推進と行政運営のあり方」と題してアウトラインを述べてきた。行政の役割は，社会の幸福のために公共的サービスの保証役となって，社会問題に取り組んでいくことである。もちろん，社会問題に取り組んでいくには資源が必要であり，雇用や経済の安定が不可欠である。持続可能な社会の実現には，資源としての税を確保するための合理的な行政組織（アドホクラシー・ミドルアップダウン方式）と行政経営の確立（NPM）が必要である。そのためには，新しい公民連携を行政運営の中心に据えていくことは避けられない。

子どもの貧困のほか自治体が抱える問題の解決は，将来の持続可能性に直結する。そのためにも，行政はガバナンスを確立し，市民の納得性の高い経営を進めていく必要がある。

(1) 「非効率の壁」とは筆者の命名である。民営化をはじめとするPPPの始まりにおいては，行政組織の現状を下図のように整理して改革に着手する必要があった。

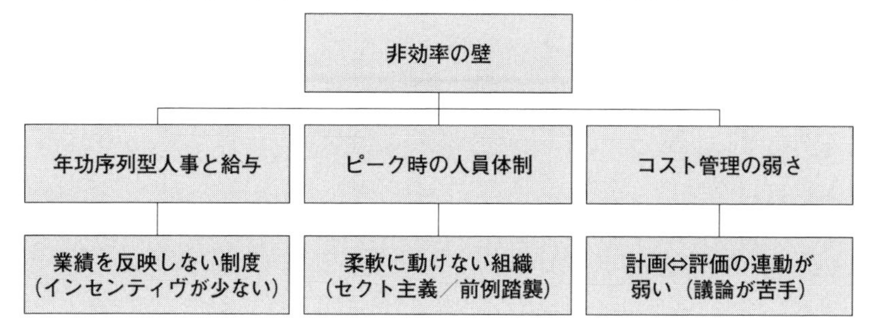

⑵　国立社会保障・人口問題研究所「日本の将来推計人口（平成29年推計）」，「出生中位（死亡中位）推計」による。

⑶　日本で行政改革が声高にいわれるようになったのは，二度の石油危機を経た1980年代の第二臨調（土光臨調）からである。そこでは歳出削減路線が打ち出され，民営化，予算のゼロシーリング，人事院勧告凍結などの全体規模縮小，総量規制の考え方が示され，国鉄の民営化などが実現している。その後バブルを経て，橋本内閣の省庁再編，内閣機能の強化，アウトソーシング，公務員制度改革などの改革へと続く（1997年行政改革会議「最終報告」）。

⑷　村松岐夫『行政学教科書（第2版）』（1999）によれば，「社会の変化によって新しい行政需要がうまれ，それが正当性をもって主張されるとき新しい役割が行政に付与され，また，不必要な役割が発見された場合には能率の要請からそれを廃止していく」ことが行政改革であると説明されている。

⑸　この手法は職員団体との激しい交渉を経なければならず，担当者の苦労は大変なものであるが，サービスをやめることが出来ない行政の採りうる実効的な方法といえる。長年月をかけ正規職員の退職数を見合いながら人件費の削減に取り組むことが主流となった。オイルショック直後の職員採用抑制策を経験した自治体ではダウンサイジングの第二弾であった。

⑹　自治体の正規の人件費を800万円，代替経費を500万円と見積もるだけで15億円，非正規の非常勤職員に置き換えれば20億円相当の財政効果が概算できる。東京都豊島区の行政経営白書を参考に，代替経費比率を0.65とみれば14億円となる。

⑺　NPMの実践事例としては，1995年頃より三重県の北川正恭知事が進めた「さわやか運動」において展開された行政評価や外部監査の導入などが有名であるが，全国的な潮流となって各自治体に注目されたのは2000年以降のことである。

⑻　宮脇淳『公共経営論』（2003）および総務省新たな行政マネージメント研究会『新たな行政マネージメントの実現に向けて』（2002）の整理を参考に筆者作成。

⑼　新生としま改革プラン（豊島区，2000）では，「サービス再編成・効率的サービス」（プランA）において民営化・民間委託（民間化）＝アウトソーシング（行政減量）を掲げる一方，プランCで協働の方針を掲げているのは，当時，民営化・民間委託は契約の概念で整理され，協働は参加・参画の延長線上でステークホルダーとしての市民は契約の相手としては整理できなかった事情が垣間見える。

⑽　東京都の三鷹市や武蔵野市のように「ハコモノ」について地域共同管理の仕組みを取り入れた自治体では，自治会や町内会を含めた市民と行政のパートナーシップの成功例と評価できる。

⑾　パートナーシップとは，「異なる立場の主体間の協力関係あるいは相互依存関係」（北川洋一『包括的地方自治ガバナンス改革』（2003））をいう。用語としては，アーンシュタインの「住民参加のはしご」論では8つ階梯の下から6番目で，「住民の力が生

かされる住民参加」(Degrees of Citizen Power) に対応し(上から3番目)ということになる(村橋克彦ほか『コミュニティネットワーキングとパートナーシップ―地域の経済社会形成とNPO』(2001))。また,アメリカの経営学でいう場合のパートナーシップは,「複数の所有者の中の一部もしくは全員(パートナー)が組織の負債に対して無限責任を負い,経営管理を実行する組織形態の一つ」をいう(ポール・ミルグロム,ジョン・ロバーツ『組織の経済学』(1997))。市民と行政との関係におけるパートナーシップでいえば,「行政と市民の協働によるサービスの創出,提供,さらにその評価を含む一切の連携関係のこと」(田尾雅夫『ボランタリー組織の経営管理』(1999))と解されよう。また,北川洋一はパートナーシップ論について,政治学や行政学ではふつう「民間の団体や企業と行政が行う共同事業やその形態を指す」としながら,田尾の定義をひいて「サービスの領域に留まらず,公共の福祉の実現,あるいは政策の決定などにおいて官―民それぞれが取るスタンスのあり方論としての意味」であるとしている。パートナーシップ論は,「公共・公益の実現における主体と客体の区別を相対化させるもの」(北川・前掲書(2003))であり,きわめて広いサービス供給のあり方ということができる。

(12) CSRは企業の社会的責任への取組みをいい,CSVは共通価値の創造=企業が追求する経済的な価値と社会的な価値を同時に実現する取組みをいう。

(13) 西尾勝は,一般に官僚主義と総称されている官僚制組織職員の行動様式に見られる機能障害現象は,官僚制組織の健全正常なる作動にとって必要不可欠な諸原則と裏腹の関係になっているので,これについては,その発現を抑制し,その弊害を緩和することはできても,これを根絶することはまずもって不可能といわなければならないという(『行政学(新版)』(2001))。

(14) ミドルアップダウン方式とは,トップダウン方式,ボトムアップ方式と相反するものではなく,組織のミドル層が,トップやボトムとの間にたって連結ピンの役割を果たしつつ,意思決定の案を練り上げていくことにほかならない。

(15) 拙稿「権限委譲による自治体組織改革に関する提案」(2009)(CUC Policy Studies Review No.23, 2009年8月,千葉商科大学政策研究科)において予算編成権限等の権限委譲の有用性に関する提案を参照されたい。

(16) 複雑なイノベーションが要求される現代的な産業分野では,官僚制構造はあまりに柔軟性を欠き,単純構造はあまりに集権化しすぎるという。現代的なしかも顧客に選択されることが高度に求められる産業では,いろんな専門分野から権威を集めスムーズに機能する創造的なチームをまとめあげていく「プロジェクト構造」が必要という(ミンツバーグ『H. ミンツバーグ経営論』(2007) p.281)。行政組織においても同様な発想が求められている。

(17) 課税納税・戸籍・住民登録・福祉事務所などの基本的な窓業務部門は機械的官僚制構造が,専門資格を要する事業部門,たとえば保健衛生や建築審査などはプロフェッショナル的官僚制構造が，それぞれ適した組織構造であると考えられる。

(18)　専門家であるミドルの決定と行動が組織の方向と能力に直接影響を与える（P. F. ドラッカー『マネジメント［エッセンシャル版］基本と原則』(2001)）。

(19)　国家公務員のようにキャリア制度を採らない多くの自治体では，成果が処遇に結びつく構造を確立することが行政組織文化の変容に不可欠である。と同時に，成果を管理し，処遇の決定を行うことが可能なのは現場とトップの間に立つミドルである。ミドルのマネジメントとは，政策を立案し，その実行のプロセスにおいてローワー職員のやる気を引き出しながら組織を運営することにほかならない。

(20)　中邨章は，「透明性」，「説明責任」，「参加」，「公平性」を要件とする行政を「TAPE」型行政とし，これら要件を実現していくために政府や自治体の役割を従来と異なる新しい形に改めていく結果として出現する「政府や自治体のあり方」を「ガバナンス」（Governance）と呼ぶ。参照：中邨章「行政，行政学と「ガバナンス」の三形態」日本行政学会『ガバナンス論と行政学』(2004)。

(21)　富山和彦『会社は頭から腐る』(2007)。

(22)　ミンツバーグ・前掲書（2007）pp.377-378。

(23)　水島治郎『反転する福祉国家―オランダモデルの光と影』(2019) pp.73-76。

変化する時代の
地域性を磨く持続的まちづくり

株式会社 アルテップ プロジェクトリーダー
楠　亀　典　之

1. はじめに

今，ローカルの魅力が再評価されている。ローカルといっても，地方というより，地域性という意味合いだ。ローカルには，仮想世界でのつながりが増えてきた今，現実世界での人とのつながりや，その地域で培われてきた歴史や文化がある。

これは，現在の日本が「中身が空っぽのゾンビ」と例えられたように，世代を問わず孤立化し，感情や表情が乏しく「こころの貧困」が深刻な日本において，土地がもつ魅力や暮らしの質への欲求が高まっているからだ。特に80年代以降に生まれた世代にとって，この傾向はより強くなっている。

人口減少社会が本格化する中，これからの持続的な都市を考えるときには，超高齢社会の対応に併せ，上記のような社会の主軸となる次世代の動きをとらえることが重要だ。

本章では，現在，都市を取り巻く社会環境がダイナミックに変化していることを踏まえ，これからの都市計画やまちづくりで求められる視点を考えたい。

2. これまでの「あたりまえ」が通用しない時代

現在，日本は様々な点で大きな変化のなかにある。その要因で特に重要なものとして，人口，技術，自然環境があげられる。

まずは人口。現行の法体系や仕組みなどの多くは，日本の人口が急激に増加し，経済，産業が右肩上がりの明治から昭和期に礎がつくられてきた。1918年に制定された旧都市計画法は100年，1950年に制定された建築基準法は70年がたつ。これらは，およそ二世代前にあたる。

今の日本の人口は1億2,600万人だが，100年前は半分以下の5,600万人，70年前でも8,300万人であり，この100年で2倍以上に人口が伸びている。経済においても，人口増加と歩調を合わせるように，1950年代以降の高度経済成長期では実質GDPの成長率が約10%，その後，バブル崩壊に至るまでは比較的高い活力のもとにあった。しかし，その後，低成長の時代からゼロ%台に移行した現在の状況を考えると，社会背景の違いは言わずもがなだ。多くの行政職員やプランナーを問わず，組織上層部の意思決定に立つ者は，人口増の中での経験則が判断基準になっており，環境変化を十二分に意識しつつも，その対応に躊躇し，抜本的な手立ては次の世代が負うところになっている。

つぎに，技術の分野では，人の暮らしを変えた大きな出来事として，道具の発明により安定的な食の供給が可能となった農業革命，蒸気や電気等により圧倒的に生産性を高めた産業革命，そして現在の情報革命。この情報革命では，日々刻々と新しい技術が生まれ，サービスが提供されている。全人類が電卓を24時間叩き続けて2週間以上かかる計算をわずか1秒で処理するスーパーコンピュータよりも，はるかに複雑な処理が可能な量子コンピュータが現実のものとなりつつあり，AIやIoT，ロボット化と連携して交通分野などへの活用も期待されている。

今では当たり前にもっているスマートフォンの進化を考えても，この10年で大きく変化している。iPhoneが日本で販売されてから12年が経つが，当時主流だった携帯電話は，電話とメール，カメラ機能が備わっていた程度だ。そのような時代に販売されたiPhoneには，GPSが搭載されており，手

図表1　社会変革とSociety5.0

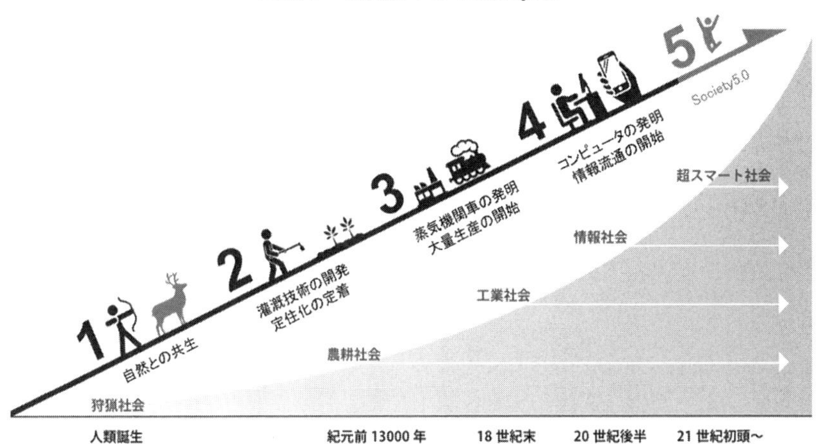

（出所）　経団連SDGsサイト。

のひらに地図が表示でき，現在地までわかる衝撃がどれほどだったか，今の20代には想像がつかないだろう。

逆に言えば，今ある機能や使い方は新しい技術やサービスで，10年後には陳腐化していることは想像に難くない。ましてや，これまでの延長線上で思考するだけでは，将来を大きくミスリードする懸念がある。

現在，日本政府が目指す将来像としてソサエティ5.0が示されている。仮にソサエティ5.0が実現した世の中を想定した際，都市やまちのあり方，土地利用や交通計画などはどのように考えるべきだろうか。

最後に，地球環境。気象庁が公表している「災害をもたらした気象事例」をみると，単純比較はできないものの，昭和期（昭和20～63年）の事例は49件，平成期（平成元～31年）で115件となっている。この資料では，昭和期と平成期で対象とする事例が異なっているため，事例の数自体に大きな意味はないが，自然災害が社会経済に大きな影響を与える機会が増加しているのは確かである。特に，大雨や台風による災害発生の増加傾向が顕著になっている。

また，地球規模では，気候変動に関する政府間パネル（IPCC）の第5次評価報告書（2013年）では，地球温暖化による海面上昇は，2100年までに

図表2　昭和期と平成期の災害をもたらした気象事例比較

	豪　雪	大雨・豪雨	台　風	合　計
昭和期 (20～63年)	4	16	29 カスリーン台風（昭22）， 伊勢湾台風（昭34）など	49 (1.1件/年)
平成期 (1～31年)	5	43	67 台風19号（平31）， 台風21号（平30）など	115 (3.8件/年)

（出所）気象庁『災害をもたらした気象事例』から筆者整理。

最大１m程度になると報告していた。しかし，近年の研究では，それは楽観的とみられ，海面上昇は最大２m以上になるとの試算も示されており，ロンドンやニューヨーク，上海などの大都市も脅威にさらされ，世界で２億人近くが住む場所を追われる可能性も指摘している。東京でも，湾岸部のゼロメートル地帯などは，大半が水没する可能性がある。

今後，地球の自然環境は，暮らしのベースとなる安全確保を脅かしかねず，都市計画やまちづくりを考えるうえで，ますます大きな前提条件となるだろう。

都市計画やまちづくりでは，計画する上での前提と仮説が必要となるが，社会を取り巻く環境が抜本的に変わろうとしている現在の状況からは，これまで当たり前のように前提としてきたことが通用しなくなるといえよう。

3. これからのキーワードは「暮らし方」

上記でみたように，我々をとりまく環境は目まぐるしく変化している。ダイナミックで魅力的なイノベーションが起こっていれば，その利便性や可能性に囚われ，それを前提にして将来を予想したくなる。しかし，それは今起きている変化のほんの一つにすぎないともいえる。

であれば，それらは川の流れのように，常に形を変え，大河になる場合もあれば，泡と消えるものもある。その流れを捉え，波に乗ることも大事だが，むしろ，変化が早く大きい時代は，流れの本質を問うことが重要なのではないだろうか。

都市やまちは一つとして同じものはなく，地形・風土・歴史・文化・暮らし向きなど，いわば多様性の集積である。計画に際して，様々な考え方があれば地域独自の特性の活かし方も異なる。一つのモデルが，絶対的な解となるわけではない。しかし，変化が大きく，利便性の追求やスマート化が進む社会では，家族や友人とのつながり，地域や自然とのつながりなど，居住する人たちが，その場所で根源的に欲する「暮らし方」のなかに，そのヒントが潜んでいるのではないだろうか。

この点を背景に，今後，求められるであろう3つの視点を次に提案したい。

4．視点(1)：都市と農地と自然を一体的に捉える「テリトーリオ」

普段，都市やまちを考えるとき，どのような範囲でそれらを捉えているだろうか。都市という概念に，世界共通の定義はなく，日本でも使い方・捉え方はさまざまだ。一般的には，人やもの，情報，商業，業務等が一定のエリアに集積し，そこで営まれる諸活動が形成する空間として考えることができるだろう。

振り返ると，近代産業の発展で，都市機能の強化と環境整備が必要となり，旧都市計画法の時代から都市計画区域を設定し，土地利用規制等などが行われてきた。また，拡大し続ける都市化によるスプロール化を防止する観点から，新都市計画法では市街化する区域を線引きする制度や開発許可等が導入された。いずれも，都市機能の集積を形成するために一つの線を意図的に引いたものである。

しかし，ふと立ち止まって考えてみると，都市機能の低下やスポンジ化が議論になっている今，都市そのものの捉え方を見直す必要がないだろうか。

都市という概念は，線を引いた一定のエリアで捉えたものを前提に理解したくなるが，実際は，そのエリアが単独で自立したものではなく，周辺地域と相互補完しながら有機的に連携しているのが本来の姿だろう。

近年，このような都市の捉え方を見直す動きがでてきている。都市を成立させる主要な要素を空間的に落とし込むことで，都市と周辺の有機的な連携を一つの領域としてとらえる「テリトーリオ」という概念だ。

図表3　テリトーリオのイメージ

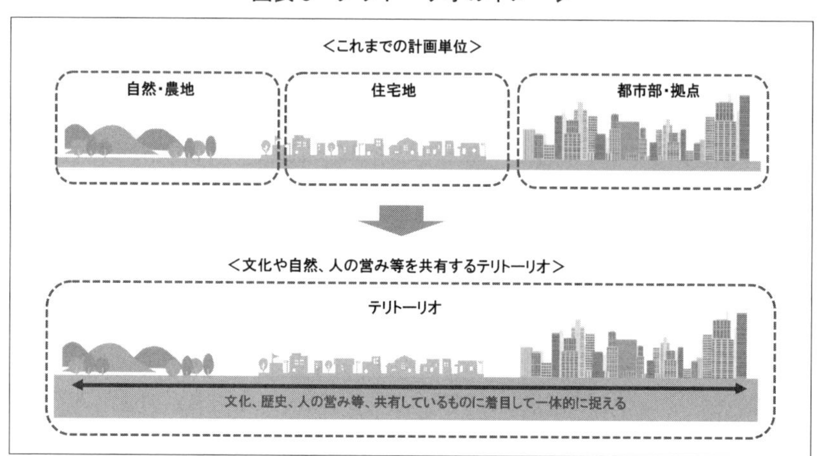

（出所）　筆者作成。

テリトーリオ（territorio）はイタリア語で，領土と訳される英語のテリトリーとは概念が異なっている。イタリア語のテリトーリオは，都市とその周辺を含めたエリアとして統合的に捉える言葉として，専門家だけでなく，一般市民にも根付いたものとなっているようだ。

テリトーリオの概念を日本に持ち込んだ都市史研究の陣内秀信法政大学名誉教授は，「テリトーリオは，まず地形，地質，土壌などの大地の仕組みがあります。そこに人間が営みを加え，固有の生態系もできました。農業，漁業，林業，開墾，灌漑用水が整備され，それに修道院などの建造物ができていく。人が暮らすことで食文化などのソフトも重なる。下層部としての自然があり，人が加えた上部構造が載っているわけですが，その全部をまとめてテリトーリオと捉えるわけです。」と解説している。

この概念を都市計画やまちづくりの分野への応用を考えると，新しい発想が生まれてくる。

まず，都市レベルは，視点を都市近郊や農地まで広げ，職場と居住地，消費地と生産地など，関係するものを一体的に考えてみてはどうだろう。たとえば，居住地選択を考えると，これまでは都心部に職場が集積しているため，なるべく都心に通いやすいという理由から都市のスプロール化が進行した。これに呼応して，都市計画では都市は商業・業務地域，住宅は専用住宅地として計画してきた。しかし，IT 技術の発展や働き方改革により「会社以外の場所で仕事をする」ことが可能になり，多くの企業や人の間で実践されつつある。これがさらに進めば，都心近くに居住地を選択する必要性が小さくなる。むしろ，個人の嗜好にあった住みたい場所が居住地として選択されるだろう。この場合，居住地として選択される場所は，利便性よりも，風景や文化，自然など，そこにしかないローカル性が人を惹きつける重要な要素となるだろう。都市で得られる文化的刺激と，ローカル性が強い場所で得られる安心感は，都市生活者にとってそれぞれ追い求めたいものである。一つの場所で完結するのではなく，複数の場所や地域が補完し合い，人の暮らしを豊かにする姿が，テリトーリオの一つのあり方として想定できるのではないか。この点において，都市計画でも，大きな拠点に都市機能を集中させるモデルよりも，分散したモデルの方がこの思想には馴染むと考えられる。

分散しつつ補完し合う視点でいえば，今，全国にある友好都市という枠組みを，さらに政策上踏み込んだ都市機能協定のようなものに発展させてはどうか。たとえば，東京都区部で最も人口の多い世田谷区は，群馬県の川場村と友好都市を結んでいるが，それぞれにある小学校の授業を共有化することで，子育て世帯は，ひと月のうち何日かを，川場村と世田谷区のどちらかで暮らす選択が可能になるかもしれない。また，それぞれのまちにある空き家を，住居やシェアオフィスとして活用すれば，家族での行き来が容易になるだろう。さらには，それぞれの都市間にリムジンバスのような直通交通を走らせれば，人の移動はより流動化し，医療システムの連携を深化させれば，ICT を活用した遠隔診療が川場村の医療不足の補完に役立つ可能性もある。東京と群馬では距離がありすぎるが，これが世田谷区と奥多摩であれば，より現実的なテリトーリオとなり得る。

つぎに，都市というマクロ的な視点でなく，普段まちづくりの対象となる地区レベルの単位でも考えてみたい。地区レベルのまちづくりを検討する場合には，通常，一定のプロセスがある。はじめに，その地区の現況の実態把握を行い，ついで，特性や課題を整理し，課題解決や特性を生かすための取組みを考え，それを実現に結びつけるという流れが多い。ここで考えたいのは，取組み対象となる課題や特性は，地区だけで完結しているのかということだ。たとえば，都心部の密集市街地の整備を考えると，密集市街地には安全性確保の観点から莫大なマンパワーと予算が投入されている。しかし，地区内は高齢化による建替え意欲の衰退，合意形成の難しさから道路整備の遅延など，思うように整備が進まないケースもよくある。しかし，地区周辺も含めて，少し広域的に地区を俯瞰すると，都市とその周辺との関係性のなかから，ヒントが見えてくる。一度，国立社会保障・人口問題研究所のデータを使って，密集市街地とその周辺の将来人口を比較してみたことがあるが，密集市街地は都心近くの好立地にもかかわらず隣接地と比較すると，将来の人口減少率が高い傾向にある。東京も大阪も同じ傾向であった。であれば，防災面からのボトムアップだけでなく，子育て支援施設や公園整備など，まちの魅力を高めるバリューアップの視点も取り入れた住宅供給や施設整備等を行うことで，目に見えるまち課題だけでなく，将来の課題解決も含めた戦略的まちづくりを展開する視点が見えてくる。

テリトーリオという概念は，人の行動やライフスタイルで捉えることや，対象を俯瞰的にみることなどで，まちづくりや都市計画の新たな発想が生まれてくる可能性を持っている。

5．視点⑵：個のモチベーションからローカル性を磨く

都市計画やまちづくりを業として担う多くの者は，社会的課題を解決することへの意識が高く，課題に真摯に取り組んでいる。

一方，そこで実際に暮らす人や，まちづくりを実践する人のことをどこまできめ細かく本気に考えているだろうか。

すでに，まちづくりは多様な主体で進めることが求められ，その動きも少しずつ見え始めている。今後，ますます，行政のマンパワーが不足し財政状況が厳しくなる中，まちづくりの担い手は地域の住民や企業にシフトチェンジする動きがますます加速する。

行政主導であれば，行政の課題解決を担う責務があり，住民の福祉向上等を目指して取り組むことになる。しかし，住民等の主体性に期待するのであれば，住民等が行動を実行に移すうえでのモチベーションが不可欠となる。それは必ずしも行政と同じ目線とは限らず，地域や社会的な課題解決とイコ

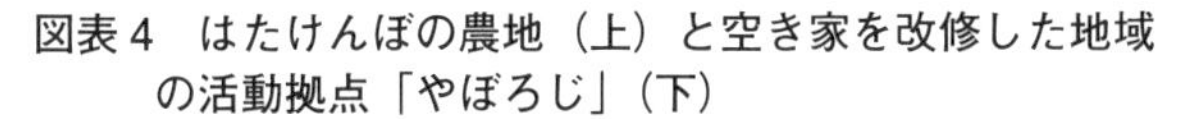

図表４　はたけんぼの農地（上）と空き家を改修した地域の活動拠点「やぼろじ」（下）

ールではない。そのモチベーションは，自分の日常生活を楽しむことや，自分や家族たちにとって心地よい場をつくることなど，「自分で率先してやってみたい」あるいは「参加してみたい」という気持ちの高揚感である。

個の思いからまちづくりを展開している事例として，東京都国立市の「とうきょうはたけんぼ」の取組みを紹介したい。国立市は東京の郊外市街地で，駅前から続く桜並木が都市的景観として象徴的な場所だが，その南側には今も豊かな自然や農地が残されている。その取組みは，いわゆる都市近郊の農ある暮らしだが，その活動範囲が農を主体としながらも，地域のまちづくりに発展させている点がユニークだ。取組み母体であるNPO法人くにたち農園の舎代表の小野氏は，都会の便利さを享受しつつ農ある暮らしを実践するため，この地に移住してきた。はじめは水田を借り，地域の子どもたちや会員に農体験できる場づくりを行った。その後，農の活動を食に広げ，空き家を改修して農家レストランをオープンさせ，食を通したコミュニティづくりに発展させている。さらには，農ある暮らしや地域の魅力を，日帰りで体験するのではなく，宿泊してより深く知るための場所として，アパートを改修した宿泊施設もオープンさせている。近くにある大学と連携することで，利用者の幅が広がり，今ではインバウンドの利用も増えている。小野氏を中心とした個人の活動がきっかけで，仲間が増え，ファンが増え，人のつながりが広がり，地域のまちづくりとして周辺に波及している。参加者や関係者の表情はとても生き生きしており，その姿はとても素敵なものだ。小野氏に話を聞くと，この一連の取組みは自分や家族が住みたい住環境をつくり出すことが原動力となっているという。

また，この近くにある日野市のせせらぎ農園では，耕作放棄地を，老若男女，多様な世代が集まるコミュニティガーデンとして魅力的な場所に再生している。せせらぎ農園代表の佐藤氏は，コミュニティの形成と，農の保全，循環型社会の形成を目指し，この取組みを実践している。

同様の取組みは全国各地で多くみられる。農や自然のある暮らしは，都市に居住する者にとって，これまで都市では体験や味わうことのできない，心の豊かさを満たすものとして着実に広がりつつある。

楽しさだけを前面に出すだけであれば，一過性のイベントやブームで終わってしまう可能性も大きい。しかし，人が行動を実践し，主体的な活動につなげるには，人を動かすワクワクする気持ちが不可欠だ。人のワクワク感は，楽しさということもあるが，実現することの達成感やさまざまな社会的課題が解決するということでもある。

一過性のものに終わらせずに，まちづくりに繋げて展開するうえでは，地域で大切とするものを明確にし，人々が共有していくことが重要だ。

我々が業としてまちづくりに関わる場合でも，地域課題を正しくとらえて計画することに併せ，誰（特に担い手）が，どのようなモチベーションで，ワクワク感を持って持続的に実践するのかという点に頭をめぐらす必要があるだろう。そうすることで，各地域で自分ごととしてのまちづくりが実践され，持続的な取組みにつながっていくのではないだろうか。また，このような取組みの蓄積が，魅力的な地域という意味でのローカル性を高めていくと考えている。

6．視点(3)：都市の余白をつかって，地域価値を高める

最後は，都市や空間の余白をうまく活用するという視点だ。余白とは，簡単にいうと，空き地や空き家，低未利用地などだが，それらは一般的にネガティブな意味合いも含まれるため，ここでは，その可能性も込めて「都市の余白」という言葉を使いたい。

昨今では，地域内で自分ごとのまちづくりをしてみたいと欲する者は少なくないが，誰しも，まちづくりに費やす場所や資金をもっているわけでない。しかし，都心部では取組みにチャレンジしようにも柔軟に活用できる空間はごく限られる。都市の価値を高めるにも，都市の余白を生かし，これを潤いのある環境を創出するインフラ的な要素として考えることが大切ではないだろうか。

たとえば，都市計画道路や鉄道の立体化事業用地など，都市計画事業予定地は，都市計画決定後になかなか事業に着手していないものがある。あるいは一部事業着手したものの完成するまで場合によっては何年もフェンスが張られて立入り禁止の立札のある空き地となっているケースもある。都市計画事業でなくとも，まちづくりの事業予定地として買収したものの事業実施のめどの立たない空き地状態の土地もあり，公共ばかりでなく民間敷地の空閑地などを含めれば，まちなかには都市の余白ともいうべき土地が多いことに気づく。身近かにあるこうした土地が何の動きも見せない状態で放置されているのは，地域にとって非常にもったいないだけでなく不経済でもある。こうした土地を，町内会や自治会，まちづくりNPOなどの地域活動団体等，ソーシャルビジネスを手がける団体等がアクションを実践する場として暫定利用を認めれば，新たな地域価値を創造することにつながるのではないだろうか。

これまでも，当面使用する予定のない事業用地を行政が保育所や駐輪場として暫定利用する例はみられる。しかし，地域団体等が活用している例は，ほとんどみられない。行政が地域課題の解消のために暫定利用することも有効だが，余白の活用として意図するのも，まちづくりの胎動を育てるインキュベーションとしての活用だ。まちづくりは，取組みの現場を見て，地域住民が認知することも重要であり，外部空間である都市の余白を活用することで，まちづくりの「見える化」を図ることができる。こうした点からも，都市の余白を活用することは意味がある。

欧米では，都市の余白を活用して，コミュニティガーデン（ニューヨーク）や手作り農園（ドイツ）としてコミュニティ育成や地域価値を高めている取組みもある。さらに，発生と消失を繰り返し，その存在を的確に把握することが難しい都市の余白をGISで把握できるシステムも構築し，活用の支援が図られているという。食や農に関する取組みは，年齢や国籍を問わず誰もが垣根なく楽しめる特性もあるため，日本でもこういったところからスタートするのも馴染みやすいだろう。

活用するうえで，制度上の課題はあるだろうが，一定のルールさえ決めておけば，行政にとってそれほど大きなリスクもないだろう。地域の意向にそって活用可能とする柔さがあれば，行政が自ら土地を管理する必要もなくなり経済合理性もある。さらに言えば，事業の費用対効果B/Cの面から，来街者増加による既存店舗の売上増や，移住者による税収増などの経済効果を便益としてカウントできれば，それを推進する意義は高まるだろう。

都市の余白の使い方について，国交省では空き地等は「まずは使う」ということを薦めており，低未利用土地権利設定等促進計画やコモンズ協定など制度面からの環境整備も図られている。この流れがさらに発展すれば，地域住民が主体的に地域をマネジメントすることが定着し，持続的なまちづくりにもつながる。

また，もう少し広域的にみると，市街地に隣接した農地や自然も新たなアクティビティを誘発させる場所として，都市の余白として位置付けることができよう。近年，盛り上がりを見せるPark-PFI（公募設置管理制度）のように，地域団体と農地や自然の所有者である行政等が維持管理契約を結び，それらに都市的利用を加えれば，農地や自然がより身近かなものになるだろ

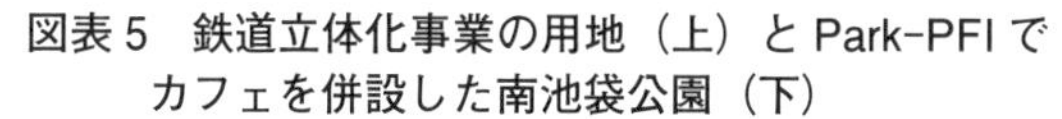

図表５　鉄道立体化事業の用地（上）とPark-PFIでカフェを併設した南池袋公園（下）

う。農地や自然の中では，市街地での生活とは全く違った体験ができ，リフレッシュするだけでなく，自分の中にある本来の生活に求めているものを認識するきっかけにもなるだろう。そのような体験で得たものを，市街地の中に少しずつでも展開することができれば，自ずと心地良い住環境の形成に寄与することになる。また，生活の中に都市と自然がつながりを持つことで，都市のテリトーリオを実感することにもつながる。

人口が減少し，都市の拡大圧力が弱くなった今，都市の余白をインフラ要素として積極的に位置づけ，生活環境の向上を目指すチャンスが到来しているともいえる。

7. 地方分散型に移行するために残された時間は 10 年

さて，都市の形態が変化するには時間がかかるが，今から 30 年後，どのような日本の姿があるのだろう。京都大学の広井良典教授らは，都市形態について，AI を活用して 2050 年の未来予測を行った。人が思い描ける未来シナリオには限界があるが，AI には限界がなく，網羅的にシミュレーションし約 2 万通りの予測を描き出している。

その結果，未来予測は「都市集中型」と「地方分散型」に大きく二分されるという。都市集中型が進行した場合のシナリオは，財政は持ち直すが，出生率の低下や格差が拡大する。一方，地方分散型のシナリオは，出生率は持ち直して格差が縮小し，個人の健康寿命や幸福感が増大する。都市が持続可能か，あるいは破局的かという観点からみると，地方分散型が望ましいとしている。誰もが直感で感じていることが，AI を活用したシミュレーションにおいても実証されたかたちだ。

また，都市集中型と地方分散型の分岐点は，8 ～ 10 年後に訪れ，その後は，一方のシナリオで都市が構築されると，もう一方のシナリオに移行することはできない。地方分散型のシナリオを実現するには，その方向に進む意思決定を行い，適切な政策を推進する必要があるとも指摘している。

都市計画で 10 年という期間はあまりに短い。

しかし，10 年後の分岐点で，地方分散型のシナリオに進むためには，すぐにでもその準備を行うべきだ。本章で述べてきた 3 つの視点は，どれも，地方分散型のシナリオにも役立つものと考えている。

都市集中型か地方分散型かは，決められたことを待つのではなく，まず自分が選択するものでもある。

未来の社会がどのようになるのかは誰にもわからないが，我々の小さな日々の選択や暮らし方の積み重ねに負うところが大きいことは確かなことだ。それらの選択で，2050 年には AI も想定できなかった豊かで魅力的な第 3 のシナリオが現実になっているかもしれない。

図表6　2050年のシナリオイメージ

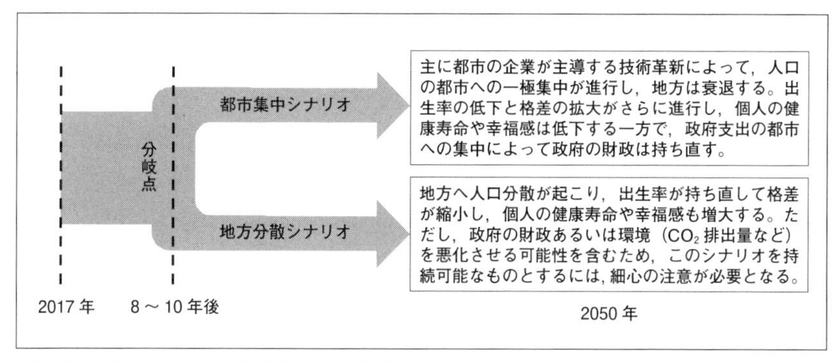

（出所）プレスリリース資料をもとに筆者整理。

8. おわりに

本章では，都市の変化の激しい時代だからこそ，人の暮らし方や地域の魅力となるローカル性に着目したまちづくりについて提案した。

特に，テリトーリオという都市の捉え方は，これからの都市計画において非常に重要な視点と考えている。この考えが広がれば，都市という概念のなかに，自然や農地も含まれ，人の暮らし方や文化はもっと柔軟で豊かなものになると確信している。

また，都市の余白を活用し，人がワクワクする取組みができれば，土地への愛着が高まり，心地良い人のつながりも生まれ，地域の個性が磨かれていくだろう。

これらの視点は，何も新しいものではなく，過去に似たような議論はあった。しかし，あえてこれらの視点を取り出したのは，都市拡大の時代が終わり，本格的に人口減少の課題が顕在化しつつある今でこそ意味あるものと考えたからである。

〈参考文献〉

内閣府『日本経済 2016-2017』
https://www5.cao.go.jp/keizai3/2016/0117nk/n16_2_1.html

内閣府科学技術政策『ソサエティ 5.0』
https://www8.cao.go.jp/cstp/society5_0/index.html
京都大学，日立製作所『AI の活用により，持続可能な日本の未来に向けた政策を提言』
http://kokoro.kyoto-u.ac.jp/jp/news2/20170905 京大 _ 日立ニュースリリース .pdf
気象庁『災害をもたらした気象事例』
https://www.data.jma.go.jp/obd/stats/data/bosai/report/index.html
日本建築学会『建築雑誌』Vol.134，No.1730「「テリトーリオ」から学ぶ―都市と地域の真の再生のために」（2019 年 11 月）
浅見泰司編著『都市の空閑地と空き家』「都市のレジリエンスを高める空閑地の活用事例」（阪井暖子）（プログレス，2014 年）

地域循環型社会の居住システムの構築に向けて

株式会社 市浦ハウジング&プランニング 代表取締役 社長
川　崎　直　宏

1. はじめに

持続的なまちづくりは，地域社会の未来像の展望のもと，地域の生産，雇用，生活，社会，コミュニティ活動が適切に展開され続けることの取組みと概念される。

本章では，こうした視点から，活動の核となるハウジングビジネスの動向をふまえて居住産業を展望し，これからのわが国の持続的なまちづくりのあり方を考察してみたい。

2. 「住生活基本法」以降のハウジング

2000 年頃以降は，団塊ジュニア世代が住宅取得した後の負の需要の時代に入るが，この時期以降は住宅着工数が年間 120 万戸前後となり，2009 年以降は年間 100 万戸を下回る状況となった。団塊ジュニア世代の特徴は，次世代のベビーブーム時代をつくらなかったことにある。社会経済状況の厳しさの中，晩婚化等の影響もあり，出生人口は時期的に平準化されて横ばい状況となっている。合計特殊出生率は 1990 年以降に低下傾向となり，2005 年には過去最低である 1.26 まで落ち込んだ。生産年齢人口は年少人口の減少と老年人口の増加とが相殺されて，1990 年頃までは約 7 割の水準を維持してきたが，1990 年代に入ると年少人口の減少を上回る老年人口の増加が進み，1995 年以降は生産年齢人口比率が低下し始める。この時期は高度経済成長後期から低成長期，バブル期と経済・社会状況が大きく揺れ動いた時期でもあり，種々の社会経済政策の模索が行われている。2010 年頃には，総人口は減少局面に入るとともに生産年齢人口は約 6 割となり，その低下傾向が現在も加速されている。

こうした状況の中，住宅政策は世界中でヒト，モノ，カネが行き来するグローバリズムの進行を背景としてドラスティックな転換を進め，市場重視と地方主体性の確立に大きく舵を切っていった。2000 年以降のハウジングは市場重視やストック重視等に視点を当てた現在に連なる新しい制度や事業を矢継ぎ早に創設していった。これらの住宅政策の転換の集大成とされるのが 2006 年に制定された「住生活基本法」であり，これに基づいて策定された「住生活基本計画」である。「住生活基本法」は，住宅政策の抜本的改革に向けての様々な議論の末に成立し，今後の安定・低成長経済下での住宅政策の枠組みを示すものとなった。すなわち，住宅政策はハウジングのグローバル化を背景として，徐々に「小さな政府」論を基調とした市場政策へとパラダイムシフトしたといえる。

こうして，確実に予想されるこうした人口構成の変化を要因とする社会像の変容と，政策のパラダイムシフトを背景としたハウジングの市場化動向が，今後の 20 ～ 30 年を確実に見通す潮流となった。今後は，その潮流に基づく地域社会のあり方を展望する必要がある。

一方，2007 年に起きたアメリカのサブプライムローン問題に端を発する金融不況は，リーマン・ブラザーズの破たんへと至り，世界的な金融不況へと発展した。日本への影響も深刻で，2003 年をピークに下降傾向であった完全失業率も 2008 年には再び上昇に転じた。リーマンショック後には，これまでの社会経済を席巻していたグローバリズムの弊害が無視できなくなった。格差問題や構造計算書偽装問題以降のデータ偽装やデータ改竄問題など立て続けに社会問題となった。さらに，東日本大震災後に時代の空気が大きく変わったように見える。こうして，経済的豊かさの実現に向けてきた価値意識は，生活の豊かさを求める価値観へと変わりつつある。翻って，わが国の社会経済状況をみると，2010 年以降は人口減少局面に入り，社会やまちの中で展開される種々の活動や事業は縮小傾向になっている。このため，急速に進む高齢化や余剰となる様々な資産の老朽化とその対応がますます大きな課題となってきた。

住宅領域においては，先立って進められていた市場化やストック政策への転換は「住生活基本計画」に位置づけられるとともに，こうした計画の後押しを受け，必ずしも十分な準備や枠組みを共有できないままストック型社会に向けた対応として否応なく進むことになってきた。住宅整備の主要な活動は団地再生や空き家再生，リノベーションや中古流通，および老朽化したインフラ改修や長寿命化対応にシフトしている。その担い手は，官民連携や民間活用を掲げて，やみくもに民間事業者への依存を強めている。その一方で，2000 年頃以降進められてきた，行き過ぎた新自由主義的社会経済状況に対し，多くのひずみが浮き彫りになっている面もある。市場重視政策による居住格差の増大は，若年層を主とする新たな居住貧困を生み，高齢貧困層の増大とともに，住宅におけるセーフティネットの重要性を高めている。

また，こうした社会状況に照らした新たな社会像の構築が議論され始めている。ストック型社会のハウジングが再生やリノベーションの基本とすれば，それは地域の課題対応，地域の活動，地域のイニシャチブ，地域の担い手が不可欠である。このことは，社会経済活動等における小さな循環の系を構築する新しい地域社会像の創造に他ならない。これらは，縮小する都市や「まち」の姿を描き，人口減少時代のまちづくりや都市政策，自治体運営における財政制約や行政サービスの効率化を求める「コンパクトシティ化」と同根の理念的方向の取組みといえよう。

時代の求める住宅や居住政策の方向は地域の新しい生活の豊かさの実現であり，従来の政策の基調であったグローバリゼーションからの脱皮がきわめて重要となろう。建設業界を見ても 2005 年の構造計算書偽装問題以降，防火性能偽装問題（ニチアス等），杭打ちデータ偽装問題（旭化成等），免振ゴム偽装問題（東洋ゴム等），免振データ改竄問題（KYB 等），レオパレス問題，大和ハウス問題など立て続けに社会問題となり，グローバリゼーションの追求による行き過ぎた市場主義が，今や大手企業の信頼を失墜させるに至った。

現代は国際化の進展や IT 技術などを背景としたボーダレスな社会が構築

されつつある一方で，諸外国との言葉や習慣，考え方，文化性などの違いが再認識されるようになってきた。そのような中で，徐々に日本特有の文化や美しさに対する意識の萌芽がみられるようになってきている。人々の生活様式や価値観の多様化が進み，地域内での住民間の交流などはこれまでより希薄化しつつあるが，地域社会の将来や持続性を危惧する声も少なくない。

こうした背景の下，新しい地域社会像の創造に向けたハウジングビジネスが志向されなければならない。

3. ハウジングビジネスのスモール化

その方向の主たるイメージが「ハウジングビジネスのスモール化」といえる。

現在のハウジングは様々な視点や領域で「スモール化」状況を呈している。「住生活基本法」の成立を待つまでもなく，住宅産業は大量生産の時代からきめ細かな住生活空間の創造や生活提案を重視する居住産業・生活サービス産業にシフトしており，住宅需要は少しずつではあるが新築からリフォームや既存住宅流通に移行してきた。いわば，「ハコの産業」から「場の産業」へのシフトが謳われ，住宅地の大型開発は影を潜め，団地や郊外住宅地の再生が住宅地整備の主たる事業に代わってきている。これらを担う住宅・居住産業は従来の大量供給を目指したハウスメーカー等の大量生産・工場生産型の産業から脱皮し，きめ細かさと即地的対応が求められ，その供給ビジネスは，よりきめ細かな対応を可能とする，地域に密着した密度の高い「スモール化」が必然となっている。

こうしたハウジングビジネスのスモール化は，人口が激減していく極めて特異な状況におけるイデオロギーの転換を意図しなければならない。そこには，過去の成功体験の延長上にない新たな価値や手法を見出しつつ展開する難しさと，保守的・旧守的体制との対立を余儀なくされる難しさがある。しかし，時代は必ずこうした産業のきめ細かさと即地的対応を求め，その展開なくして日本の住宅・居住産業の未来は語れないとも言われる状況にある。

住宅・居住産業は情報機能の発展により，生産と消費の分散化が可能となり，状況に応じた再編が進んでいる。居住産業の基盤は地域循環型経済の展開の下，地域活性化支援，地域創生，リフォーム対応にシフトしていくであろう。高齢化に伴う居住サービスは，福祉・生活サービスに見られるような財やサービスの生産・供給とそれらの消費が同時にかつ同場で行われることになり，地域密着型のサービス供給として展開することになろう。こうした住宅スモールビジネスは，小さな系で循環する経済をベースにストック再生ビジネス，空き家活用ビジネス，各種シェアハウジング，民泊ビジネス，コミュニティ型居住ビジネス，居住支援ビジネスなどに発展・展開が見込まれる。

そこにイメージする社会像こそが地域ごとにヒト・モノ・カネが循環する社会であり，地域に密着した種々の活動や事業によってコミュニティが活性化していく社会である。もちろん，経済システムは高度にグローバル化する面も否定することはできないが，一方でコンパクトな地域経済循環も重要な構造となり，領域別にグローバルからローカルに至る重層的・階層的循環構造が考えられる。したがって，こうした社会像は地方都市だけでなく大都市にも適用できる考え方であり，特に大都市は機能毎にグローバルとローカルの重層的構造を持つことになろう。近年は，「グローカル化」という用語も使われ始めている。「グローカル化」とは「グローバル化」と「ローカル化」とを合わせた造語で，「地球規模で考えて，地域ごとに行動する」ことと言われている。住宅・居住産業に求められる即地的なきめ細かさは，地域密着型産業組織に限らず，業界をリードするグローバル化した大手の民間住宅産業組織においても，今後のビジネスモデルとして必要とされる要素であろう。特に，地域ごとに展開される居住者主体の組織や社会活動組織等が，地域の住生活やその活力の担い手と協働することこそが，今後の居住の質を豊かにすることとなろう。社会は資本や知識の集約型産業活動から居住地で生産と消費が同時・同場で行われる経済活動が一層重要になる。これまで経済成長を支え，社会に貢献してきた大手産業組織はグローカル化を指向することになろうし，地域密着したスモールビジネスは新たな地域産業を創生する手がかりともなろう。こうした地域社会像の共有とその活動や取組みこそが，今後の持続的なまちづくりの基本である。

これら産業の発展理念は，社会経済理念としての「規模の経済」から「範囲の経済（密度の経済）」を方向づけることとなろう。すなわち，標準化された小品種製品の大量供給による生産性の向上を図る物的供給事業モデルから，小エリアにおける物的供給やサービス・管理など多角的な事業展開を総合することによって事業効率を求める総合生活産業への展開が主たるビジネスモデルとなろう。

住宅・居住産業はこうした動向となじみやすく，コミュニティビジネスや生活サービスとともに地域コミュニティの豊かさを構築する主要なビジネスに位置づけられよう。元来，住宅・居住産業は地域密着型で，つくる・つかう・なおす・そだてる・かえる・こなすビジネスを総合的に行う業である。これらのビジネスは同時性・同場性ビジネスとしての性格を持ち，生産・供給と消費が直結するがゆえに流通コストの縮減が可能となる。また，地域内での住宅・居住産業の効率的循環や地域への愛着，住生活支援活動等へのモチベーションなどによって，居住機能がコンパクトに集約し，地域が持続的に活力を生み出すことができよう。このため，地域内の居住の循環に不可欠な資源として，地域内に様々な住宅・居住関連ビジネスが求められ，サスティナブルな地域社会の構築に向けて，その住宅市場を支える仕組みも重要となる。その基本となる住宅・居住関連ビジネスは住宅の供給にとどまらず，住宅の診断，保守，メンテナンス等の管理ビジネス，リフォームや住宅の資産活用，住宅関連相談や住宅のあっせん・流通支援，居住支援サービス・生活支援サービス，セキュリティやまちの管理など，多角的かつ総合的に展開する地域の総合的居住ビジネスとして構築することが重要であろう。

現在，これを担う市場は未だ先導的，ゲリラ的な事業にとどまっているが，住宅スモールビジネスは徐々に構築されつつあり，その育成と環境整備が求められよう。活動やビジネスがスモール化し，地域に密着するが故に得られる「顔の見える業」の信頼性は高く，持続的な取組みとして社会貢献的でもある。地域ごとに生ずる居住格差や住宅問題についても詳細な状況把握ときめ細かな対応が可能になり，市場のセーフティネット機能の確立やそれらの事業保護など多角的に取り組むことができる。

こうした社会貢献度の高いスモールビジネスが徐々に出現・展開している一方，同様の事業領域による不適切ビジネスがはびこっているのも現実である。これらビジネスの市場環境として，市場活動の保険となるセーフティネット，協調体制，ソーシャリティの評価体系等を確立していくことも重要であろう。

今後の住宅政策は住宅スモールビジネスを普及していく市場・社会環境の整備やその誘導策が主要な課題となると同時に，もう一つの政策課題は，これらのスモールビジネスにおける適正な誘導・規制ルールを構築することであり，業界の自主規制や行政との連携が重要となろう。

4. 地域居住政策と行政のあり方

近年の地方行政の動向をみると，2000年頃から進められた市町村合併に代表されるように，行政単位の拡充と効率化が進めば，広域化する行政に対し，ローカル機能の受け皿としての地域のあり方が問われ，小地域の自治的マネジメントの重要性が一層増していくことが必然であろう。

2005年頃には，国土審議会計画部会において，「まちづくりの行政側の主体は市町村であるが，人口減少や高齢化等に伴う財政制約の強まりにより，様々な面で効率化が求められている。」一方，「国民のニーズは高度化，多様化しており，生活面の安全・安心にかかる効用を高めるためには，これらのニーズにきめ細かく対応していく必要がある。これらの相反する要求を同時に達成するためには，市町村単独の取組みでは限界がある。」とし，社会的サービスの供給能力や既存ストック状況に合わせてサービス供給者の役割を再編することが提案されている。これに基づいて，政策分野ごとに効率・効果的な複数市町村からなる広域レベルの圏域と，地域住民一人一人の自助，地域コミュニティ内の互助・共助と公助により，自律的な地域運営を可能とする圏域（歩いて暮らせるコミュニティレベルの圏域）とが位置づけられた。

人口減少や過疎化に対しては，地域資源等の効率的活用と行政運営を行うための広域レベルの圏域構想が提案された。一方，行政の広域化と川上化による住民と行政の距離感の疎遠化等に対し，ハウジングビジネスのスモール化を伴う地域まちづくりは，地域の意見を反映させる仕組みとしての住民自治の制度化や組織化，および住民による身近なコミュニティレベルでの生活圏域が提案され，そのガバナンスの重要性が認識されているといえる。

しかし，地方都市の市街地や住まい・まちづくりは，地域経済・地域社会の衰退を背景に，人口減少や少子高齢化とともに多くの深刻な課題を投げかけている。地方行政のひっ迫した状況と一層厳しくなる財政状況のもと，地方の住宅行政は，経営的視点を踏まえた行政運営が重要とされ，地域居住政策の必要性は，その対応が主たる要因となっている。鈴木浩（福島大学名誉教授，2013）は，「地域居住政策の基本的枠組みは，住まいに対する地域社会のエネルギー（要求，資源―人・モノ・カネ，情報など）をトータルに把握し，それらを統合させながら，地域再生という方向に向けて，シナリオを描き，展開していくことである。」としている。

こうした地域居住政策の必要性は，市場を基盤とした住宅政策の展開においても不可避の流れであり，人口減少や少子高齢化，地方都市の衰退が現実のものになってきた現代こそ真摯に考えていくべき重要課題であろう。21世紀に入り，引き続く経済の低迷の中，特に地方は人口減少と経済の衰退によって一層深刻な状況が生まれている。

地域居住政策は，地域居住を支える様々な担い手と協働しつつ，ハウジングビジネスを再構築し，これらの理念やビジョンを地域再生，ストック政策，高齢社会政策などを貫く柱として位置づける。このことによって，持続可能な地域社会像や地方都市のビジョンを描き，ハウジングビジネスを地域住民や地域居住産業と行政を繋ぎ，また，居住政策・コミュニティ政策とまちづくりを繋ぐ理念として考えていくことが重要である。

こうした地域居住政策に限らず，30年以上に及ぶ公共サービスの民営化の潮流は，大きく政策にかかわる行政の役割を変えてきた。直接的な行政サービスを担う「プロバイダー」としての役割から，徐々に民間を含む多種多様な担い手を育て，これらを適切にマネージ・調整する「コーディネーター」として役割を果たすべく発展し，さらには，市場化が進めば，適正な活動・事業が展開されるべく「イネイブラー」（条件整備）としての役割にウエイトを移していくこととなろう。ハウジングを支える地域居住政策においては，行政が地域社会のビジョンを描き，地域密着居住産業の担い手や住民組織が主役となり，行政がイネイブラーとしてこれを支える地域社会が志向されることになろう。

5. 地域力と地域マネジメント

地域居住政策の目指す地域社会や地域構造は，成熟社会にふさわしい社会経済活動や社会投資が地域内で循環され，こうした便益を実感しつつ，種々の活動や生活行動を進めていく地域住民主体の地域社会であり，その構築や再生が期待される。

これらの地域の活動や事業の活力，地域循環の力を「地域力」とすれば，その「地域力」によって，多様な住民や組織が，地域の社会的課題を明らかにし，各主体が自律的に協働しながら，地域課題を解決したり，地域の価値・活力を創出することが期待される。地域力の概念の提唱者である宮西悠司（まちづくりプランナー）によれば，地域力とは地域資源の蓄積力，地域の自治力，地域への関心力により培われるものであるという。これらは，地域における環境条件や，地域組織およびその活動の積み重ね，地域の組織的な対応により解決する力で，住民の地域に対する参加意識に依存している。こうした地域力の醸成が地域居住循環のために重要な要素であり，これを支える行政と業界の姿勢にかかっているともいえる。

地方創生に向けても，地域内に「しごと」をつくり，「しごと」が「ひと」を呼び，「ひと」が「しごと」を呼び込む地域経済の好循環をつくることが必要で，自治体が総力を挙げて地域の有効需要を掘り起こし，地域内に生産機能と雇用，消費と生活支援機能を生み出す必要がある。

近年は，様々な地域での地域活動等への参加意識が高揚しているが，これは高齢期を迎えてリタイア世代となった団塊世代が，新しい居住環境の担い手として登場してきたことにも関連する。団塊世代は，高度経済成長期以降に都市郊外に居住する者が多く，リタイアや職の転換とともに地域への密着度から，これら世代の地域活動への潜在的な参加意欲が高まっている。また，高齢化や少子化の進展に伴い，種々の福祉サービスの必要性が増加し，これに対応するため，地域サービスの質の向上と行政の効率化への期待も大きい。財政難を背景にした行政サービスの効率化のためには，公民連携や民間活用（公物管理委託等）が求められる。こうした高齢化の進展に伴う課題や郊外団地等に求められる各種サービスに対応するため，NPO 等による種々のコミュニティビジネスが出現し，コミュニティビジネスを活用，連携する居住者組織やこれらを支援する公共団体も現れている。こうした地域では，NPO 等の地域サービスが行政サービスを補完するものとしてサービスの質向上への期待が大きい。

地域運営の土壌で展開される民間ビジネスは，事業性の確保を基本とする。このため，種々の民間事業者の事業参入を求めるには，既存住宅や土地に関する更新・再生事業が資産増による価値向上を生む必要があり，このことが地域の長期の再生事業への投資を生むことに繋がる。そこに，豊かさを求めた様々な生活ビジネスやコミュニティビジネスが展開される。このことが，ハウジングビジネスのスモール化に伴う地域の居住循環を実現する市場環境を構築し，こうしたまちづくりを視座に展開するマネジメントこそが，今後の「人口減少社会」や「ストック型社会」の地域循環型社会システムと新しい都市・地域像を構築していく道筋をつけることになろう。

また，地域の資産価値や環境価値の維持に向けた地域の取組みへの希求も高まりつつある。付加価値としての地域アイデンティティや，資産価値を上げる新しい居住関連ビジネスが模索され始め，維持管理やセキュリティが売り物になる時代に変わりつつある。デザインガイドライン等による景観の維持・保全が志向され，住宅地の持続を目指した新しい居住関連ビジネスとしてのセキュリティ事業や住環境マネジメントが求められるようになってきた。今後は，都市・地域づくりの中心行為がデベロップメントからマネジメントにシフトしていくことは明らかである。地域の価値増進のためにはこうした地域マネジメントが重要で，都市間競争・地域間競争のポイントとして地域価値の向上への取組みとその仕組みが問われることになる。

地域力の醸成は，地域の居住や生活を支える様々な活動や事業を地域に密着した企業や住民組織等が担い，これらを総合的に調整する地域マネジメント機能によって育まれるが，これらを支援する行政の取組みも含めて，地域の自律を担う地域マネジメントと地域ガバナンスに，地域居住政策の今後が依拠しているようにも見える。地域マネジメントの担い手は，状況に応じて民間事業組織から地域の自主運営組織等様々に考えられるが，こうした行政と連携しつつ，行政機能を代替する地域毎の統治の方向こそが地域マネジメントの目指す方向でもある。

6. 地域循環型社会の構築に向けて

人口減少時代のまちづくりやサスティナブルな地域社会の実現に向けては，ハウジングビジネスのスモール化による地域経済循環の実現とその社会像の共有が不可欠であろう。こうした地域循環型社会システムを適正に実現し，これを支えていくためには，地域力の醸成と地域マネジメントを基本とする地域居住政策への取組みが一層重要性を増していくことになろう。

これまでの社会や都市構造は経済拡大やグローバル化の流れの下に，生産，消費，居住・養育などの機能をエリアごとに分化し，分散的に配置しつつ大きな圏域の経済循環や居住循環等の循環の系を一層拡大する方向で成長を進めてきたが，これからの社会や都市構造は，生産，消費，居住・養育，さらに今後必要となる自己実現・コミュニティなどの機能がコンパクトにかつ重層的に集約され，同時・同場で機能する地域社会が主舞台となる社会・都市構造であろう。そこで展開されるビジネスは，スモール化しつつ地域に集約され，多角的，重層的に凝縮されるがゆえに種々の業態間のシナジー効果を生み，エリア内の活動や事業の関係性を強め，それによる効率化を図るなど，新たな地域社会像を構築する機動力となろう。そこでは，地域の居住や生活を支える様々な活動や事業は地域に密着した企業や住民組織等が担い，これらを総合的に調整する地域マネジメント機能をもち，それを地域行政や業界組織が支援することによって地域が活性化していくこととなろう。

地域が持続的に活力を持ち続けるためには，地域にいくらかの循環が駆動し続けることが必要となる。ここでイメージされるのは次のような循環の系が考えられる。

1つは，地域活性化の基本となる社会経済循環である。スモール化するビジネス面をとらえれば，そこに展開するビジネスは同時・同場化される財やサービスの生産と消費に留まらず，コンパクトな流通や販売・雇用などの新しいビジネス形態が基本となる。そこに発生する「しごと」に「ひと」が集まり，消費生活や活動が活性化し，「ひと」の絆によるコミュニティが醸成されていく。ここにまた，新たなコミュニティビジネスが生まれるなど，地域経済の循環が地域を持続的に支えていく。

２つには，地域内の居住循環による地域内定住の推進である。今後人生100年時代を迎えることになるが，「つかう」ことを旨とするしくみやシステムはますます重要となろう。1980年代頃から人生80年時代の住宅すごろくが描かれていたが，これは人生60年時代の住宅すごろくに老後生活を20年ほど延長したもので，住宅取得を前提とした住宅資産価値の持続や活用を新しいすごろくとして付加し，「資産化」や資産の活用は老後居住の重要な手段でもあった。しかし，人生100年時代の長期の住宅すごろくを考える場合には，従前すごろくの延長では限界があろう。ここに「つかう」ことを旨とした新しいシステムへのドラスティックな転換が求められる状況がある。特に，老後の居住は様々な居住サービスを前提に成り立つものとすれば，老後は資産ではなく資金として活用できる状況とすることが重要である。このため，老後の資金保有を想定した若中年期からの賃貸住宅居住が有効性を持つ場合が多くなる。したがって，人生100年時代の住宅すごろくは，賃貸居住を主として展開される必要があり，このためアフォーダブルな賃貸住宅は地域内の居住循環にとっての不可欠な要素といえる。こうした意味で賃貸住宅は地域社会にとっての貴重な社会的財であり，地域の資産であり，このことによって地域の居住の循環が担保されることになろう。

３つには，長期化する老後のケアサイクルの整備である。地域包括ケアシステムでは，高齢者のプライバシーと尊厳が十分に守られた「住まい」が提供され，その住まいにおいて安定した日常生活を送るための「生活支援・福祉サービス」があることが基本的な要素となる。そのような状況でこそ，専門職による「医療・看護」「介護・リハビリテーション」「保健・予防」が効果的な役目を果たすものと考えられる。その理念として，小地域の「ケアサイクル」の概念が重要である。「ケアサイクル」とは，１人の患者が受ける連続したケアのことで，「ある病気が発生する。病院（急性期）に入院して，回復する。自宅で在宅ケアや福祉支援を受ける。また容態が変化する。治療を受けて，回復すれば自宅に戻る。福祉施設に入所する。このサイクルを繰り返しながら，最後は死を迎える。」という長い退潮期の数回の発症・入院・入所・回復のサイクルを地域のケア体制でつないでいくしくみである。このため，住宅から福祉・医療施設の適正バランス・配置を構築することが求められ，保健・医療・福祉のあらゆる職種が役割を分担して，地域全体で人々の暮らしを包括的に支援していくことが重要である。

これらの循環は，今後の地域社会が持続的に活力を持ち続ける重大な要素であり，地域力や地域マネジメントによって，その循環を駆動し続ける取組みが重要となる。

7. 地域循環を駆動するエンジンと取組み方

こうした地域循環は，地域力や地域マネジメントの構築を前提とするものの，これが持続的に駆動するためには，さらなるエンジンが重要である。地域活性の取組みは古今東西数多く展開されてきたものの，短期的な取組みにとどまる場合も少なくない。1980年頃から話題になった「一村一品運動」や，その後の「ふるさと創生1億円事業」等，ハウジング領域では「HOPE計画」等による地域おこしは多くの地域で取り組まれているものの，一過性のものや補助等の支援の終了とともに消失していく例も多い。自治体間競争により地域活力の持続を図っているものの，地方都市の衰退の大きな潮流の中，産業や地域活動の担い手不足や後継者不足の状況によって，地域文化や地域産業による地域おこしですら持続できない状況も見られる。こうした地域の活力の持続の難しさが端的に現われていよう。

近年の「観光」を手掛かりとした地域おこしについても，地域の自然，伝統，イベントなどの観光資源の掘り起こしから，地域ブランドなど地域活性化のエンジンを起動し，民泊事業を含めて，観光資源の鑑賞から体験，さらには体感することへと，時代の変化やニーズに柔軟に応えていくことが求められている。

改めて，地域の活力を持続させていく条件を見ると，今後見込まれる社会経済状況や地域社会像との整合した取組みであることに加え，地域活力を駆動するエンジンが新陳代謝しつつ持続的に継続・継承されることが重要であろう。前述した3つの循環は，地域の活動やビジネスを駆動させ続ける体制を構築し，種々のシナジー効果を生む条件整備でもある。ここにいくらかのヒントを見出すことができ，以下の取組み例はその一部のヒントとなろう

7.1　「生涯活躍のまち」への取組み

「生涯活躍のまち」構想は，「希望に応じて地方やまちなかに移住する中高年齢者も含め，多世代の地域住民が，お互いに交流しながら健康でアクティブな生活を送り，必要に応じて医療・介護を受けることができる地域づくり」を目指すものである。本構想は，単に高齢者等のための福祉施設や住まいを整備するという発想ではない。地域住民を主人公として，自助・互助・共助・公助のもと，誰もがコミュニティの一員として役割や生きがいを持ち，それぞれの経験や能力を活かしてできる限り長く活躍できるような地域づくりに，官民が連携して取り組むものである（以上，『「生涯活躍のまち」構想の具体化に向けたマニュアル』（内閣官房まち・ひと・しごと創生本部事務局）より）。

「生涯活躍のまち」構想は，様々な要素を盛り込んだ新しいまちづくりの考え方であり，その実現に向けては，幅広い分野での息の長い取組みが必要となる。取組みにあたっては，各地域の特徴やニーズを踏まえることが重要であり，基本構成要素は，「住まい」，「ケア」，「活躍」を核に，「移住」，および，これを下支えする重要な要素である「コミュニティ」（多世代交流，地域活性化）を加えた５要素とし，複数の事業者同士が行政等と連携して実現することを想定している。また，「核となる事業主体」は，自ら取り組む「収益核事業」「付帯事業」，他の事業主体と連携して実施する「連携事業」の組合せにより，「生涯活躍のまち」を推進する。

このような「生涯活躍のまち」への取組みは，新しいまちづくりの考え方であり，未だ持続的な成功事例として実現している事例はないが，今後の持続的なまちづくりへのいくらかのヒントを見出すことができよう。一つには，住まいや施設などの様々な機能や担い手が混在することである。「ごちゃまぜの力」による相互扶助や混在によるシナジー効果を高め，場面や時間軸に応じた循環対応を可能とし，地域活力の持続を可能とする基盤を構成することができる。また，このビジネスモデルは，元気なうちに地方に移住し，必要な時に医療と介護のケアを受けて住み続けることができる場づくりを目指した「CCRC（Continuing Care Retirement Community）構想」として，今後の人口減少，高齢社会のケアサイクルの新しい仕組みにもなっている。今後の

図１「生涯活躍のまち」における生活イメージ

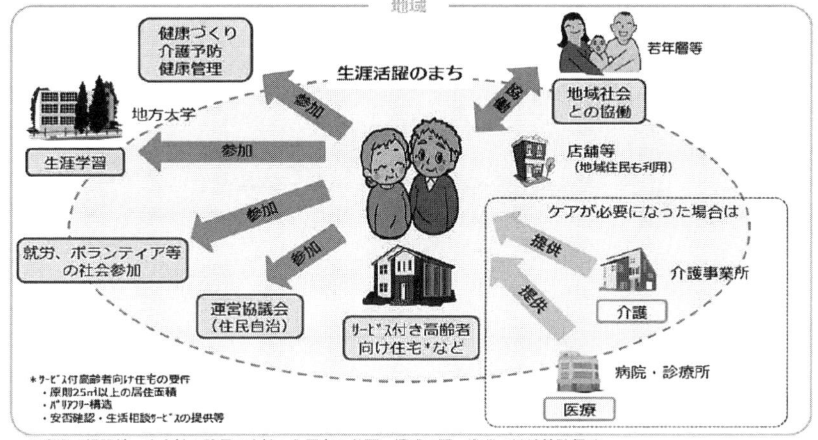

（出所）『「生涯活躍のまち」構想の具体化に向けたマニュアル』（内閣官房まち・ひと・しごと創生本部事務局）

図２「生涯活躍のまち」構想の基本構成要素

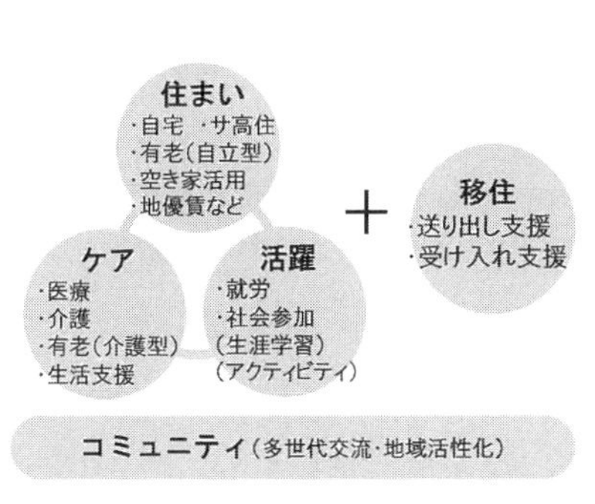

「住まい」…地域住民や移住者（主に中高年齢者）（以下，地域住民等という）が健康でアクティブな自立生活を送ることができる住宅
「ケア」…地域住民等が，必要な時に地域で継続的に受けることができる医療・介護サービス
「活躍」…地域住民等が，健康でアクティブな自立生活を実現するために行う仕事や社会活動・生涯学習など
「移住」…移住や住み替えを希望する者（主に中高年齢者）の移住・住み替え
「コミュニティ」…住民同士が仲間意識や相互扶助（支え合い）の感情を持ち，相互にコミュニケーションを行っている集団

（出所）同上

地域における持続的なまちづくりの取組みとして注目したい事例となろう。

7.2 SIB によるまちづくりへの取組み

SIB（Social Impact Bond）とは，民間資金を呼び込み成果報酬型の委託事

図3　SIBによるまちづくりへの取組み

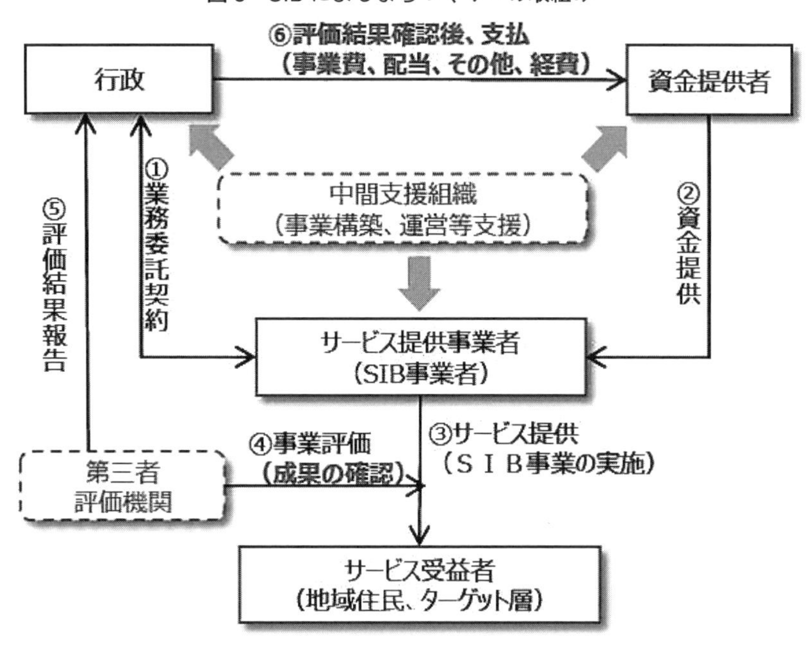

※ここで示したものはあくまでイメージ。資金提供者、第三者評価機関、中間支援組織の有無はケースバイケース。
※民間資金の調達方法は投資、融資、自己資金など多様（資金調達はボンドに限るものではない）

（出所）『まちづくり分野におけるソーシャル・インパクト・ボンドの活用可能性調査検討報告書［概要版］』（株式会社日本総合研究所）

業を実施する新たな社会的インパクト投資の取組みで，民間資金を活用して革新的な社会課題解決型の事業を実施し，その事業成果を支払いの原資とする仕組みである。

地域のまちづくりは，まちの活力の維持・向上とともに住民が安心して暮らし続けられるまちづくり・都市経営を地域の強みや資源を活かしながら持続していくことが課題で，そのためには，地域経済を支え，きめ細かなニーズに敏感な民間主体の知恵やノウハウ・経営感覚を活用することが有効である。民間まちづくり事業において，漠然と認識されていた地域課題解決への影響が明確に評価されることとなり，それにより民間まちづくり事業に民間資金が投入されやすくなることで，事業の持続性や拡大が可能となる（『まちづくり分野におけるソーシャル・インパクト・ボンドの活用可能性調査検討報告書［概要版］』（株式会社日本総合研究所）より）。

このSIBの取組みは，まちづくり分野においては新しい官民連携手法として始まったばかりであるが，持続的なまちづくりに向けていくらかのヒントと可能性を示してくれる。地域の活力を持続していくためには，常に地域の循環を駆動していくエンジンとなる取組みや活動が不可欠である。SIBは民間事業者や住民組織におけるこうした課題の発掘やこれに対応する社会貢献事業の発掘の仕組みであり，種々の循環を駆動するためのエンジンを新陳代謝していく仕組みになろう。

繰り返しになるが，持続可能な地域創生に向けては，確実に展望できるハウジングビジネスのスモール化に対応する地域循環型社会の構築が肝要であり，行政と連携した地域居住政策の取組みとともに，地域力を醸成し，地域の社会経済循環，居住循環，ケアサイクルを機能させていく取組みが期待される。その新しい芽が徐々に芽生えつつあり，それらの動向を注視していきたい。

〈参考文献〉

『地域からの住まいづくり』眞島二郎＋住宅の地方性研究会編，2005年，ドメス出版
『地域計画の射程』鈴木浩編著，2010年，八朔社
『地方創生』鈴木浩・山口幹幸・川崎直宏・中川智之編，2013年，日本評論社
『人口減少時代の住宅政策』山口幹幸・川崎直宏編，2015年，鹿島出版会
『コンパクトシティを問う』山口幹幸編，2019年，プログレス
ウィキペディア
国土交通省ホームページ
内閣府ホームページ
『「生涯活躍のまち」構想の具体化に向けたマニュアル』（内閣官房まち・ひと・しごと創生本部事務局）
『まちづくり分野におけるソーシャル・インパクト・ボンドの活用可能性調査検討報告書［概要版］』（株式会社日本総合研究所）

東京一極集中の流れを変える都市政策とは

不動産鑑定士・一級建築士
（元・東京都都市整備局部長）
山　口　幹　幸

1．はじめに

人口減少・少子高齢社会が進展するなか，東京一極集中の勢いが止まらない。その反面，多くの地方都市では時々刻々と衰退化が進んでいる。国は，これまで地方再生や地方創生を促すため，各種法制度の整備に力を注いできたが，現時点では，残念ながら，その効果は限定的なものに留まっている。地方創生に積極的に取り組む一部の自治体を除いて，軒並み人口が減少する傾向がみられる。

わが国の人口は，人口減少社会の進展にともなって次第に減少していく。地方創生で活路を見出した地域では，減少の勢いに勝って人口が増加することもあるが，それ以外の地域では減少の圧力に屈してしまう。つまり，人口がマイナス・サム状態のなかで，実際，人口を奪い合うといった厳しい都市間競争に晒されているのである。東京圏と地方，あるいは地方都市の間で，人口が増加した地域と減少する地域との二極化が進行している。

人口は経済活力の源泉である。人口減少から身の回りの商業施設や公共公益施設等の生活関連施設が消失したり住宅の空き家化が進むなど，地域が衰退していく様子が顕著に現われる。今後，わが国人口は2040年に半減するとの厳しい指摘もされる。急速な人口減少と高齢化の波のなかで，今や，全ての地域，あるいは都市が健全な姿であり続けるのは幻想となる。住み続けることさえ困難な状態に追い込まれようとしている。それぞれの地域が，知恵を絞って人口減をくい止め，あるいはこれに耐えられる地域を創造する対策が求められている。

筆者は，東京のまちづくり行政に長年携わってきたこと，地元市の都市計画審議会委員や自治会役員として地域に関わってきた経験をふまえ，都市政策の視点から現状の打開策を考えてみたい。

2. 東京圏への人の流れを変えるためには

現在，東京を中心に，埼玉県，千葉県，神奈川県を含めた東京圏では人口増加が続いている。国は，東京圏からの人の流れを促すことを地方創生の柱の一つに掲げ，企業の本社や省庁の出先機関の地方移転を促し地方拠点の強化に取り組んできた。しかし，その動きは鈍い。たとえば，企業本社の移転では，実態は1,690件と目標の7,500件を大きく下回っている。地方拠点の雇用増加数も目標の4万人に対し1万6,000人。省庁移転では6庁1局を対象としたが，消費者庁の「新未来創造戦略本部」の新設を決めただけ。他のほとんどが検討中で具体的な移転という段階には至っていない。こうした取組みが簡単に進むとは思わないが，地域衰退のスピードが早まっている現状からは速やかな対応が求められる。

第一期の地方創生の取組みは道半ばではあるが，今春，地方創生の第二弾の政策が打ち出されようとし，国の地方制度調査会では地方行政の今後のあり方をめぐる議論が交わされている。

第一期の地方創生では，東京一極集中の是正が声高に叫ばれてきた。しかし，実効性の上がらない現状のなか，これに拘った考えが捨象されつつあるように感じるが，はたしてそれはどうだろうか。

筆者は，全国の各都市が主体的に地域創生に取り組むのは必要だとしても，自治体が自らの領域を対象に考えるだけで問題が解決するのかという疑問を抱いている。つまり，地方都市に問われるこの種の問題は，特に，東京の都市政策と密接に関連するのではないかという点である。この問題に，東京圏の自治体が何ら対策を講じていないことに，筆者は地方創生の盲点があるように思えてならない。確かに，東京圏から地方に出る人の流れをつくるのも大切だが，逆に，東京圏に人が流れないような工夫も必要だろう。

つまり，風呂の水（東京圏の人口）を排水しようとしても，水道の蛇口をひねり（地方からの人口流入），排水以上に水を入れたのでは，風呂の水はいっこうに減らない。もちろん，米国のトランプ政権のように都県境に壁をつくることでもなければ，オリンピック時に首都高速道路で実施予定のロードプライシング（都心部に入る車に課金する方策）のように，東京に転入する人の総量を抑制することでもない。東京，さらに東京圏において，都市計画など都市政策の視点から是正を図ることである。

先日，あるテレビ局の討論番組で地方創生をテーマに議論していた。番組の中では，国民に「東京に住みたいか」「田舎に住みたいか」を問う，電話やネット等によるアンケート調査も行っていた。この結果では，全体としては双方の考えが概ね半々で拮抗していた。だが，若年層では東京に住みたいとする意見が多く，その理由は「便利であることや近隣関係の煩わしさがない」とする。一方，60 歳以上の高齢層では田舎に住みたいとの意見が大勢を占め，その理由は「のんびりとした生活を送れることや，温かい近隣関係があるから」との意見であった。

これは裏を返せば，若者からみて，田舎は都会のような魅力に欠けている。高齢者からすれば，都会は田舎のように住みやすい場所でもないとの考えである。こうした結果になるのは想定内とはいえ，今後の都市づくりに何を示唆しているのかを考えさせられる。

若者や高齢者が，それぞれの生活スタイルの中で，都会と田舎との間でうまく循環する人の流れをつくることか。あるいは，双方の思いを両立できるよう，大都市からほど良い距離の所に都会と田舎のメリットが感じられる都市づくりを目指すことか。様々な考え方があろう。少なくとも，東京を含む全ての都市において，暮らしやすく住み続けられる都市を目指した改善が必要なことは確かである。

そこで，東京圏および地方圏のそれぞれの側に立った，今後の都市政策のあり方を考えてみたい。まず，東京の都市政策が，東京に住む人や地方圏で進める地方創生にどう関連し，どのような影響を与えているのかを考察する。

3. 東京の現状と都市的課題を考える

人口・魅力・産業などの面から，東京の実態を見てみる。

3.1 東京および東京圏の人口移動

総務省が2019年1月1日に公表した,2018年の「住民基本台帳人口移動報告」によると,全国の市町村1,719のうち転入超過が479で,その他1,240市町村は転出超過となっている。つまり，全国市町村の約3/4で人口流失が進んでいる。一方，3大都市圏では，名古屋圏・大阪圏とも6年連続の転出超過であるが，東京圏は3年連続，東京は23年連続で転入超過となっている。

図表1の「東京および東京圏の人口移動」から東京の実態を俯瞰してみる。

2019年1月1日現在，東京の常住人口（自然人口と社会人口の合計）は約1,386万人で，区部に限ってみると約957万人となっている。

地方都市との転出入（社会人口）では，東京圏で約14万人，うち東京都では約8万人（区部で約6万人）の転入超過である。これを年齢区分別（年齢5歳階級別）でみると，15歳～29歳の3区分で転入超過，うち20歳～24

図表1　東京および東京圏の人口移動

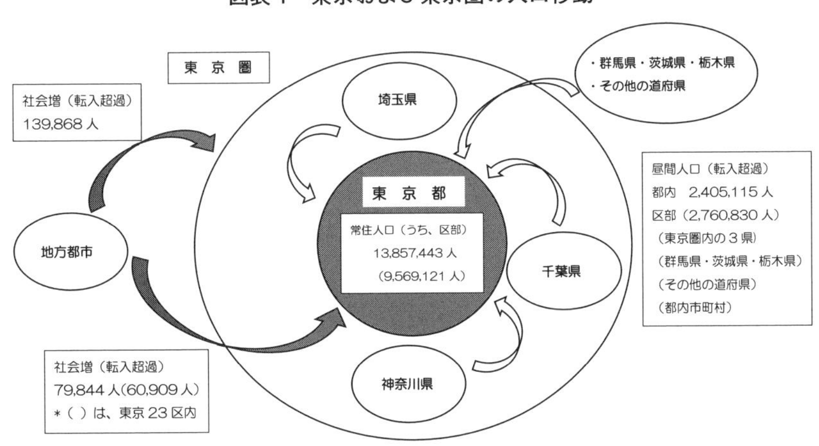

（出所）常住人口は，総務省「住民基本台帳人口移動報告」平成31年1月31日公表，平成30年（2018年）結果による。
（注）昼間人口は，総務省2015年国勢調査による。

歳の区分で最も多くなっている。

また，東京の昼間人口では，東京圏とその周辺県等を合わせて約241万人，区部に限れば，都内の市町村との転出入が加わり276万人の転入超過となっている。

3.2　東京のもつ魅力

上記のように，東京では若者の転入者が多い。東京は，若者を引き付ける魅力を備えた都市と考えられている。そこで，まず，その魅力とは一体何かを改めて考えてみたい。

東京には，先進的なファッションや国際的なブランド，様々な文化・芸術・娯楽に接する機会がある。また，世界各国の味を堪能でき，高級レストランから庶民的な居酒屋に至るまで飲食店も豊富。様々な目的をもった人たちが大勢行き交い，街に賑わいと活気がある。あるいは，田舎では目にすることのないリバーフロントやシーサイドのタワーマンションの数々。公共交通機関などが発達し，道路・空港などの各種交通基盤が整っており，どこへでも短時間で行ける。

世界的な国際都市に成熟化した東京は，日々進化し，持続的に成長を遂げている。こうした大都市に発展した理由は，東京には多くの「働く場」「学ぶ場」が存在することにある。国会や各省庁，大使館等の外国公館などの首都機能のほか，都・都内の区市町村や全国の道府県・市町村の議会・行政の関連施設，これらを取り巻く新聞・ラジオ・テレビなどのメディア関係，ホテル，市場，証券・金融機関・IT関係企業のほか，様々な分野にわたる大小の企業が数多く集積している。これに加え，大学等の教育に係る学ぶ場も多岐にわたる。

働く場や学ぶ場の存在は，同時に，これを支える大量の住宅，保育所・高齢者施設などの生活支援施設や飲食，文化・娯楽施設の立地を促すことになる。利便性が高いうえに居住・業務・商業などに対する需要が高いため，活発な不動産投資や建物の開発・建設が行われている。この多様な都市機能の集積とそこで営まれる都市活動が，東京の魅力を支えているのであろう。

しかし，反面，こうした現状を反映して東京の地価は必然的に高騰し，居住者の求める住宅の購入価格や支払い家賃は高額となる。つまるところ，居住者は，大都市の利便性を享受できる一方，その代償として高い住居費や教育費等に圧迫された厳しい生活環境に置かれているのも事実である。

このように，東京は，若者を引き付ける華やかな一面や利便性が強調され，全体が印象付けられているが，実態は，様々なデメリットも混在した都市といえる。

3.3　東京で活動する産業の実態

では，活発な都市活動を支える「働く場」としての東京の現状を，東京都の『東京の産業と雇用就業 2019』から見てみたい。

まず，東京に立地する会社企業数は約 25 万社で，全国の約 15%を占めている。企業規模でみると，大企業（資本金 10 億円以上）は全国のおよそ半数を占めているものの，都内企業の約 99%は中小企業である。また，外資系企業の約 77%が東京に立地している。

都内企業の事業所数は約 62 万所で，就業者数は約 800 万人である。事業所の約 80%，就業者の約 84%は区部に存在している。

業種別では，第 3 次（サービス業）産業の割合が高く，その就業者数は約 600 万人と都内全事業所の約 82%を占める。全国サービス業の約 1/3 が東京に集積している。

産業別にみた就業者数は，「卸売業・小売業」「情報通信業」「宿泊業・飲食サービス業」「学術研究，専門・技術サービス業」で多い。全国に占める割合では，「情報通信業」が約 52%と最も高く，次いで「学術研究，専門・技術サービス業」と「金融業」が約 27%，「不動産業」が約 24%となっている。なお，「学術研究，専門・技術サービス業」や「情報通信業」の就業者数は，各調査年で前回を上回り増加傾向が続いている。地域別では，区部が 9 割以上とほとんどを占め，半数近くが都心 3 区（千代田・中央・港）に集中している。

上記と若干重複するが，東京の産業の特徴を大まかに整理すると以下の通りである。

① 中小企業が大半を占め，多様な中小企業の事業活動が地域社会を活性化させ，地域基盤を支える重要な役割を果たしている。大企業は，企業数全体からは少ないが，全国の半数が東京に立地している。

② 外資系企業の約3/4が東京に集積し，国際的なビジネス拠点となっている。国内企業の数も多く，活発な経済活動を支える事業資金の需要も高い。このことから，銀行貸出残高では，全国に占める割合が4割を超えている。金融業の企業数・就業者数も全国の1/4以上を占めている。

③ わが国の訪日外客数は7年連続で伸び続けており，2018年には約3,200万人を超えた。東京への訪客数も，過去最高の約1,400万人となった。この外客数の伸びもあり，「ホテル・旅館業」のうち，東京にあるホテルの数，ホテルと旅館を併せた客室数は，全国1位となっている。

④「学術研究，専門・技術サービス業」や「情報通信業」の就業者数は，年々増加する傾向にあり，全国に占める割合も高い。特に，「情報通信業」では，全国の約4割近くの事業所，半数以上の就業者が集積し，全国生産額の約4割を占める。就業者数，総生産額とも年々増加しており，都内総生産額に占める割合は長期的に上昇傾向にあり，東京の産業で大きな位置を占めている。また，他の業種に比べ，開設時期が新しい事業所の割合が高く，都心5区（都心3区に渋谷区・新宿区を加えたもの）に集中している。

3.4　新規就活者の動向からみた東京の魅力

国は，地方の将来的な人口減少に対処するには，大都市への若い女性の流失を防ぐことが重要とする。しかし，先述のように2018年の東京圏の転入超過者は約14万人であり，うち女性が約8万人と男性を上回っている。東京の転入超過についても同様に，約8万人のうち女性が約5万人である。しかも転入超過者の半数が，30歳未満の若い世代となっている。女性の転入超過は経年的に続いていることや，転出者数が少ない現状からみて，転入して戻らない傾向が示唆される。

こうした状況を招いている要因を，内閣府の資料『東京の一極集中の動向と要因について』（2017）を参考に考えてみる。

女性の流失が続くのは，女性の高学歴化や社会進出が進むなか，ホワイトカラーの正社員の職場が地方で見つけにくいのが大きな理由と考えられている。

現在，女性の進学状況は，男性との差もなくなり，短大志望から４年生大学，大学院進学率が高まっている。学歴の高い女性の新卒就職者が増加するなか，就職情勢が売り手市場ということもあり，学生の大手企業志向が高くなっている。また，非正規職員の割合は，男性に比べ，また大都市圏よりも地方圏の方が一般的に高いとされている。このようなことから，先述のように，大企業の半数近くが立地する東京・東京圏に，就職先を求める傾向にあるといえる。

また，女性は，男性より第３次産業に就く割合が高く，東京に転入する人の職種で目立つのは「情報通信業」である。男性に比べ，「医療・福祉業」に就職する割合も高いが，学歴が高まるとその割合は低くなり，「情報通信業」「金融・保険業」「不動産業」「学術研究，専門技術サービス業」など，専門性の高い事務職の割合が高まっている。

さらに，東京圏の大学生の９割が，卒業後も同じ東京圏に本社を置く企業に就職しており，地方圏（東京圏以外）の大学に在籍した学生も，２～３割が同じく東京圏に就職先を求めている。地方圏を，北海道や東北などの圏域別に見ると，その圏域の大学に在籍した学生の概ね半数が，当該圏域内の企業に就職している実態もみられる。つまり，東京圏は，地方圏に比べて大学進学者に対する大学の収容力が高いため，地方から多くの学生が集まる。その上，大企業ほか多くの企業が集積し「働く場」に恵まれている結果，卒業後，東京圏には新社会人となる多くの若者が集まることになる。地方圏ではこれと反対の現象が生じることになるのである。

特に，女性の場合には，東京圏が，女子学生の就職希望先など諸条件を具備しており，学生の望みが叶えられる場に相応しいのである。このことは，上述のように，東京の社会人口の動態で，15歳～29歳の若者が転入超過となっている事実にも現われている。また，東京圏に転入すると，女性は戻らない傾向にあることを裏付けるものといえよう。

このような点をふまえると，今後，地方創生に必要な政策の方向は，国のイニシァティブのもとで東京圏のもつ様々な優位性を極力是正し，地方圏の弱点を埋めること。加えて，地方の特性や固有の資源を活かすことやイノベーションを通じ，若者にとって魅力と生きがいのもてる新たな働く場を創り出すことといえる。

4. 東京の過密化の実態とは

東京の一極集中が進むなか，このことが二つの大きな問題をもたらしている。

東京に住む一般の若い世帯では家計の厳しさが重い負担となり，全国で最も低い出生率を招く大きな要因にもなっている。このことから，若年層の転入促進が，わが国の人口減少に拍車をかける結果を招くという点である。もう一つは，東京の過密化が一層進み，ますます東京が住みにくい都市になっていくことである。これらが，東京の一極集中の勢いの陰で見え難くなっているのが現実といえる。

上記の二つの問題を解消すること，すなわち，東京への若者の転入促進や東京の過密化を防ぐことが，東京の一極集中を是正し地方創生を促すことになるものと考える。

そこで，ここでは東京の過密化問題を考察する。まず，過密化が進むとどのような問題が生じるのかを考えてみたい。

過密化が大きな問題であることを一般的にはっきり認識できるのは，我々が日常や災害時に人で溢れ混乱する中に身を置いた時であろう。たとえば，通勤・通学の混雑時や台風・地震等の自然災害時。道路・交通機関のマヒから多くの人・車で溢れて身動きできない状態，一種のパニックである。東日本大震災時に，ターミナル駅等で多くの帰宅困難者が溢れていた光景は誰もが記憶に残っていよう。

これ以外に，真夏の渇水時に起こる水不足や，超高層ビル内での EV 等の停止など，都市の過密化が進むほど人に与える被害は大きなものとなる。さらに，建物から排出される CO_2 など温室効果ガスは，地球環境に負荷を与え，ヒートアイランドや温暖化の原因ともなる。これも大規模建築物が密集した大都市による外部不経済の現われである。

今日では，大規模地震の切迫性や，異常気象から河川氾濫等の自然災害が危惧されている。多くの人口を擁し，大量の上下水・ガス等のエネルギーを要する建物の密集する大都市では，複合災害や二次災害のほか，想定外の災害が発生する恐れも高い。

過密化は，こうした様々な問題をもたらすだけでなく，そこで暮らす人の安全・安心を脅かし，心理的なゆとりや潤いを欠く生活面での居心地の悪さを与える。特に高齢者等にとっては大きな負荷となり，住みにくい都市となっていくのである。

では，東京では，過密化がどのような実態にあるのかを確認してみたい。

適度な過密感は，活気や賑わい，コニュニティなど，人と人との触れ合いによる温かみを醸し出す。しかし，過密度が一定の限度を超えると嫌悪感に変わる。人が感じる「過密感」とは，大勢の人ごみや満員電車の中での息苦しさや，大きな建物に囲まれるなかで受ける心理的な圧迫感や不安感，疎外感等であろう。現在，日常生活で気になるほどの過密感を感じているわけではないが，都市が高密化するほど災害危険性も高まると考えれば，過密化の進行は看過できない問題といえる。

都市の過密度は，「人の居住密度」と「建物の空間利用密度」の二つの要素から捉えることができよう。そこで，東京の現状を大づかみするため，ここでは人の居住密度を「常住人口」，建物の空間利用密度を「使用容積率」という指標で経年変化を追ってみる。ただし，都内の土地面積が変わらないものとする。

4.1　人の居住密度

図表 2 によって，都内人口の経年変化から，過密化の進行状況を見てみる。

この図は，東京都の 5 年毎に行われる国勢調査による常住人口の動きを，都全体と各エリアごとに，各年の増加率（対前回調査）を線で結んだものである。ただし，2018 年の人口は，直近の 2015 年の国勢調査の数値を住民基本台帳で補正したものである。

この図から，1990 年を底にして人口減少の勢いが鈍化しはじめ，2000 年を境に，都全体や各エリアの人口増加率が 1 を超えており，人口が上昇に転じたことがわかる。また，人口増加率は，センターコアエリアでは区部平均を上回り，都心 3 区で最も大きく顕著な動きとなっている。

この図とは別に，住民基本台帳で常住人口の経年変化を追ってみると，1996 年から現在まで，23 年間連続して増加している。この間の増加数は，都全体で約 160 万人（日本人のみ）となっている。

図表２　都内エリア別の人口増加率の経年変化

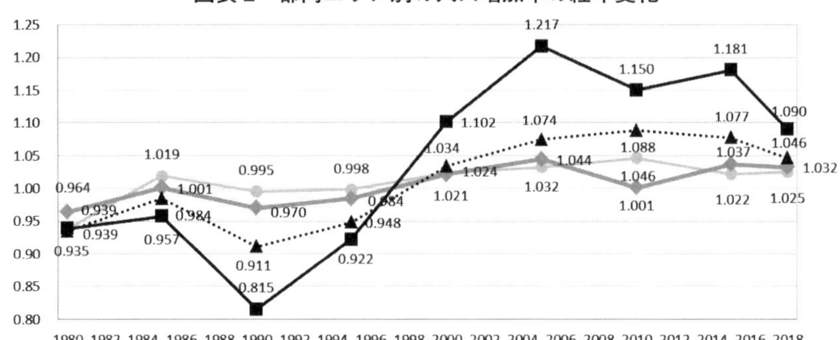

（出所）　東京都統計年鑑（平成28年）より作成。なお，2018年人口は，2015年（平成27年）総務省国勢調査確報値からの推計。
（注）　人口増加率は，前回の国勢調査に対する増加率を示す。
都心３区は，千代田区・中央区・港区。センターコアエリアは，都心３区に新宿区・文京区・台東区・墨田区・江東区・渋谷区・豊島区・荒川区を加えた11区を示す。なお，各エリアの人口は，該当区の平均値を算出している。

エリア別に，2018年の人口を，増加する前年の1995年のそれと比べると，都全体で18%，センターコアエリアで37%，都心３区で98%と大幅に増加している。つまり，東京全体で人口増加の動きが顕著であり，三十数年前に比べ，センターコアエリアで概ね４割増，都心部では約２倍に膨れ上がっている。このことは，常住人口の増加にともない，過密化が大きく進行していることを意味する。

4.2　建物の空間利用密度

続いて，**図表３**から，建物の空間利用による過密度を，使用容積率（概算容積率）の経年変化で見てみる。この図は，東京都の資料『東京の土地2017』から，各区の概算容積率の状況を経年で捉えたものである。なお，都心３区およびセンターコアエリアについては，このエリアに該当する区の概算容積率を加重平均して求めている。

この図からわかるように，東京23区の使用容積率は1983年以降，年々上昇している。先の人口増加率の調査年に近い1993年と直近の2017年を比較してみると，区部では111%から160%へと49%増，センターコアエリアで

図表３　都内エリア別の使用容積率の経年変化

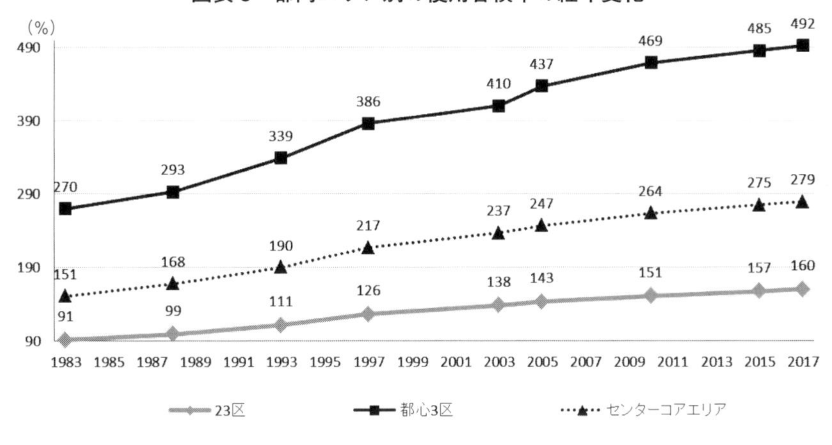

（出所）　東京都資料（『東京の土地 2017』「概算容積率の推移」）より作成。
（注）　都心３区およびセンターコアエリアは図表２に同じ。なお，各エリアの容積率は，該当区の平均値を算出している。

190％から 279％と 89％増，都心３区では 339％から 492％と 153％増となっている。

センターコアエリア内では，大規模建築物が増加しているためと考えられ，使用容積率が大きく増加している。特に，都心部ではその傾向が顕著である。このような建物の空間利用密度の高まりは，物理的な面からも過密化が大きく進行している事実を裏付けるものである。

4.3　建物床面積の経年変化

東京の過密化の原因は，つまるところ，働く場や学ぶ場，これを支える住宅の過度な集積にあると考えられる。そこで，先ほどと同じ東京都の資料から，住宅・事務所の供給量とそのストックの経年変化を見てみたい。

2017 年１月１日現在の東京都区部の建物総床面積は 50 万 4,000㎡であり，住宅が約 70％，事務所が約 20％近くを占めている。

住宅の床面積は 1983 年以降，区部および都心部で増加を続けている。しかし，バブル景気に沸く 1988 年頃には，地価高騰から都心部等で住宅供給が減少した。このことは，**図表２**でみたように，都心部等の居住人口が減少したことにも現われている。

図表４　都内エリア別の昼夜間人口比率の経年変化

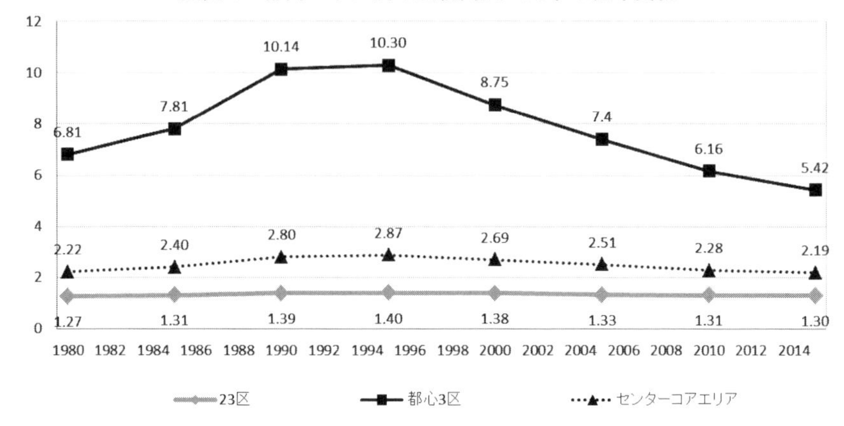

（出所）　昼夜間人口のそれぞれは総務省国勢調査による。
（注）　昼夜間人口比率＝昼間人口／夜間人口（常住人口）。
　　　　都心３区およびセンターコアエリアは図表２に同じ。

図表４は，国勢調査の結果から，都内エリア別の昼夜間人口比率（昼間人口／常住人口）の経年変化を見たものである。都心３区では，昼夜間人口比率が1985年から1995年にかけて急激に上昇し，10倍を超える事態となった。国や東京都は，この都心部の空洞化に対処するため，居住の都心回帰を目指して様々な施策を推進した。この都心部への重点的な住宅供給が功を奏し，この図からわかるように，2000年には，昼夜間人口比率が以前の水準にまで回復した。その後も，都心居住政策が遂行され続け，この20年間に住宅床面積は約40％も増加したのである。

2017年には，区部の住宅床面積は前年に対して約374万㎡増加し，約３億5,000万㎡となった。増加分のうち，都心３区が約16％を占めている。

同じく，区部の事務所床面積は，約23万㎡増加し約9,000万㎡となり，1983年以降，ほぼ一貫して増加している。事務所床面積の約半分が都心３区に集積し，対前年増加分23万㎡のうち，８万㎡は都心３区が占めている。

このように，建物床面積の増加は，特に都心３区を中心とした住宅供給が大きく影響している。また，事務所床面積は，住宅ほどの増加ではないが，住宅以上に都心３区に供給が偏在していることがわかる。

5. 過密化を招いている都市政策とは

5.1 これまでの都市政策の功罪

先述した過密化のもたらす様々なデメリットが，確かに東京には存在している。しかし，都市機能が集積することによって受けるメリットも大きい。東京圏に向けた人の流れは，メリットがデメリットを上回るかぎり続くのだが，活発な経済活動の裏に潜む過密化のデメリットが十分認識されていないのが実情である。

民間の経済活動を促す建設活動や不動産取引が活発なのは単に需要に応えたものとはいえ，潜在的に高い需要に支えられた魅力的な市場である東京では，過剰な不動産投資が新たに需要を掘り起こしているとも考えられる。都市生活や都市活動が安全かつ快適に，また円滑に行われるためには，都市空間の利用には一定の適正容量もあろう。今日の過密化した状況は，都市のキャパシティに配慮を欠いた政策が，行き過ぎた不動産投資を呼び込み，業務施設や住宅を大量に，しかも偏在して供給してきた現われとはいえないだろうか。

東京は，その歴史を振り返ると，戦後の近代化と都市化による急激な人口増加が進むなかにあって，様々な都市問題を克服しつつ首都や経済の中枢として重要な役割を果たしてきた。その長い取組みが，世界有数の国際都市にまでわが国の地位を押し上げてきたといえる。これは，東京への一極集中を是とする経済最優先の都市づくりを進めてきた成果でもある。しかし，同時に都市の過密化という弊害を伴ったのも事実である。

問題なのは，従来の経済優先の考え方が，今なお変わらないこと。現状の都市政策が，経済対策を主たる柱に据えて推進されていることにある。その結果，センターコアエリア，特に都心部の「人の居住密度」や「建物の空間利用密度」が高まっているのである。

SDGs「住み続けられるまちづくり」の目標は，「包摂的で安全かつ強靭で持続可能な都市及び人間居住を実現する」ことにある。本来，都市政策は，このような方向にイニシアティブを発揮し，東京の都市づくりを進めていかねばならない。

このため，今後の東京の都市政策には，過密化を促す要因を取り除くことが求められる。では，その要因，それを生み出す政策とは一体何か。筆者は，それは「都市再生」と「都心居住」政策の推進であり，実現手段である制度の規制緩和が過密化の要因と考えている。

5.2　過密化をもたらす都市政策とは

「都市再生」とは，成長の著しいアジア諸国の都市に比べ，わが国の国際競争力が相対的に低下している現状を打破しようとするものである。大都市が，わが国の成長を牽引する起爆剤となって経済全体の底上げを図る。このため，海外から企業・人を呼び込める魅力ある都市拠点の形成を目指し，官民連携のもとに強力に市街地整備を推進する必要があるとした。この推進に当たり，2002年，都市再生特別措置法を制定し，「都市再生緊急整備地域」の指定と都市計画の地域地区の一つとして「都市再生特別地区（特区）」を設けた。特区は都市再生緊急整備地域内において定め，都市再生に貢献する開発事業者の計画提案を受けて進める。この提案では，都市計画で指定された用途地域や容積率，高さなどの規制をとり払い，自由度の高い土地の有効利用・建築計画を可能としたのである。これまでの都市計画の枠を外れた新たな発想によるものといえる。

一方，「都心居住」は，バブル期の地価高騰で急速に進んだ都心部の人口流失を回復することを目的とする。1990年に「大都市地域における住宅及び住宅地の供給の促進に関する特別措置法（大都市法）」を制定。東京23区中央部のセンターコアエリア（首都高中央環状線内側の都心11区）において居住機能を強化するとした。このため，都市計画法と建築基準法からなる「都市開発諸制度」（特定街区・再開発等促進区・高度利用地区・総合設計）の活用や，国の補助制度である都心共同住宅供給事業等により推進するものとした。また，定住化の促進に苦慮する都心部の中央区や港区などは，国や都の動きに合わせ,独自に「住宅付置」を求める条例等による制度も導入した。

これら二つの都市政策は，当時，わが国を取り巻く国際的・経済的な環境や大都市の都市課題に対応したもので，その推進をあながち否定するものではない。いずれも，現行の都市計画法や建築基準法による制限を緩和し，民間活力を積極的に誘導しようとするものである。民間の力を最大限生かすという点で，従来にはなかった発想で，画期的な制度ともいえる。わが国の経済発展に寄与してきたことは大いに評価できよう。

5.3　都市政策を推進する具体的な施策

では，この二つの政策を具体的に推進する施策の柱である「都市開発諸制度」と，「都市再生緊急整備地域の指定及び都市再生特別地区」の内容と都の実績を見てみたい。

❶都市開発諸制度の活用

都市開発諸制度は，都市計画で指定された容積率を割増すことにより，優良な建築計画や良好な市街地環境を創出しようとするものである。総合設計制度では，建築計画で敷地内に生み出した空地部分の規模等に応じ，容積の割増率を適用する。この割増容積によって，市街地住宅総合設計制度を活用すると指定容積率の約 1.75 倍，都心居住型総合設計制度では約 2 倍の住戸数が確保でき，住宅供給の促進に大きく貢献する。事業者には，都市計画で定められた容積率を超えた事業性の高い建物が可能となり収益拡大を期待できる。

一方，行政には，敷地内に公開された大きな空地を広場空間や緑化，歩行者通路として生み出すことができる。また，省エネやカーボンマイナスなど地球環境に配慮した条件を付して質の高い建物の誘導が可能となる。さらに，割増分の一定割合を充て，地域に必要な用途（「育成用途」；文化・交流，商業，生活支援，業務，産業支援）を導入できる。行政がコストを費すことなく，民間活力を適切に誘導して周辺の市街地環境の向上等に寄与できる制度といえる。

このように，指定された容積率を一定の条件のもとで適宜緩和する考え方が，双方にとってメリットがあるため活用実績も多い。現在，東京都では，総合設計で 744 件（2018.9），特定街区で 64 件（2018.3），再開発等促進区で 79 件（2017.2），高度利用地区で 166 件（2018.7）と広く活用されている（**写真 1**）。

これらの制度を活用したプロジェクトは，センターコアエリアを中心とする拠点地区で実施されている。

写真１　総合設計制度を活用した「渋谷キャスト」

（出所）　東京都（多様な都心居住の推進等を誘導目標とし，民間活力を生かした都の都市再生ステップアッププロジェクト）。
（注）　容積率；約579％（割増容積；約96％）
道路に面し緑豊かで，賑わい溢れる広場空間を確保。

❷都市再生緊急整備地域と特区制度

都市再生緊急整備地域は，特区や都市開発諸制度の活用，市街地再開発事業などのプロジェクトが複数見込まれる広範なエリアに指定される。特区では，都市計画上の公的な位置づけをもちながら，通常の都市計画に縛られない自由度の高い開発計画を策定できる。緊急整備地域内では，様々な事業が展開されることにより，土地利用の改編と高度化が進んでいく。国の補助金・税・融資などの行政や公的セクターの支援もあって，事業者の開発意欲は高まる。

一方，行政にとっては，民間ノウハウを活かした優れた開発計画や，通常の建築計画では実現が難しい様々な地区外貢献施設の整備を誘導できる。広範な地域指定の中で複数の事業が展開されることにより，開発敷地周辺に波及し，開発の連鎖が生まれる可能性も高い。地域全体のイメージを大きく変え，エリアマネジメントの推進も期待できる。双方にメリットのある制度で

写真 2-1　有楽町方面から東京駅，大手町方面を臨む

（注）　上掲の写真は（旧）東京駅・有楽町周辺地域で，現在は他地域と統合して「東京都心・臨海地域」緊急整備地域に名称を変更。

写真 2-2　日の出ふ頭方面から勝どき・晴海方面を臨む

（注）　上掲の写真は（旧）東京臨海地域で，現在は他地域と統合して「東京都心・臨海地域」緊急整備地域に名称を変更。

あることから活用実績も多い。

現在，都市再生緊急整備地域は，全国で 55 地域，約 9,092 ha で実施されている。うち東京都では，7 地域（大田区と川崎市による羽田空港南地区等は含まない），全国の 1/3 程度を占める約 2,945 ha が，センターコアエリアを中心に指定されている（**写真 2**）。

特区については，全国で 87 地区，うち東京都では 46 地区，全国の半数以上の約 4.6ha が，同じくセンターコアエリアを中心に指定されている。

東京都の 42 の特区では，1,000％を超える容積率，高さ 100 m を超える大規模な建築物の建設が行われている。ちなみに，2019 年都議会の予算特別委員会資料によれば，2011 年から 2018 年までに建築確認されている建築計画では，高さ 100 m 超の建築物をもつ大規模開発が 144 件と大変多いことがうかがえる。

6．東京の都市政策の転換に向けて

東京の既成市街地には，築年数の古いマンションや事務所などが数多く存在している。建物の老朽化や設備の更新等の必要から建替え需要も高く，その際，都心居住や都市再生の政策に絡めて都市開発諸制度や特区制度，市街地再開発事業等の手法が活用される。これら開発手法によって数多くの箇所で優れた市街地環境が創出されてきた。その意味で，これまでの都心居住の推進等の積極的な取組みは，東京の都市環境の改善に大きく貢献し，政策目的を十分果たしてきたものといえる。

問題は，都市再生については法制定から約 20 年，都心居住では概ね 30 年経過している。この間に都市の情況が大きく変化しているにもかかわらず，未だこの政策を推進し続けていることにある。特に，都心居住については，2000 年を境に，都心 3 区やセンターコアエリアの人口は増加に転じ，昼夜間人口比率も以前の状態に回復した。行政は，一般に政策上の極端な変更を避けたいとする保守的な体質があるとはいえ，過密化の進行に適切かつ迅速な対応が欠けていたように思う。

都心 3 区等で実施してきた住宅付置義務は，対応の早い区で 2000 年，遅くとも 2016 年には原則廃止された。地元区は，住宅供給で生じる児童を措置する保育所や小中学校等の設置が，住宅急増に対処できない地元事情があったからでもある。

東京都もようやく，2019 年 3 月，都市開発諸制度について，これまでの住宅の量的拡大から質的充実を図る方向への見直しを行った。この改訂では，ケア付き高齢者向けや子育て支援の住宅，外国人ビジネスパーソン等のアパートメント供給を促進するとしている。

制度が大きく改善されたかに見えるが，割増容積によってセンターコアエリアで住宅供給を促進する方向は，従来と何ら変わらない。容積割増の対象を一般住宅から高齢者向け等の住宅に変えただけ。しかも，ケア付きやサービス付きの高齢者向け住宅などは，地価の高い東京では賃貸料が高くなりがちで，新規供給では年金生活で暮らす一般高齢者に利用困難な実情がある。また，外国人向けの住宅についても，欧米諸国では中古住宅をリノベーションして利用する生活スタイルが一般的であり，新築住宅を供給することがはたして適切かどうか。これらの点をふまえると，制度が改訂されても都心部等では住宅は相変わらず増え続け，過密化の進行を防ぐことは期待できない。また，住宅の質改善とする高齢者向け住宅等が，どのような人を対象としているのかも甚だ疑問になる。

このことに関連して東京の空き家実態を見てみる。総務省の 2018 年国勢調査では，一極集中による東京圏の人口流入が主因となり全国的には空き家率が高まっているなか，東京では 10.6％と前回調査の 2013 年に比べて減少している。しかし，今後，東京では高齢単身者が急増し空き家が増大することが予測されており，空き家の活用方策が課題となっている。こうした将来的な動向に鑑みて，もはや新規に住宅を増やすことではなく，既存ストックを高齢者向け住宅などの質改善に結びつけることが賢明な方策といえよう。

一方，都市再生についても，今後，政策を継続的に推進することに危機感を感じる。それは，都市再生緊急整備地域が広範であるため，ひとたび地域が指定されると，特区を活用した大規模建築物の建築が際限なく続くことも否定できず，将来的に過密化が進行する恐れがあるからである。

都心居住等の推進が，東京の過密化の大きな要因であることは，先述の数字が示すように疑いようもない事実である。このまま現行の都市政策が継続される限り，東京の過密化は留まるところがない。実際，どこまで過密化が許容されるかという基準がない以上，都市開発には歯止めがかからないのである。

しかし，東京の過密化が次第に深刻度を帯びている現実に，少し危機感を抱くべきであろう。先述の大規模災害時等の混乱ばかりでなく，土地神話ならぬ，東京一極集中という大都市神話が，突如，崩壊した場合の懸念もある。それは人口減少や高齢化の進展以外にも，何らかの大きな社会変化をきっかけに，東京への人・モノの需給関係が崩れ，東京一極集中の流れが急変したとき。都内には大量の空き家・オフィス等の空室が生じ，俄かに人の転出も起こって大混乱に陥ることがあるかもしれない。こうした事態を未然に防止するためには，大都市の過密化の動きにブレーキをかけ，過熱化した開発を抑制する方向に政策転換を図ることである。つまり，過密化の根源である都心居住等の都市政策を変更することであり，この実現手段となっている都市開発諸制度等による規制緩和策を改めることといえる。

SDGs 推進による「住み続けられるまちづくり」の実現は，地方に限った問題ではない。約 1,400 万人が住む東京にも当てはまる。この意味で，都心居住の推進が，過密化の大きな要因だとしても，少なくとも，住宅政策としては大きな意義をもつものでありたい。そのためには，都心部等で供給される住宅が，安心，安全かつ快適なもので，一般世帯も含めて居住できることが大切となる。しかし，実際には，住宅は，地価高騰などの影響で高額となり多くの人に手が届かないものになっている。一方で，一部の外国人等富裕層向けや投資家の資産運用に供されているほか，オフィス等に転用される実態も耳にする。フランスのパリでは，近年，急速に拡大した民泊の影響で不動産価格が上昇し，市の中心部から転居する人が増えているとの話も聞く。わが国でも，訪日外客数の増加やマンションの管理運営が難しい昨今の情況を考えると，パリのようなケースも起こり得よう。

また，都心部等の住宅は，高地価を反映し建物は高層・高密なものとなり，その結果，近隣コミュニティは希薄化し，日常利用の店舗やクリニック，保育所等の生活支援施設も不足しがちになる。このため，人が，安心かつ快適に住み続けられるような住環境が形成され難い。本来，住宅のもつ「そこに住み，産み，育てる」という機能さえも欠くものとなりがちである。こうした都心部等の住宅実態を考えると，今後，住宅政策のもとで住宅を供給し続ける意義に乏しいといわざるを得ない。

これまで述べてきたように，東京の住宅・住環境の実態からみて，冒頭に述べたテレビ番組のアンケート調査結果が示すように，高齢者が都会より田舎暮らしを望むのはごく当然の帰結ともいえる。なお，こうした高齢者の声を無視できない今日的な理由もある。今後，人口が集中する東京圏では，人口減少とともに急速に高齢化が進み，高齢者急増によって引き起こされる地域防災力の低下が懸念されている。都市の持続可能性が大きな課題とされているからである。その一方で，子育て環境は，出生数は減少していくが，女性の就労が一層進み，保育サービスの需要が衰えないとされる。この介護需要や保育サービスへの対応から，身近な生活環境の整備を重視すべきことが示唆される。

東京での活発な都市開発が，東京を住み続けられる場からますます遠ざけ，一方で，地方創生の大きな足かせにもなっているように思う。とはいえ，過密化の原因ともいえる都心部等の住宅・事務所の新規供給が，地方圏からの転入を促している直接的要因であるとの確たる証があるわけではない。しかし，先述のように，東京における産業の実態や新規就活者の動向等を勘案すると，都心部における住宅・事務所の供給がサービス業等の集積を促し，これらの職業を求める若者の受け皿になっている可能性は否定できない。むしろ，相関は高いものと推定できよう。また，幾度（2015）は，国の各種世論調査結果からの国民意識の動向を整理し，「近年の東京への転入超過は，多様なニーズに応える「働く場」が東京に一層集中していることを反映した結果であり，この構造が変わらないと，人の動きも簡単には変わらない。」としている。

現状のまま推移すると，都心部等に業務機能が集積する動きは強まり，一般世帯は東京圏の近郊市に追いやられ，東京は次第に働く場一色に染まっていく。これは，東京圏の巨大化につながり，同時に，地方圏の衰退を加速化することにほかならない。近年の東京圏の人口動態からも，さいたま市や川口市への地方圏からの転入超過が多いのも，こうした動きの現われの一端とみることができる。

以上から，東京の一極集中を是正することは，東京を含むすべての都市が，住み続けられる地域であるための必要条件と考える。それは，繰り返しになるが，過密化をもたらす東京の都心居住や都市再生を目指してきた政策を思い切って大きく転換すること。すなわち，規制緩和による都市開発諸制度や特区制度の活用を段階的に縮小することである。少なくとも，現行制度のように指定容積率を割り増し，過剰な床面積を生み出す方法から，指定容積率の範囲内で，良好な市街地環境や建物の質を確保する方向に改め，住宅・業務施設の供給量を抑制することが重要となる。

国の経済対策や国土計画は，東京の開発を抑制し，地方都市の活性化に軸足を移す方向に大きく舵を切り替える必要がある。このため，地方の大都市やブロック内の中核都市において，国が，地域特有の産業・観光分野などの成長を後押しするとともに，国内外との交通インフラの改善に集中投資し，民間に対する様々なインセンティブの仕組みを考え，民間のアイデアやノウハウを最大限活かせる都市開発を誘導することであろう。

7. 地方圏の都市政策での重要な視点

各地域がそれぞれの特性を活かし，地方創生に取り組むことは最も大切なことである。地方圏の都市政策を推進する上で，今後，特に重要と思われるいくつかの視点を述べたい。

7.1　魅力ある新たな「学ぶ場」と「就業の場」の確保

全国各地で，独自の地方創生の取組みが行われているが，ここでは，地方圏に共通した課題である若者の大学進学と，これに関連した就業の場の問題をとり上げる。

地方圏に若者にとって魅力ある就業の場を確保し，地方圏への人口の流れを生み出すことが重要と考える。それは，若者の多くは大学等への進学を機に故郷を離れ，卒業後，地元に帰って職に就く者もいるが，先述のように東京圏の大学に進学した者の少なくとも２～３割程度は地元に戻らない傾向がある。特に若い女性の場合には戻らない傾向が強い。卒業生の多くがＵターンし地元近くに就業できるようになれば，地域に活力が蘇るに違いない。東京圏の若者たちも，Ｉターンで移住を希望するような地域であればさらに望ましい。その鍵となるのは，若者を動機付ける魅力ある大学や企業が近くに立地することである。卒業生の半数が，大学の存する地域内で就職している実態からも重要なことがわかる。

今日，大学をめぐる環境は大きく変わりつつある。少子化を背景とする新入生の減少や厳しい経営環境のもとで「大学統合」が進んでいる。2019年5月に改正国立大学法人法が成立し，国立大学においても1法人複数大学制（アンブレラ方式）が可能になった。2020年4月に名古屋大学と岐阜大学が経営統合し，国立大学初の1法人複数大学「東海国立大学機構」が設立される。その後も2021年4月に静岡大学，浜松医科大学による「国立大学法人静岡国立大学機構」（仮称），2022年4月に小樽商科大学，帯広畜産大学，北見工業大学による「北海道連合大学機構」（仮称）が表明されている。国立大学の統合だけでなく，公立同士や国立と公立の組織統合も進んでいるのである。

こうした大学の再編が，地方創生のきっかけになる可能性が高いと考える。これまで進めてきた先端技術の研究や民間との共同開発などに加え，大学統合による研究分野の広がりとともに，双方の得意分野を活かした学部等の新設も考えられよう。統合によるシナジー効果で，新たな大学の価値が高まり，競争力が強化されて魅力が生まれる可能性がある。

これまでも大学が自治体や企業と連携し，新たなイノベーションを起こしたり，地域ビジネスを起業してきた例もある。今後，こうした動きをさらに強めることである。

たとえば，大学の研究活動の「見える化」により，外部との共同研究や資金支援を受けやすくすることの取組み。また，企業向けのコンサルティング業務に繋げることや，大学の研究成果を外部に切り離して積極的に大学発のスタートアップを図ること。あるいは，利益を生む価値を産業界の目利きで拾い上げ社会に実装することや，大学のもつ技術やノウハウを金融機関と連携して顧客のニーズと結びつけるなど。これらは，すでに国内外の大学で取り組んでいる内容であるが，様々な工夫をして従来にもまして産学官等の連携を広めることであろう。大学の名声が高まり，産業界との結びつきが一層強まれば，大学の周りには関連した企業が多数集積するであろう。大学の再編を機に，医療や工学など先端技術のイノベーションによる新たな産業や，サービス業を創出することが期待できる。

一方，世界に視野を広げれば，人口増加による食糧需要の増大や，東アジアでの少子高齢化の進行に伴う高齢者向けサービスの拡大が見込まれている。また，訪日外客数のさらなる増加に伴うインバウンド需要の取込みも期待できる。国内外の環境変化のもとで，地元大学は地域の人的・知的資源であり，地域と様々なかたちで関わりをもつことが重要といえる。海外に広がる市場への参入や国内需要の高い分野に，大学が地域と連携して新鮮で柔軟な発想によってアイデアのあるビジネス等を起こす可能性も期待できる。様々な取組みによって大学が魅力あるものとなれば，そこを拠点とする産業集積に結びつくものと考える。地域で生まれ育った若者が，地域の大学等で学び，そこで就業することになれば，何倍もの地方創生の力となるに違いない。

7.2　首長，議会，住民等のビジョンを共有するためには

地方創生においては，地元の自治体や住民が中心となり，当事者意識をもって進めることが欠かせない。

2019年7月に公表された，国の地方制度調査会の「2040年頃から逆算し顕在化する地方行政の諸課題とその対応方策についての中間報告」では，「各地方公共団体で首長，議会，住民等がともに議論を重ね，ビジョンを共有することが重要」とする。また，「住民は，未来を創る当事者であり，人口が減少するなか，地域において一人ひとりの存在がより大きくなる。このため，専らサービスを受ける主体ではなく，ともに地域の未来をつくる存在と捉え，その主体性が発揮され，住民同士で助け合える地域社会の実現や多様な主体による地域課題の解決を進めることが求められる。」ともする。

確かに，中間報告の指摘するとおりである。しかし，現実には，これは理想論と言わざるを得ない。たとえば，2019年4月に実施された全国の首長・議員の統一地方選挙では，首長等の無投票当選者が多く，同年7月の参議院議員選挙は，戦後2番目に低い投票率であった。新聞報道では，民主主義を根底から揺るがすほど深刻な事態と警鐘を鳴らしている。今日，これが象徴するように，住民の政治への無関心や行政離れが進んでいるのである。したがって，こうした事態にまで陥っている根源的な問題にメスを入れないかぎり，現実的に，中間報告の指摘は絵空事になってしまうのである。

つまり，首長や議会，議員，行政，住民など，地方自治運営上の各主体に関わる問題を直視し，これを是正する適切な対応が必要なのである。

たとえば，首長には，自治体政策に高度な資質が求められるが，現実はどうか。各地での地方創生が成功している例は，首長の発意やリーダーシップに負うところが大きい。また，企業版ふるさと納税も，首長のトップセールスで実現するケースも数多く見受けられる。首長が皆，このように先導して地方創生に邁進しているだろうか。

一方，議会をみれば，地方自治の車の両輪としての役割が求められるが，議員が，住民の代表という立場で，住民と適切な距離感をもち住民に寄り添って活動しているだろうか。住民の代表という自覚に乏しく，一般サラリーマン化し無難に職を務める傾向を強めていないだろうか。また，議員というより政党の立場が強く，本来の地方自治の運営を歪める結果を招いていないか。また，首長・議会議員の選挙制度は，得票数だけで当選者が選出されるため単なる人気投票と化している。真に，自治体を牽引するに相応しい者が選考されている制度かどうか。候補者の公約がいかに実現されたかを吟味し，評価できる仕組みともなっていない。政策能力や実行力のある者が必ずしも選ばれるわけではなく，選挙に強い人だけが当選する制度である。おまけに，当選回数にも制限がない。このマンネリ化し変わり映えしない選挙が，住民に将来的な失望感を与え，無関心層の増大を招いているのではないだろうか。

さらに，地域の自治会・町会は，選挙の票に結びつきやすいこともあり，首長は自治会等との連携を重視する。しかし，自治会等は公私の存在が不明確である。また，首長や行政との関係が密接なほど，現在，議論の俎上にある議員の成り手不足の問題より，むしろ，議員不要論に発展しかねないのである。

行政と住民との関係にも問題がある。大都市と地方，あるいは地域によって住民意識に違いがあるとは思うが，住民は，自分に直接利害のある場合や災害など命に係る問題以外は一般に関心が薄い。地域問題は自分にはあまり関係がなく，自治体が適切に処理すると思っている。したがって，厳しい人口減少社会を迎えるなかでも，市町村の財政状況や自治体運営に関心が向かないため，自らの将来生活に対する危機感が湧かない。たとえば，立地適正化計画（コンパクトシティ）など都市計画に関わる広報も配布されるが，専門用語で綴られており，その内容も難しく一般の住民には理解できない。時には，行政による住民説明会や公聴会，パブコメなども実施されるが，行政の進めようとする方向性は既に固まっており，住民がこの場で何を言っても行政は聞きおくだけ。住民の意見・要望等は採り入れてもらえない。このため，参加人数も少ない上，住民と行政の間には真剣な議論もないというのが，どの地域にもみられる一般的な傾向であろう。

市町村の将来ビジョンは，地方制度調査会の中間報告にもあるように，首長，議会，住民等がともに議論を重ねることが期待されている。たとえば，都市の将来像である市町村マスタープランは，いうまでもなくそこに住む人を中心に考えられねばならない。これは，将来の持続可能な地域社会をつくる基盤となるものであり，本来，住民にとって大切な位置づけをもつものといえる。それゆえに，この都市計画のあり様や具体化していくプロセスに問題意識をもつこと，まちづくりに主体的に参画することが重要なのである。しかし現実には，住民は，都市計画などの理解に乏しく，他人ごとと捉えて行政や都市計画審議会，あるいは議会任せなのが実態である。都市計画法も改正され，市町村の将来像となるマスタープランが，市民生活にとって身近なものであることから，議会の関与と市民の意向を反映して定めるものとされた。そこには，「住民の，住民による，住民のための自治」という「地方自治の本旨」にも共通する極めて大切な視点がある。しかし，都市計画法や地方自治法の求める崇高な思想とは裏腹に，実態はかなり乖離している。都市計画が，行政の独り歩きで住民と遊離して進められているのである。都市計画を客観的に判断すべき都市計画審議会は実質的に議論できる場ではなく，単に，行政の追認機関と化している。法の求める本来の役割が果たせていない，厳しくいえば，機能不全の状態ともいえる。しかし，これは行政だけに問題があるわけではない。行政は，単年度予算や補助金との関係で時間の制約に縛られ，あるいは職員不足の影響もあり，十分な時間を費やして住民との話し合いができない実情もあるからである。こうした様々な問題が重なり合って，都市計画に対する住民の無関心を増幅させている。

このような選挙制度や行政運営などの根幹的な部分で，もはや地方自治は，実質的に破綻しかけている。残念ながら，地方制度調査会の中間報告は，こうした実態から目を逸らしているか，十分把握していないと言わざるを得ない。今後の示す方向性は正しくても，実現は期待できないのである。

とはいえ，現実的に一朝一夕に制度が改善できるものでもない。現状を改善するには，少なくとも，住民が問題意識をもって地域課題や将来の姿を自分ごとに捉え，その意思や意向を行政に届けること，そして行政がそれを施策に反映する努力が欠かせない。これをどう実現するかである。

全ての住民が，このような意識をもって主体的に行動できることが理想だが，現実的には限界もある。したがって，たとえば，地域に居住する人や働く人を地域の人的資源と考え，自治体運営に有効に活用することであろう。適当な人材を上級官庁に求めるのは筋違いで，地方創生の趣旨にも合わない。地方行政に，その地域に住む人，働く人を最大限活用することは，広義の働き方改革にあたる。地域の中で専門的な知識・経験をもつ者，地域でソーシャルビジネス等を手がけて活動する者などを地域のキーパーソンとして，行政の様々な分野に活用することが望ましい。こうして，行政と一定の距離を置くキーパーソンが住民側に立って活動し，行政への対処能力を高めることが，首長の取組み意欲を促し，行政運営のほか，議会や審議会等の機能を正しい方向に軌道修正し，政治・行政に対する無関心層の逓減に結び付くのではないだろうか。

7.3 技術の進化（Society5.0）を地方にどう取り込むか

科学技術の進歩が，我々の目に見えないところで著しいスピードで進んでいる。国が提唱するSociety5.0である。「狩猟社会」（Society1.0），「農耕社会」（Society2.0），「工業社会」（Society3.0），「情報社会」（Society4.0），そして，「人間中心の社会」がSociety5.0といわれる。

Society5.0は，サイバー空間（仮想空間）とフィジカル空間（現実空間）を高度に融合させたシステムにより実現するもので，これまで人がサイバー空間に存在するクラウドサービス（データベース）にインターネットを経由し，アクセスして情報やデータを入手し分析を行ってきた。これがSociety5.0では，フィジカル空間のセンサーからの膨大な情報がサイバー空間に蓄積され，このビックデータをAI（人工知能）が解析し，その解析結果がフィジカル空間の人間に，ロボットを通じるなど様々なかたちでフィードバックされる。そして，Society5.0の基盤となるのが「超高速・多数同時接続・超低遅延」といった特徴をもつ，次世代ネットワークとして注目される5G（第5世代移動通信システム）である。

IoTであらゆるモノと人が即時に繋がれば，様々な情報が共有されて必要なサービスが必要な人に，必要な分だけ提供される。これにより，人材不足や距離，年齢等の制約により従来対応が困難だった個人や地域の課題解決の可能性が期待できるという。

5Gについては，米国や欧州，中国などで2019年4月よりすでに商用利用が始まっているが，わが国でも，東京都が2020年のオリンピック・パラリンピックを機に，会場やその周辺エリアで試験的に実施を予定し，これに合わせて，「TOKYO Data Highway基本戦略」を進めるとしている。これによって，様々な人，モノ，データを繋げて都民のQoL（生活の質）を高めること，さらには，「都市のデジタル化・新たな産業の創出・都市力の強化」を目指し，東京の未来を支える重要な基盤を整備するとしている。新たな産業の創出については，東京に最新の5Gネットワーク環境を構築し，様々なサービスや実験を希望する国内外のスタートアップ企業を集めて実施するとしている。

さて，この無限の可能性を秘めたSociety5.0の目指す社会が，早期にわが国社会に定着し，人口減少・少子高齢化による様々な課題の解決につながること，また全ての人に，また全ての地域で活用できるようになることが望まれる。とりわけ，過疎化する地域の創生に効果的な役割を果たすものでありたい。

このためには，利用者の少ない地方では，地域課題の解決に新たな技術の活用が期待できるのだが，5GなどSociety5.0の基盤となる設備整備が，採算性の観点から課題となっている。この点，人の多い大都市などでは採算がとりやすく，東京都の目指すように官民連携したアンテナ設置によって，容易にネットワーク環境も整備することができる。

地方でも，都市のコンパクト化を進めて市街地を集約化すれば，ネットワークを図るエリアが限定され，採算上も有利になると考えられる。だが，地域や生活実態から判断し，単にコンパクト化することが良いというものでもない。コンパクト化は別にしても，人口減少の進む地域では，今後，買い物などの日常生活や医療・福祉の面で厳しい生活状況が予想され生活支援が必要となる。こうした地域であればこそ，先端技術でこれを補う必要性が高いのである。疲弊する地域が持続的に住み続けられるためには，地域づくりの中に新たな技術革新の成果を活かすことである。これが明るい未来につながる唯一の光とも考えられる。それゆえ，国が率先し，基本的な通信インフラとして整備することが求められる。

また，東京都の5Gをめぐる取組みや「TOKYO Data Highway 基本戦略」の推進は，国際競争にも負けない都市としてUPDATEし続ける点で評価できるが，産業等の新たな集積を呼び込み，東京への一極集中の加速化や大都市の拡大に拍車をかける原因になる恐れもある。東京が，5Gのネットワーク化やSociety5.0を進めて様々な課題解決の可能性を追求し実験的に検証する場とする，いわば先導的モデルの意義は高い。しかし，その成果は大都市がメリットを享受するためでなく，むしろ地方創生に活かされるべきである。

このため，国は，都の協力も得て，他の大都市圏や政令指定都市，一般都市へと段階的に取組みを広げ，あらゆる地域で技術革新の成果を享受できるように，推進上のロードマップを策定し，迅速かつ計画的に進めることが必要といえる。

筆者が本稿をほぼ書き上げた頃，筆者の考えと同様の趣旨の動きがあった。それは，2019年11月，全国知事会が，Society5.0の社会実装が全国同時に進むよう，早急な支援を求める国への緊急提言をまとめた。この中で，特に，5G整備を都市部と地方部で一気に進めることを要望しているのである。

8. おわりに

人口減少社会を背景に進む地方の衰退化と東京の過密化は，いわばトレードオフの関係にある。東京の経済活力を高めつつ地方創生を進めるという一挙両得の考えは成り立ち難い。地方創生の鍵は，東京圏側での対策にある。現状で地方創生に捗々しい効果が現れていないのは，東京の一極集中を是正する上で，東京圏側に抜本的な対策が打たれていないことに大きな原因があるといえる。この意味で，国や都の政策は，東京の都市再生の取組みを段階的に緩め，地方創生を重点的に進める方向に大きく舵を切る必要があると考える。

東京の一極集中を抑えようにも，人の自由な動きや，社会の自然な流れを簡単に変えられるものでもない。東京が，都市機能をますます充実し，先端都市として磨きをかける中では東京で得られるメリットが大きく，省庁や企業本社の地方移転も期待できないばかりか，利益を求める民間の活動は抑止できない。

国の政策には，デフレ経済から脱却しきれない現状において，稼ぎ頭である東京の勢いを止めれば，わが国経済が減速する恐れがある。この不安からか，地方創生の進め方に迷いがあり，東京の一極集中を本気で抑えるつもりなのかと疑問に感じるのである。

たとえば，その一つの現れとして，国による税制改正の問題がある。

企業が支払う税金が大都市に偏りがちなため，本来，地方が得るべき税収の一部を国が吸い上げて地方に手厚く配分する方法が，「地方創生の推進」や「税源偏在是正」の名のもとに進められていること。具体的には，「地方法人課税の一部国税化」や「地方消費税の清算基準の見直し」，「ふるさと納税」の税制改正である。

これらの税による影響は，東京都では，法人事業税4,200億円，法人住民税5,000億円，消費税10%の見直しの際に導入した地方消費税の清算基準の見直しで1,000億円，ふるさと納税で1億円（2018年度実績）と，都税収入のおよそ2割を占める約1兆円近くが国に移され，地方に配分されている。こうした措置について，国はもっともな理屈を並べて税の適正配分と称して正当性を主張するが，そもそも地方分権や地方の自律という観点から，正しい方向といえるだろうか。地方圏には，予期しない税収増となり一時的に歓迎もされるだろうが，これにより本来目的の地方創生が進むわけでもない。地方創生が進まない現状での苦肉の策とも考えられるが，過密化による環境悪化と行政サービスの低下というデメリットは，都民が背負うのである。ただ，ふるさと納税は，他の二税とは性格が異なる側面もある。地方出身者も多く人口規模の大きい大都市には，ふるさと納税も痛手となるが，利用者には，個人負担が少なく，税の恩恵等が得られる。また，多くの人が地方に目を向けて応援でき，これを通じて地方の関係人口の増加に結び付く可能性を期待できるからである。こうした点で，企業版ふるさと納税を含め，地方創生という視点から意義のある制度ともいえる。

わが国経済を牽引する役割を担う東京が，これから先も活発な都市開発を進め，これにより東京にできるだけ稼がせて，上がった税収を地方に還流・分配する方法は，単に「東京いじめ」にしか見えない。地方創生には，都市政策上の観点から，有効な施策を真正面から講じていく必要がある。

〈参考文献〉

鈴木浩・山口幹幸・川崎直宏・中川智之（2013年）『地域再生～人口減少時代のまちづくり～』日本評論社

東京都（2018年）『東京の土地2017』

東京都『令和元年度・東京都都市整備局事業概要』

東京都産業労働局（2018年）『東京の産業と雇用就業2018』

東京都議会局『令和元年予算特別委員会資料』

内閣官房まち・ひと・しごと創生本部事務局（2017年）『東京の一極集中の動向と要因について』www.kantei.go.jp

内閣府「Society5.0」www8.cao.go.jp

内閣府地方創生推進事務局「都市再生緊急整備地域及び特定都市再生緊急整備地域の一覧」www.kantei.go.jp

第32次地方制度調査会（2019年）「2040年頃から逆算し顕在化する地方行政の諸課題とその対応方策についての中間報告」

内閣府地方創生推進事務局「企業版ふるさと納税活用事例集～全国の特徴的な取り組み～」

総務省自治税務局（2019年）「ふるさと納税に関する現況調査結果」

幾度明（2015年）「国民意識から見た「地方創生」の方向性～みずほ総合研究所Working Paper～」

第Ⅱ部

地方自治体のSDGs政策の実際

地方自治体の価値を高める SDGs の潮流

関東学院大学 法学部 地域創生学科 准教授
社会情報大学院大学 特任教授
牧　瀬　　　稔

1. はじめに

1.1 キーワードは「持続可能性」

筆者は，地方自治体の現場に行く機会が多い。普段は大学に勤務しているが，出校日以外は土日も含めて現場に足を運び政策づくりの後方支援をしている。その中で，近年トピックスとして挙がるキーワードに，「地方創生」と「SDGs」がある。地方創生は，5年前に政府主導で開始された。そして2020年度からは，地方創生の第2ラウンドがはじまる[(1)]。一方で，SDGsは，最近話題になる言葉である。地方創生とSDGsは別に存在しているのではなく，共通する観点も多い。そのため，地方自治体は地方創生と同様に，SDGsも強く意識しつつある。

地方創生の4文字が持つ意味は何となく理解できる。一方で，SDGsは説明がないとわからないだろう。SDGsとは，「Sustainable Development Goals」の頭文字をとった略称である。Sustainable Development Goalsは，「持続可能な開発目標」と訳されることが多い。SDGsは，国連サミットで採択された国際社会共通の取組みである。一方で，地方創生は日本独自の取組みである[(2)]。なお，地方創生の定義などは，本章の別の節において言及する。

SDGsには17の目標と169のターゲットが設定されている。目標1の「貧困をなくそう」から目標17の「パートナーシップで目標を達成しよう」まである。これらの目標を達成することで，持続可能な世界を実現し，地球上の「誰一人として取り残さない」（No one will be left behind）ことを目指している[3]。

地方創生とSDGsに共通する概念は「持続可能性」である。そこに住む人々が，いつまでも暮らしていける地域であり続けるためには，当然，「持続可能性」が求められる。

1.2　本章の目的と概要

本章は地方自治体が取り組む地方創生とSDGsを取り扱う。特に，SDGsが掲げる目標10の「住み続けられるまちづくりを」は，地方創生の考えと強く共通している。そこで，本章は地方創生とSDGsを関連させ，戸田市（埼玉県）を事例に，「持続可能性」を実現した地域づくりを紹介する。

本章は，次の流れで進める。次の2.では地方創生の持つ意味を考える。また，筆者の捉える地方創生の成果に関して研究する。

3.では，地方自治体におけるSDGsの取組み状況を確認する。地方創生と同様にSDGsは「持続可能性」がキーワードである。地方自治体は「持続可能性」に向けた取組みを多方面から展開している。読者に対しては情報提供の意味がある。

続いて4.では，持続可能なまちに向けた戸田市の事例を紹介している。戸田市は定住人口を増加させてきた。しかし，同事例は従来の地方自治体の思考には馴染まない内容が含まれる。ある意味，「極論」と言えるかもしれない。その意味では，読者への問題提起という意味もある。

5.は，本書で言及している7自治体のSDGsの活動であり，関心の持った地方自治体から，各事例に当たっていただきたい。

6.は，本章を締めくくるにあたり，最後に，筆者が考える地方自治体が着実に地方創生とSDGsの共通項である「持続可能性」を進めるための視点を言及する。

本章は，読者が地方創生とSDGsに関して，より考察する契機となることを狙っている。また，本章は読者に対する情報提供の意味もある。

2. 地方自治体における「地方創生」の概要[4]

本節は地方創生の定義を考える。地方創生の明快な定義はないように思う。そのために，「何をもって地方創生か」が曖昧である。そこで筆者の考える地方創生の定義を記す。その後，5年間続けられてきた地方創生の成果を筆者の視点から検討する。

2.1　地方創生の確認

本章の冒頭でSDGsの意味は簡単に言及した。そこで，ここでは地方創生の意味を考える。

周知の事実だが，日本は人口減少時代を歩んでいる。2015年の国勢調査によると，人口は1億2,709万4,745人となった。前回（2010年）の国勢調査と比較すると，96万2,607人の人口が減少した。これは，年平均0.15%の減少である。これから日本の人口は加速度的に減少していく。

その結果，2050年には人口が1億人を割り込み，2060年には約8,600万人となる（2060年の「約8,600万人」という推計人口は，2014年に策定された国の「まち・ひと・しごと創生長期ビジョン」に依拠した数字である。なお，2019年12月に発表された「まち・ひと・しごと創生長期ビジョ」（令和元年改訂版）によると，2060年の推計人口が9,284万人となっている。地方創生がはじまって5年間で600万人ほど改善したととれる数字である。読者は，この数字にどう思うだろうか）。

現在国が進めている地方創生は，2060年の人口を約1億人に維持することが政策目標となっている。これは約1,400万人のかさ上げであり，拡大都市の思考と言える（拡大都市の意味は後述する）。そして，国の掛け声のもと，ほぼすべての自治体が「地方人口ビジョン」と「地方版総合戦略」を策定し，地方創生の実現に向けて動いている。地方人口ビジョンは2060年の目標人口を明記し，地方版総合戦略は自治体が独自に設定する目標人口を達成するための事業を書き込んだ行政計画である。

地方自治体の政策展開には，大きく「拡大都市」と「縮小都市」という考えがある。拡大都市とは，「人口減少時代においても，積極的によい行政サービスを提供することで，今までどおりに人口の拡大を目指す」ことである。あるいは，「周りが人口を減少させる中で，人口の維持を達成しようとする自治体」も拡大都市と捉えることができる。既に述べたが，国は2060年に1億人程度を目標人口と掲げている。この数字は，2010年の人口（国勢調査）から17％減の数字である。2060年の時点で人口を17％減以内で留めようとする自治体は拡大都市として捉えることができるだろう。

縮小都市は，「人口減少の事実を受け入れ，人口が減少しても元気な自治体をつくっていく取組み」である。2060年の時点で人口減が17％以上を是認する場合は縮小都市かもしれない。一般的に人口が減少すれば，税収も低下する可能性がある。その結果として，行政サービスの縮小や職員数の減少等も余儀なくされるかもしれない。そのような理由から，現時点において明確に「縮小都市を採用している」と公式に発表している地方自治体は（あまり）聞かない（筆者の勉強不足で聞かないだけであって，実際には公表している団体はあるかもしれない）。

地方創生は，「まち・ひと・しごと創生」の別名でもある。国の「まち・ひと・しごと創生本部」の英語表記を見ると，「Headquarters for Overcoming Population Decline and Vitalizing Local Economy in Japan」とある。「Headquarters」は本部という意味になる。そして「Overcoming Population Decline」は「人口減少を克服する」と訳すことができる。後半の「Vitalizing Local Economy in Japan」は「日本の地域経済に生命を与えること」と捉えられる。つまり，国が意図している地方創生とは，「人口減少を克服」し，「地域経済を活性化」するための取組みに集約される。

繰り返しになるが，地方創生は，「2060年に約8,600万人まで減少する人口を約1億人までかさ上げする」ことが政策目標である。将来人口推計よりも約1,400万人の増加を目指している。現時点において，国は，「約8,600万人まで減ることを前提に国づくりを進めていく」とは言っていない。すなわち，国が採用しているのは拡大都市である。そのため多くの自治体が，人口の維持や，人口の減少速度の逓減を目指して政策づくりを進めている。しかしながら，現時点においては，総体的にはよい成果は見えずにいる(5)。

2.2　地方創生の成果

地方創生が始まり5年が経過した。地方創生が生み出した一つの現象が，「自治体間競争」（都市間競争）である。自治体間競争は，「地方自治体がそれぞれの地域性や空間的特徴などの個性（特色）を生かすことで，創意工夫を凝らした政策を開発し，他地域から住民等を獲得すること」と定義できる。

この状況はゼロ・サム（zero-sum）を指向すると言われる。ゼロ・サムとは，「複数の主体（プレイヤー）が相互に影響しあう状況の中で，全主体の利得の総和が常にゼロになること」を意味する。簡単に言うと，勝ち組と負け組が同数であり，全体としてはプラスとマイナスがゼロの状態である。

しかし，現在の自治体が置かれている状況はゼロ・サムになりえない。なぜならば，日本は人口が減少しているからである。総和（全体）が縮小しつつあるのが日本の現状である。このような状態において，住民の奪い合いが激化することは，「マイナス・サム（minus-sum）」に陥る。マイナス・サムの意味は，「総和（合計）してもマイナスになる」ことである。今日，広がりつつある自治体間競争は，この「マイナス・サム」が激化していくことになる(6)。

今後，日本の人口は加速度的に減少していく。勝ち組はますます勝っていき，負け組はますます負けていく。そういう状況をマイナス・サムは生み出しかねない。

総務省が発表した「住民基本台帳に基づく2018年の人口移動報告」によると，東京圏（東京，埼玉，千葉，神奈川）は23年連続の転入超過となった。特に東京圏への人口移動は，前年より1万4,338人多い13万9,868人となった。これは，東京圏への「過度」の集中が続いていることを意味している。これは，地方創生が目標としている「東京圏への人口の過度の集中の是正」が達成されていないことを意味している。

株式会社帝国データバンクによると，2017年に東京都へ転入した企業は599社となり拡大基調である。一方で，国は地方創生の一環として東京圏から地方圏に本社を移転する企業への法人減税などを実施している。その成果もあってか，東京都から転出した企業は686件と5年ぶりに前年比増加した。

共同通信社は2018年11月から2019年1月にかけて，全1,788自治体に対して東京23区からの企業誘致に関するアンケート調査を実施している(回答率99%)。アンケート調査の結果は，全市町村の計76%は東京23区からの企業移転が実現するなどの成果はないと回答している。町村に限定すると，計84%は成果がないと回答している。アンケート結果から判断すると，多くの自治体は企業移転につながっていないと判断される。

地方創生が開始されて，わずか5年であるため，結論を述べるのは時期尚早かもしれない。しかし，現時点では人口という観点で捉えると，地方創生は「所期の狙い通りにはうまく進んでいない」と捉えたほうが妥当と考えられる(7)。

本節では，地方創生を「人口減少を克服し，地域経済を活性化する取組み」と定義した。そうでなくては持続可能性が担保されないからである。しかし現時点においては，地方創生は順調に進んでいるとは言い難い。確かに5年間しか経過していないと言えるかもしれないが，所期の目的は達成できずにいる。

そのような中，国際社会では持続可能性を標榜するSDGsが推進されつつある。国際的な潮流にあわせ，政府もSDGsを積極的に推進しつつある。次の3.では，地方自治体に焦点を当て，SDGsに関する取組みを概観する。

3. 地方自治体におけるSDGsの現況

本節では，地方自治体におけるSDGsの取組み状況を確認する。読者に対しては情報提供の意味がある。

3.1 地方自治体におけるSDGs政策の現状

地方自治体におけるSDGsの取組み状況は，SDGs総研がアンケート調査を実施している(8)。

アンケート調査の結果によると，SDGsに「すでに取り組んでいる」(実施中）が167自治体（34%）となっている。具体的な活動としては，SDGsモデル事業の選定，SDGs未来都市の選定，基本計画や総合計画に入れた，

図表1　地域別にみたSDGsの認知・取組み状況

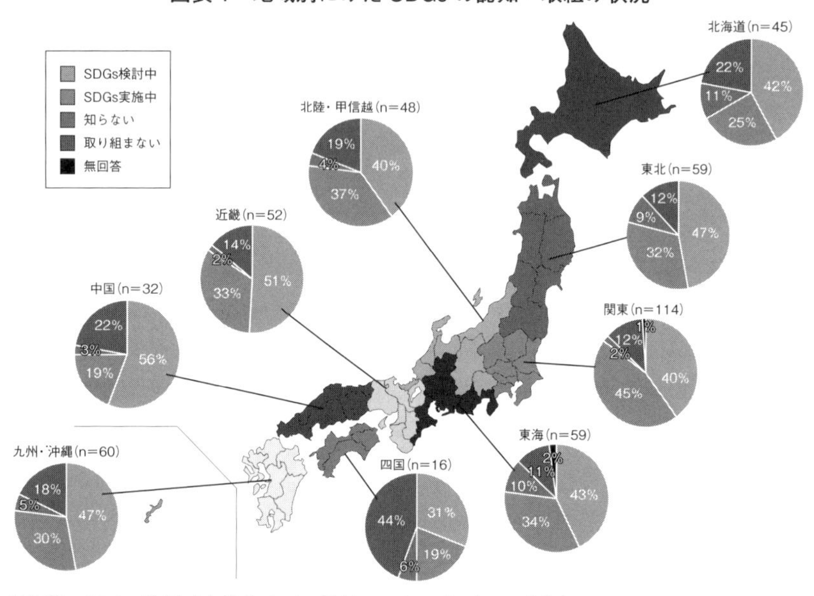

（出所）SDGs総研「自治体SDGs首長アンケート（2019年）」。

職員研修を実施したなどである。そして，「取り組む準備中」（検討中）と回答したのは211自治体（44%）であった。

一方で，78自治体（16%）は「目新しさがなく，既に取組み済み」といった理由から，取り組まないと回答している。そして27自治体（6%）は「知らない」と答えている。**図表1**は，SDGs総研が調査した地域別にみたSDGsの認知・取組み状況である。

同アンケート調査の結果では，SDGsに取り組む上での課題として，住民や職員らの「認知が高まっていない」との回答が多い(9)。そこでセミナーなどSDGsに関する情報に触れる機会を求めていることが必要と述べている(10)。

3.2　地方自治体の事業レベルにみるSDGs

多くの地方自治体がSDGsを浸透させようと，様々な取組みを実施している。吉川市（埼玉県）は，SDGsをテーマにしたスタンプラリーを行った。

SDGsの17目標のうち「飢餓をゼロに」「つくる責任つかう責任」など7項目で全8カ所のチェックポイントを設置した。全8カ所のスタンプを集めた先着50チームには，吉川市イメージキャラクター「なまりん」のエコバッグをプレゼントした。同事業は住民を対象にした認知度の拡大を狙っている。

長野県はSDGsの考え方をビジネスに取り入れて販路開拓を目指す県内中小企業への補助制度がある（SDGs活用販路開拓モデル創出事業）。中小企業がSDGsの理念を踏襲しつつ販路開拓を実施した場合に，必要とした経費のうち専門家に相談する際の謝金，旅費や試作品の製作に掛かる原材料費などが対象である。上限100万円で2分の1を補助している。

また大阪府は，SDGsの達成を目指すビジネスを展開している府内の企業を支援している。具体的には，SDGsをビジネスする企業と投資家，大学とのマッチング業務を行う。さらには，SDGsビジネスの事例紹介などを行う。ビジネスを通じたSDGsの目標達成に貢献することを意図している。長野県や大阪府は，事業者を対象としたSDGsの浸透を目指した取組みである。

沖縄県は「持続可能な開発目標（SDGs）の推進に向けた有識者会議」（委員長・島袋純琉球大教授）を立ち上げている。同会議からの提言を踏まえ，沖縄県が展開する施策・事業や2022年度以降の次期沖縄振興計画に反映させる方向である。沖縄県あげてSDGsに取り組もうとする意思表示と推察できる。

愛媛県は県職員へのSDGsの認知度を高めようと，SDGsを学ぶカードゲームを県庁で実施した。同ゲームには副知事や各部長などが参加した。SDGsの17の目標達成を目指して，2030年までの道のりを体験するゲームである。愛媛県のような取組みは，多くの地方自治体でも行われている。職員を対象にSDGsの理解を深めようとしている。

繰り返しになるが，吉川市の事業はSDGsを住民に理解してもらうことを意図している。長野県や大阪府は事業者を対象としたSDGsへの理解の浸透である。沖縄県は，県としてSDGsを取り組むための醸成づくりと捉えることができる。そして愛媛県はSDGsを推進する自治体職員を対象とした事業である。地方自治体は各主体に対応し，様々な観点から事業レベルでSDGsを浸透させようとしている。

図表2　各自治体の行政計画「SDGs未来都市」の一覧表

	項　目	鎌倉市	豊田市	志摩市	宇都宮市	宇部市
全体計画	1.1　将来ビジョン					
	(1)　地域の実態	○	○	○	○	○
	(2)　2030年のあるべき姿	○	○	○	○	○
	(3)　2030年のあるべき姿の実現に向けた優先的なゴール（ターゲット）	○	○	○	○	○
	1.2　自治体SDGsの推進に資する取組み					
	(1)　自治体SDGsの推進に資する取組みの概要	○	○	○	○	○
	(2)　自治体SDGsの情報発信・普及啓発策	○	○	○	○	○
	1.3　推進体制					
	(1)　各種計画への反映状況	○	○	○	○	○
	(2)　行政体内部の執行体制	○	○	○	○	○
自治体SDGsモデル事業	(1)　課題・目標設定と取組みの概要	○		○		
	(2)　三側面の取組み	○		○		
	(3)　三側面をつなぐ統合的取組み	○		○		
	(4)　ステークホルダーとの連携	○	○	○	○	○
	(5)　自律的好循環	○		○		
	(6)　普及展開策	○		○		
	(7)　スケジュール	○		○		
	1.4　地方創生・地域活性化への貢献				○	
	頁　数	45頁	19頁	32頁	29頁	30頁

（出所）　各市の行政計画から筆者作成。

3.3　地方自治体の政策レベルにみるSDGs

地方自治体が事業レベルでSDGsを推進しつつ，同時に政策レベルから展開する動きも加速化している。たとえば，政府はSDGsを進める自治体を「SDGs未来都市」に選定している[(11)]。SDGs未来都市とは，内閣府がSDGsの達成に取り組んでいる都市を選定する制度である。SDGs未来都市

図表3 「SDGs日本モデル」宣言

「SDGs日本モデル」宣言

私たち自治体は、人口減少・超高齢化など社会的課題の解決と持続可能な地域づくりに向けて、企業・団体、学校・研究機関、住民などとの官民連携を進め、日本の「SDGsモデル」を世界に発信します。

1. SDGsを共通目標に、自治体間の連携を進めるとともに、地域における官民連携によるパートナーシップを主導し、地域に活力と豊かさを創出します。
2. SDGsの達成に向けて、社会的投資の拡大や革新的技術の導入など、民間ビジネスの力を積極的に活用し、地域が直面する課題解決に取り組みます。
3. 誰もが笑顔あふれる社会に向けて、次世代との対話やジェンダー平等の実現などによって、住民が主役となるSDGsの推進を目指します。

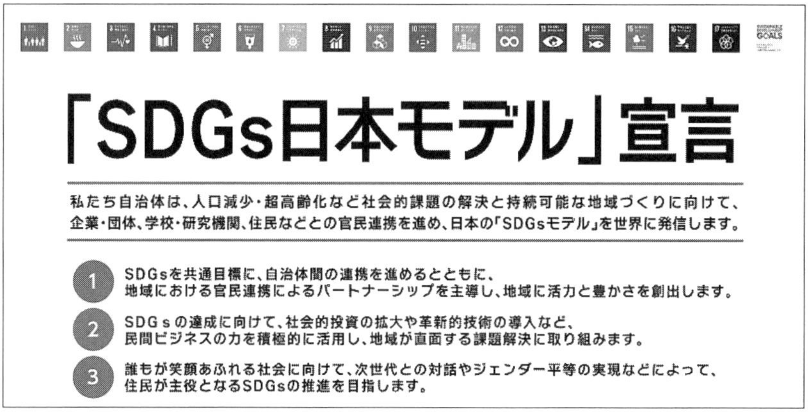

（出所） 神奈川県ホームページ。
(https://www.pref.kanagawa.jp/docs/bs5/sdgs/sdgsforum2019yokohama.html)

に指定された自治体は，SDGsに関する行政計画を策定し，より積極的に進めている。参考までに，**図表2**は各自治体の「SDGs未来都市」の施策項目の一覧表である。各自治体の行政計画は，おおよその内容は類似している。

SDGs未来都市は，政府の強い後押しがあり進められている。一方で，地方自治体が独自に展開する動きも活発化しつつある。その一つが方針の策定である（名称は「方針」に限らず，「指針」や「戦略」など様々ある）。

川崎市は「川崎市持続可能な開発目標（SDGs）推進方針」を策定した。同方針によると，川崎市が進めるSDGsの基本目標は，「安心のふるさとづくり」と「力強い産業都市づくり」の2点に力点を置いている。同方針は，「目標達成に向けて市民，企業，団体が主体的に行動するために，市が率先しなければならない」と明記している。そのためには，市職員へのSDGsに関する研修を実施した後，同市の様々な事業にSDGsの理念を反映させていくとしている。さらには対外的に，SDGsの情報発信や普及啓発に取り組むと明記している(12)。

SDGsに関連する指針等を策定しているのは，「富田林版SDGs取組方針」「静岡市SDGs実施指針」「品川区SDGs実施指針」など枚挙に暇がない。

また，自治体同士が連携して「「SDGs日本モデル」宣言」を実施するという動きもある。2019年1月30日に神奈川県が主催し，「SDGs全国フォーラム2019」が開催された（共催は横浜市と鎌倉市）。同フォーラムにおいて，93自治体の賛同のもと，「SDGs日本モデル」宣言が発表された（**図表3**）。

図表3の「「SDGs日本モデル」宣言」は，地方自治体が人口減少や超高齢化などの社会的課題の解決と，持続可能な地域づくりに向けて，政府や企業，団体，学校・研究機関，住民などと連携して，地方からSDGsを推進し地方創生を目指すという狙いがある[13]。

今日，地方自治体は事業や政策と様々なレベルでSDGsを進めている。政府の後押しが一要因にあると推察されるが，自発的に取り組んでいる事例も多い。本章において何度か言及しているが，SDGsは全世界共通の取組みであり，地方自治体も無視できない。その意味では，今後，ますます地方自治体においてSDGsは強く推進されていくだろう。

次節では，現時点において持続可能なまちを達成した事例として戸田市を取り上げる。同市は定住人口を大きく増加させてきた。しかし，本章で言及する戸田市の取組みに違和感を持つ読者も多いだろう。その意味では，読者への問題提起という意味もある。

4. 戸田市の競争と共感を基調とした「住み続けられるまちづくりを」[14]

戸田市は2008年からシティプロモーションに取り組んでいる。シティプロモーションは，定住人口を拡大させる一要因となっている。戸田市は，シティプロモーションを活用することにより，地方創生という言葉が流行る以前から，定住人口の維持，増加に取り組んできた。この10年間で多くの善の効果を創出してきた。

戸田市は，SDGsの目標10である「住み続けられるまちづくりを」実現してきた。同市の取組みのポイントは，「競争」と「共感」である。前者の競争は「シティプロモーション」であり，後者の共感は「シビックプライド」に通じる。

4.1　戸田市の概要

戸田市には，前回（1964年）の東京オリンピックでボート競技の会場となった「戸田ボートコース」がある。東京2020オリンピック・パラリンピック競技大会のボート競技会場の代替地として一時話題となった「彩湖」も戸田市にあり，「ボートのまち」として広く知られている。また，近年，「子育て・教育のまち」として徐々に先見的な取組みが広まりつつあるまちでもある。

しかし，このような紹介をしても，ボート関係者や首都圏に住んでいる人以外には，あまり戸田市のことが認知されていないのが現実ではないだろうか。実際，株式会社ブランド総合研究所が実施した「地域ブランド調査2016」によると，認知度は第500位となっている（母数は1,000団体）。そこで，まずは簡単に，戸田市の認知度向上を意識し，まちの概要について紹介したい。

戸田市は，埼玉県の南東部に位置し，荒川の自然に恵まれ，江戸時代には中山道の「戸田の渡し」が設置されるなど，交通の要衝として栄えてきたまちである。また，各種国際大会や国民体育大会のボート競技会場となる「戸田ボートコース」や，年間100万人以上が訪れる「彩湖・道満グリーンパーク」などを有する，水と緑豊かなオアシス都市である。

東京に隣接した地理的条件は言うまでもなく魅力の一つであり，18.17㎢の狭い市域の中をJR埼京線が通り，新宿駅まで約20分で到着することができる。そのため，1985年のJR埼京線開通以降人口増加が続き，当時7万6,000人程度だった人口は現在13万7,000人を超え，今もなお増加が続く「地の利」と「人の利」に恵まれた，将来にわたって持続可能なポテンシャルの高いまちである。

4.2　「競争」を基本としたシティプロモーション

戸田市のシティプロモーション[15]は，定住人口の獲得を意図して進めてきた。同市は人口減少に伴う自治体間競争の到来に早い時点で気づき，様々な政策を展開してきた。象徴的な取組みは，2010年度に策定した「戸田市シティセールス戦略」の存在である。実は同戦略を策定する2年前から，戸田市はシティセールスに関する研究を戸田市政策研究所[16]において開始している。当時は，戸田市のような人口10万人強の自治体では，シティプロモーションの動きは見られなかった。その意味で，他自治体に先駆けてシティプロモーションに取り組んできたと言える。

同戦略は，シティプロモーションを行う最終目的として，「人や企業を呼び込み，引き留めること」と明記している。政策目標を「あれもこれも」ではなく，「あれかこれか」に限定している。前者の「呼び込み」は競争の側面が大きい。後者の「引き留める」は共感の色合いが強い。当時の同戦略の力点は前者の競争に置かれていたと考えられる。特に「子育て」という看板を前面に掲げ，積極的な政策を展開してきた（後に「子育て・教育」となる）。当時は子育てを訴える自治体は少ない現状があった。すなわち，住民の持つ潜在的なニーズを，他の自治体に先駆けて把握したと言える。

同戦略の一つの特長は，シティプロモーションを実施する対象地域を「板橋区，北区と設定」と明言している。ターゲット地域を明確に設定している。そして積極的にシティプロモーションを実施してきた。その結果，現時点において，戸田市は定住人口の獲得を前提とした自治体間競争において勝ち残ってきた。

また，戸田市はターゲット層も明確にして，効果的な情報発信を追求している。シティプロモーションでは，ターゲットを絞ることによって高い効果が期待できる。そこで，ターゲットへの効果的な情報発信として，インターネットによる効果的な情報の発信を進めている。インターネットでは，検索情報から利用者の属性や居住地域，嗜好などをある程度特定することができる。

戸田市では，このようなインターネットの特徴を利用して，ターゲットに対して戸田市の転入促進ページへの誘導策を導入している。現在は，どの層が興味・関心を示すかを把握する意図もあるため試験的に対象を広げているが，「20代から40代」で「東京都内・近隣自治体」に住んでおり，引っ越しなどの「不動産関連カテゴリー」を検索している人に対して，広告の表示を行っている（**写真1**）。

戸田市のシティプロモーションの結果を確認すると，人口増加数では全国第15位であり，人口増加率では全国第7位となっている（2015年国勢調査）。

写真１　戸田市のインターネット広告（スマホ版）

（出所）　戸田市政策研究所。

もちろん，同市は地理的条件に恵まれている優位性もある。しかし，東京都心の新宿駅等を起点として，同じ距離，同じ通勤時間の自治体の中で，戸田市は圧倒的に人口が増加している（新宿駅等を起点として，戸田市と同じ距離，同じ通勤時間の自治体の中には，人口を減少させている事例も多い）。すなわち，定住人口の増加という結果は，戸田市のシティプロモーションの活動が少なからず貢献していると指摘できる。この事実は，SDGsの目標10の「住み続けられるまちづくりを」の達成と言える。

一般論として，今日，人口の増加を達成した自治体の多くは，新しい路線の開発や新駅の設置などのハード的な要因が強い。しかし，戸田市は新しい路線も新駅もない状態で人口の増加を実現してきた。この事実からも，シティプロモーションの影響が大きいと推察される。近年では，戸田市のシティプロモーションは新しいステージに入りつつある。それが市民の共感を誘発するシティプロモーションである。

4.3 「共感」を基本としたシティプロモーション

戸田市のシティプロモーションを振り返ると，かつては定住人口の獲得であった。しかし近年は市民の共感へと舵を切っている。2016年度に「戸田市シティセールス戦略改訂版」を策定している（以下，「改訂版」という）。改訂版は，引き続き定住人口の獲得は進めていくものの，「インナープロモーションの更なる強化」を強く掲げている。

改訂版におけるインナープロモーションとは，「自治体内部の職員に対するシティセールスの浸透だけでなく，市民や事業者などの市内関係者にまちの魅力を訴え，結果として市民の誇り，愛着心の向上につなげていく活動」と定義している。

もちろん改訂版により，いきなり競争から共感に進んだわけではない。前戦略においても共感の要素は少なからず存在していた。そして改訂版の数年前から，戸田市は少しずつ競争から共感のシティセールスに内容を本格的に変えつつある。そして2014年には，共感に向けた取組みを具体的に開始している。それは同年12月に開発されたスマートフォンアプリケーション「tocoぷり」の存在である。

「tocoぷり」は，戸田市が一方的に開発したアプリケーションではない。

写真2　共感を誘発する「tocoぷり」

（出所）　戸田市政策研究所。

市民や市民活動団体等の意見を把握しながら進めてきた。具体的には，「戸田市スマートフォン用アプリケーション検討市民会議」を設立し，アプリケーションの導入に向けて開発段階から市民との議論を行っている。

なお2013年に，戸田市政策研究所は「スマートフォン等を活用した新たな市民参加に向けた研究」をまとめている。その成果が「tocoぷり」である。同調査研究は，公益財団法人日本都市センターの第5回都市調査研究グランプリ（CR-1グランプリ）においてグランプリを受賞している。

アプリケーション名の「toco」の意味は，「“to” da “co” mmunity」である。地域の情報共有だけでなく，市民同士の心をつなぐツールとしての役割がある。「tocoぷり」には，「交流」「広聴」「広報」の大きく3つの機能が

図表4　街を評価する5つの要素（シビックプライド指標）

共感

1位　戸田市（埼玉県）
2位　武蔵野市（東京）
3位　横浜市都筑区（神奈川県）

誇り

1位 鎌倉市(神奈川)
2位 武蔵野市(東京)
3位 藤沢市(神奈川)
4位 戸田市（埼玉）

愛着

1位 武蔵野市(東京)
2位 渋谷区(東京)
3位 習志野市(千葉)
21位 戸田市（埼玉）

住み続けたい

1位 港区(東京)
2位 鎌倉市(神奈川)
3位 渋谷区(東京)
15位 戸田市（埼玉）

人に勧めたい

1位 武蔵野市(東京)
2位 横浜市都筑区(神奈川)
3位 北区(東京)
4位 戸田市（埼玉）

【調査名】　都市生活者の居住エリアによる特性分析を可能にするCANVASS-ACR調査。
【調査機関】　株式会社読売広告社　2016年10月26日発表。

搭載されている。アプリケーションに投稿された情報によって地域の情報共有が進み，地域の課題が人とのつながりによって解決する仕組みづくりが構築されている。2019年6月末時点での「tocoぷり」ダウンロード数は10,310件となっている。当初は1年間のダウンロード数の目標を500件としていた。そのためダウンロード数は想定以上のペースで伸びている。

現在，戸田市はシティセールスを活用することにより，市民の共感を誘発しようとしている。**写真2**は「tocoぷり」である。注目してほしいのは，「いいね」ボタンが「共感」ボタンとなっている点である（右の写真の左下に位置している）。これは戸田市の特長である。

戸田市の共感を目指したシティプロモーションは，客観的な評価を得ている。戸田市は「共感」という評価において第1位となっている（第2位は武蔵野市（東京都），第3位は横浜市都筑区（神奈川県）となっている）。

同評価は，株式会社読売広告社が実施した「都市生活者の居住エリアによる特性分析を可能にするCANVASS-ACR調査」による（2016年10月26日発表）。同調査は，東京50㎞圏に住む男女に対して，「街」「住まい」に関する意識の把握を目的として実施された。街を評価する5つの要素「愛着」「共感」「誇り」「住み続けたい（居住意向）」「人に勧めたい（他者推奨）」について，ランキングしている。なお，同調査は5つの要素をシビックプライド指標としている。

図表5　戸田市における人口流出率の推移

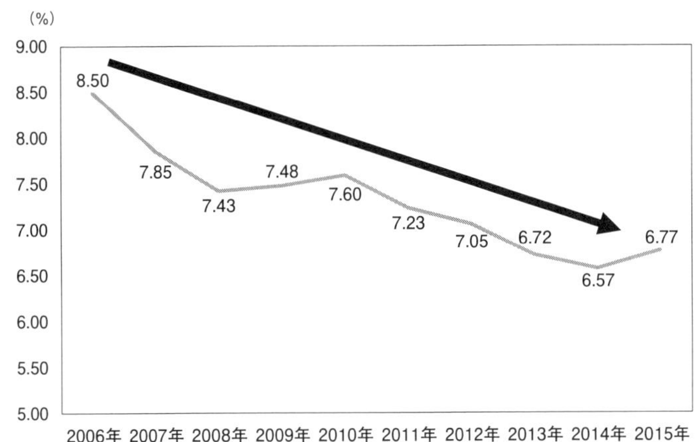

(注)　住民基本台帳を活用し，1月1日を基準に「転出等／総人口」により算出している。
(出所)　筆者作成。

シビックプライドの定義は，「都市に対する市民の誇り」である。日本の「郷土愛」といった言葉と似ているが，単に地域に対する愛着を示すだけではない。郷土愛とは「生まれ故郷に対する愛情」という意味がある。郷土愛は「生まれ故郷」に限定されるが，シビックプライドはそうではない。生まれ故郷でなくても，住んでいる都市に対する市民が誇りを持てば，それはシビックプライドである。シビックプライドの「シビック（市民の／都市の）」には，権利と義務を持って活動する主体としての市民性という意味がある。つまり，シビックプライドは「自分自身が関わって地域を良くしていこうとする，当事者意識に基づく自負心」が内包されている(17)。

戸田市は「共感」が第1位となっているが，さらに，「誇り」と「人に勧めたい」はともに第4位という結果である（**図表4**）。戸田市のインナープロモーションを中心としたシティセールスも，成果が出始めていると指摘できる。また対外的評価に限らず，戸田市の人口流出率も低下している。**図表5**は戸田市における人口流出率の推移である。シティプロモーションを開始する前後から継続的に低下してきた様子が理解できる（近年，やや上昇しているのは，待機児童の問題があるからと思われる）。

戸田市は，様々な事実（評価やデータ）から，住み続けたいと考える市民が増加していることが理解できる。その背景には，戸田市に対する共感や誇りといった意識（シビックプライド）が市民の間で浸透していると推測できる。

4.4　地域の持続可能性を担保する一視点

戸田市はシティプロモーションとシビックプライドを進めることにより，SDGsで掲げている「住み続けられるまちづくりを」を達成しようとしている。これらの取組みは戸田市単独で実施しているわけではない。実は，戸田市は様々な外部主体と連携して進めている。すなわち「公民連携」である。

戸田市は株式会社ベネッセコーポレーションと教育の基礎的分野も含めて総合的に共同研究を進めるとの内容で協定を締結している。戸田市はベネッセコーポレーションに限らず，株式会社読売広告社など，多くの主体と協力・連携して戸田づくりを進めている。ベネッセコーポレーションとの連携は，戸田市の教育力を向上し，自治体間競争を勝ち抜く原動力となった。

また，戸田市は株式会社読売広告社と「戸田市と株式会社読売広告社の共同研究に関する協定書」を締結し，共同研究を実施している。同研究は，読売広告社が保有するシビックプライドに関する知見と，戸田市が保有する市民アンケートデータほか各種調査データをかけあわせて，「シビックプライド向上がもたらす効果」や「シビックプライド向上の手段・方法」の分析を実施している。読売広告社との連携による成果は，市民が戸田市に共感を持つ土壌となっている。

持続可能性を担保するためには，地方自治体は様々な外部主体との連携を進めていく必要がある。筆者は，自治体間「競争」は自治体間「共創」にも結び付くという持論がある。共創は，「自治体が地域住民や民間企業，NPO，大学等の自治体外と『共』に活動して，イノベーションの『創』出につなげること」と定義できる。自治体間共創の行きつくところは，新しい価値観の提示である。公民連携は，自治体にイノベーションを起こす土壌となる。

競争は「competition」である。共創は「cocreation」と英訳されることが多い。注目したいのは，競争にも共創にも「co」という言葉が入っていることである。この「co」は「共に」という意味である。communication（交流），collaboration（協働）にもcoが入っている。

つまり，競争には「共に」という理念が組み込まれていると捉えてもいいだろう。しばしば，自治体間競争を完全否定する人がいる。確かに否定する意図はわかるが，競争の根底には「共に」という思想があるならば，闇雲に否定する必要はないだろう。

公民連携は競争に勝ち抜く地方自治体をつくり，共創によりイノベーションを創出していくと考える。その意味で，筆者は公民連携に可能性を感じている。なお，イノベーション（新結合）は，経済学者であるシュンペーターの言葉である。同氏はイノベーションこそ資本主義の本質と説いている。新結合による変化が経済を発展させると述べている(18)。地方自治体を新しい次元に進化・深化していくために，公民連携はますます求められてくるだろう(19)。

本節では，持続可能なまちを実現した戸田市の事例を紹介した。次節では，本書で取り上げている7自治体に限定し，SDGsに関する具体的な取組みを簡単に紹介する。これらの事例は現在進行形で進んでいるケースが多い。その意味で，読者に対するSDGsを考える素材の提供という意味がある。

5．地方自治体のSDGs政策の実際

本書では，7自治体のSDGsの活動を詳述している。本節では，それら7自治体のSDGsに関する事例を簡単に言及する。本節を読み，関心の持った地方自治体から，各事例に当たっていただきたい。

5.1　北上市

北上市（岩手県）はSDGsの理念を市政に反映させている。SDGsの一つのキーワードである「持続可能性」は，同市が進めている「あじさい都市の実現」と目的が同じである。持続可能性もあじさい都市の実現も，まちづくりの主役となる住民，事業者，NPO等の民間団体との「協働」が根底にな

くては達成できない。北上市のSDGsは協働を基本としていると言えるだろう。

北上市は，1991年4月に北上市，和賀町，江釣子村の3市町村が合併して誕生した。人口9万2,456人(2019年10月末日現在)の自治体である。同市は，少子高齢化，人口減少時代においても地域コミュニティがそれぞれの特色を活かしながら連携し，共生する持続可能なまちとして「あじさい都市」と提唱している。その実現のために，「拠点戦略」「ネットワーク戦略」「まち育て戦略」の3つの戦略を軸に各政策を進めている。

北上市の主力産業は「ものづくり」である。県内でもいち早く独自に工業団地の造成を進め，先端技術産業をはじめ多種多様な産業が集積した工業都市である。企業誘致をはじめとする工業振興の成果は，同市の人口増加にも寄与し，企業誘致による「しごと」の創出が「ひと」を集め，法人市民税等の税収の増加を原資とした社会資本の整備，教育福祉の充実が住みやすい「まち」を生み，「ひと」の定着に繋がるという，まさに地方創生の好循環を生み出している。同市に関わる多様な主体が，北上市をより素晴らしいものにして次世代へ繋いでいくという意識が持続可能な地方創生につながっていく。

北上市のまちづくりの根底には，「景観10年，風景100年，風土1,000年」という言葉が根付いている。まちづくりも景観や風景，風土と同じように長い年月をかけて築かれ引き継がれていく。北上市が進める「あじさい都市」は「持続可能性」のかたちでもある。そして，この考えはSDGsを体現したものである。

5.2　日光市

日光市（栃木県）は，2006年3月20日に，2市2町1村が合併し誕生した。国際観光文化都市「日光」として国内外から多くの観光客が訪れている。一方で，他自治体と同様に少子高齢化と人口減少が著しく，地域経済が縮小している。

合併後の課題であった「一体感の醸成」「各地域の均衡ある振興・発展」を念頭に住民ニーズに対応し，多方面から行政サービスを展開してきた。しかし，扶助費等の経費増大や国の財政支援策の終了など，財政状況は厳しさを増している。その視点から，持続可能なまちづくりを進める点では危機的状況に陥りつつある。そのため，日光市だけで政策を展開していくことは難しくなっている。

日光市の最高規範である「日光市まちづくり基本条例」には，「市民，市議会及び市は，共有，参画及び協働のもとに，相互理解及び信頼による市民自治の振興を図らなければならない。」（第3条）と規定している。日光市，住民，NPO法人等が情報と資源を共有し，協働（パートナーシップ）の視点で活動を行っている。そこで同市が進めるSDGsも，北上市と同じように協働をキーワードに展開している。

先行する取組みとしては，「1　貧困をなくそう」「3　すべての人に健康と福祉を」「15　陸の豊かさを守ろう」がある。目標1はNPO法人等が連携して，貧困の連鎖を断ち切る取組みを進めている。目標3は，地域の医療機関が連携して，すべての人に健康と福祉を展開している。目標15は地域住民を核に連携して，陸の豊かさを守る「シモツケコウホネ保全活動」がある。これらの3事例は，日光市においてSDGsを象徴する事業である。すべての事業は協働を基本に社会課題の解決を目指している。

現在，日光市は，「強く，優しく，人が輝く日光」を市政の柱に掲げて政策を推進している。今後も協働を基本としてSDGsを実施していくことで，「人が輝く日光」の創造を目指している。

5.3　加賀市

加賀市（石川県）は，県の西南部に位置する人口6万7,000人の地方都市である。2013年10月に宮元陸市長が就任し，積極的に政策を展開してきた。加賀市もSDGsを基本にすえて事業を実施している。それが子育て支援策の拡充，小・中学校のプログラミング教育による人材育成のほか，政府や他の自治体に先駆けた公民連携によるイノベーションの推進である。これらにより「挑戦可能性都市」の実現を目指している。

たとえば，「4　質の高い教育をみんなに」は，「コンピュータクラブハウス加賀」の取組みが当てはまる。2019年5月に加賀市に「コンピュータクラブハウス加賀」が開設された。同運営は，加賀市とプログラミング教育で連携している特定非営利活動法人「みんなのコード」が行っている。なお開設にあたっては，クラウドファンディング型のふるさと納税制度を活用し資金集めを行った。

コンピュータクラブハウス加賀という空間では，知識や技術を教え込むのではなく，コンピュータなどを自由に使える環境をつくっている。そこで子どもたちが，技術を身に付けるだけでなく，クラブハウスの活動を通じて，自分の考えを表現することの楽しさや自分に対する自己肯定感の高まりを感じることができるような場所を目指している。

「7　エネルギーをみんなにそしてクリーンに」は，「加賀市版RE100」が該当する。加賀市では，エネルギーも食物も全てを循環させる脱炭素社会へと転換すべきという意思がある。2018年11月に「世界首長誓約／日本」[20]に署名し，地域内経済循環を目指した「加賀市版RE100」を開始した。

具体的には自治体新電力を進めている。電力需要の確保は加賀市が行い，新電力事業は，加賀市の出資団体である加賀市総合サービス㈱が行っている。また，市内各業界団体と連携し，「加賀市版RE100」を推進するために，「加賀市版RE100推進協議会」を設立した。同協議会で再生可能エネルギーへの投資や，再生可能エネルギーを利用した新たなビジネスの可能性を探っている。市内の公民連携を図り，市全体の活性化を目指している。

最後に，「11　住み続けられるまちづくりを」を紹介する。それは「加賀市版MaaS」が好事例である。MaaSは「Mobility as a Service」の略称である。移動手段を物的所有物としてではなく，一つのサービスとする考え方である。同市は多核分散都市であり，高齢化，若者の人口流出が著しい。多核分散ならではの拠点間が遠いなどの理由により輸送に不効率性が生じ，公共交通機関の不便さの一因となっている。そこで，2019年7月にMONET Technologies株式会社と連携協定を締結し，「誰もが安全で快適に生活できるまちづくりを推進すること」を目的として事業展開している。

5.4　多摩市

多摩市（東京都）は，市内の6割を多摩ニュータウン地域が占める，多摩丘陵の豊かな緑と快適な暮らしを支える都市機能が調和した都市である。少子化や高齢化，団地の老朽化等，様々な課題を抱えているが，現在，高齢者から子供まで，誰もが幸せを実感できる「健幸都市」（スマートウェルネスシティ）を目指して持続可能なまちづくりを推進している。

学校教育では，子供たちに未来を切り拓く生きる力を育むために，「2050年の大人づくり」をスローガンにESD（Education for Sustainable Development：持続可能な開発のための教育）を推進している。市内全校がESDの推進拠点であるユネスコスクールに加盟し，身近にある環境や地域を学びのステージとして，子供たちが「親しむ，知る，考える，創る」活動を展開している。

こうした子供たちのESDを通じた学びを地域づくりにつないでいくためには，「ESDコンソーシアム」や実践発表の場である「多摩市子どもみらい会議」を実施している。同会議は，子供も大人もみんなでESDの意義や価値を共有し，互いに関わり，つながりながら，より地域の課題に結び付いた主体的な学びに発展させることを趣旨としている。

具体的には，学校林をみんなが親しめる森にするために調べることによって，多摩市の自然の豊かさを「発見する」。また，エレベータのない団地の課題を捉え，高齢者宅を訪問してごみ出しのボランティアをすることによって地域住民と「つながる」。さらに，地元の商店街の課題に対し，物産展や足湯などの解決策を企画・実行することによって地域を「創る」。これらの子供たちの主体的な学びが，子供も大人もみんなでつくる「みんなが笑顔　いのちにぎわうまち　多摩」へとつながっている。

多摩市では今後，子供たちに「持続可能な社会の担い手」として必要な資質・能力を育成すべく，小中連携したESDやSDGsを踏まえたESDなどを推進し，子供たちの学びを持続可能なまちづくりにつなげている。

5.5　相模原市

相模原市（神奈川県）の本村市長は「日本一のSDGs都市を目指す」と述べている。同市においても，人口減少社会の到来や少子高齢化の進行が見込まれている。地域課題を解決し，持続可能性を担保していくためには，SDGsの達成に取り組むことが必要である。

相模原市もSDGsの17の目標に関連した取組みを推進している。たとえば，貧困対策（目標1）に関しては，子どもの居場所づくりに向けた事業を進めている。同市では「子どもの居場所創設サポート事業」として，団体が活動しやすい環境づくりを展開している。子どもの居場所セミナーの開催やマップの作成などを実施しており，新たな子どもの居場所の設置が進んでいる。

教育の充実（目標4）は，学習支援員の配置，補修，出前講座などを実施している。少しずつ着実に学習内容の確実な理解につながっている。特に相模原市は，子どもたちの基礎的，基本的な学力の定着が課題となっている。そのため小中学校における学力保障推進事業を推進している。

環境対策（目標7）は，地球温暖化対策として温室効果ガスの排出削減を進めている。相模原市は，再生可能エネルギーの利用促進に向けた独自の奨励金制度や，条例に基づき省エネルギー活動を促進するための中小規模事業者への支援など，多方面から対策を継続的に進めている。

産業政策（目標9）としては，ロボットによる新産業の創出と中小企業の育成・支援を展開している。相模原市は製造業が集積している特性がある。この特性を生かし，ロボットの導入支援を推進している。プラットフォームとしての「ロボットビジネス協議会」や，中小企業への導入支援を行う「ロボット導入支援センター」の設置により，ロボットビジネスへの参入を促進している。

最後に目標11の「住み続けられるまちづくりを」は，中山間地域対策が該当する。相模原市の中でも津久井地域には中山間地域があり，地域コミュニティの維持や活性化が課題となっている。そこで地域住民や団体と連携した「里山体験ツアー」や「移住体験ツアー」など，関係人口と交流人口の創出や移住の促進に取り組んでいる。現在，参加者が増えるなど好評である。

SDGsの達成のためには，相模原市だけではなく，住民，企業，大学，団体など，様々な主体間の協力と連携をより積極的に図ることが必要である。それらを進めるために全市一体となったSDGsの達成に取り組む体制づくりを進めている。

5.6　豊中市

豊中市（大阪府）は，SDGsを活用することで，将来像として掲げる「みらい創造都市とよなか　明日がもっと楽しみなまち」の実現に取り組んでいる。同市が抱える様々な課題を乗り越え，市の強みである教育と文化に対する住民の高い関心や，良好な住環境，優れた交通利便性，活発・多様な市民活動といった特性を発展させている。

豊中市全体で子どもたちを育み，その子どもたちが愛着と誇りをもってまちを創っていく姿が将来像の礎になる。これを実現するために，豊中市をはじめ，住民や地域の各種団体，事業者である企業やNPO，大学などの多様な主体による協働が求められる。各主体の協働が創意工夫し，新たな課題や長期的視点に立った改革に果敢に取り組む創造性あふれるまちづくりを進めている。

豊中市の住民がまちの変化を体験し，住民の幸せを日々の暮らしのなかで感じとりながら「明日がもっと楽しみなまち」と思えるようになる市の将来像に込めている。この考え方はSDGsの理念と，17の目標と方向性が一致する。そこで豊中市のSDGsは，17の目標と第4次総合計画前期基本計画の政策を関連づけ展開している。特に17の目標と基本計画との関連表を作成し，政策の評価を通じてSDGsの進捗状況を確認している。さらに，基本計画のリーディングプロジェクトとSDGsを絡めて事業を展開している。

同市は地方創生SDGs官民連携プラットフォーム(21)への参加などを通じて，多様な関係者に向けて，市がSDGsに積極的に取り組んでいることをアピールしている。豊中市をはじめ社会的な課題解決に向け住民，事業者と協働して解決できることを目標としている。豊中市のSDGsは「できることからはじめてみよう」を合言葉に活動の輪を広げ，持続可能なまちづくりを進めている。

5.7　西条市

西条市（愛媛県）は，2019年度に策定する「第2期西条市総合計画後期基本計画」から，まちづくりにSDGsの理念を盛り込む。同市において，今までSDGs推進という基本姿勢は明確化していなかった。しかし，「経済」「社会」「環境」の各側面から持続可能を担保するまちづくりに取り組んできた。

たとえば「経済」の側面からは，公民連携体制のもと，持続可能な産業基盤の確立に向けた取組みを展開してきた（目標8）。1999年に設立した第三セクターの産業支援機関「株式会社西条産業情報支援センター」を中心に，内発型産業の創出によって持続可能な産業基盤を確立する方向に政策転換した。

次に，「社会」の側面からは，中四国地域の都市として初めて開設した自治体シンクタンク「西条市自治政策研究所」を中心に，地区別将来推計人口を基本とした未来予想を行っている（目標11)。今後，全国的にバックキャスティングによる政策形成の動きが拡大していくことが見込まれる中，西条市の取組みが持続可能な地域社会を目指す一つの手段として注目されている。

そして「環境」の側面からは，海抜ゼロメートルの海岸部から約20㎞の直線距離に標高1,982 mの石鎚山山頂までの間に凝縮された豊かな自然環境を保全することに重点を置き，2015年11月に「生物多様性西条市地域連携保全活動計画」を策定している（目標14と15)。同計画では，石鎚山系から平野部・海岸部に至るまでのエリア全域を「水域ネットワーク」と設定し，住民が西条市の自然環境を知る機会を増やしている。そのことで今後の保全活動に繋いでいくという活動である。

また，住民の生命ともいうべき地下水を保全していく必要に迫られている。これまで実施してきたデータ分析や啓発活動を基礎として，今後はさらに具体的な保全に向けた取組みを展開する。

以上が本書で事例として取り上げている7自治体のSDGs政策の概要である。7自治体の事例を読み進めると，読者はきっと「自治体の取組みそのものがSDGsと言える」ことに気が付くだろう。なお，**図表6**は7自治体が対象とするSDGsのゴール等である。

SDGsは自治体にとって新しいことではない。そのことを認識することが自治体のSDGs政策を進める大きな一歩となるだろう。

6. おわりに

本章の締めくくりにあたり，最後に，筆者が考える地方自治体が着実に持続可能性を進めるための視点を言及する。

6.1　自治体のすべての事業がSDGs

地方創生は自治体職員に浸透しつつあるが，SDGsの認知度が完全に浸透していない状況がある。それでは，「持続可能性」が担保されない。

図表6　各自治体におけるSDGsの取組み状況

17の目標	北上市	日光市	加賀市	多摩市	相模原市	豊中市	西条市
	○					○	○
1		○			○		
2							
3		○					
4			○	○	○		○
5							
6							
7			○		○		
8	○						○
9					○		
10							
11			○	○	○		
12							
13							
14							○
15		○					
16							
17							

（出所）　筆者作成。

図表7　SDGs17の目標に関連する既存条例

SDGsの17の目標	条例名	関係条文
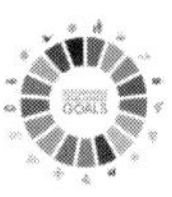	持続可能な開発目標(SDGs)を桐生市のまちづくりに生かす条例	(目的) 第1条　この条例は，国際社会の共通目標であるＳＤＧｓの理念を踏まえ，市民，関係自治体，民間企業，ＮＰＯ等の広範で多様な主体及び関係者並びに市が，相互に連携し，パートナーシップを構築し，本市及び地域社会を取り巻く諸課題を統合的かつ横断的に解決することにより，持続可能なまちづくりを目指すことを目的とする。
	下川町における持続可能な開発目標推進条例	(目的) 第1条　この条例は，下川町における持続可能な開発目標（以下「SDGs」という。）の達成に向け，推進体制を整備し，「2030年における下川町のありたい姿」の具現化を図り，誰ひとり取り残されず，しなやかに強く，幸せに暮らせる持続可能な地域社会を実現することを目的とする。
 1	西東京市子ども条例	(子どもの貧困の防止) 第10条　市は，育ち学ぶ施設の関係者，市民，事業者等と連携・協働して，子どもが安心して過ごし，学び，健やかに育つために，子どもの貧困問題に総合的に取り組むよう努めなければなりません。
	高松市子ども・子育て条例	(子どもの貧困対策) 第14条　市は，子どもの将来がその生まれ育った環境によって左右されることのないよう，貧困の状況にある子どもが健やかに育成される環境を整備するとともに，教育の機会均等を図るため，子どもの貧困対策の推進に取り組むものとする。
 2	鶴田町朝ごはん条例	(目的) 第1条　この条例は，鶴の里健康長寿の町宣言に基づき，米文化の継承を通して正しい食習慣の普及と健康増進を図るため，鶴田町における朝ごはん運動についての基本方針を定め，併せて町長，町民，関係機関及び関係団体等の責務を明らかにすることにより，総合的かつ計画的に運動を推進し，もって，21世紀の健康長寿目標を達成することを目的とする。
	長岡市食育基本条例	(目的) 第1条　この条例は，食育に関し，基本理念を定め，市の責務及び地域社会との協働のあり方等を明らかにするとともに，食育の推進に関する施策の基本事項を定めることにより，市民一人ひとりが食を楽しく学び，日常生活に生かすことによって健全な心身を培い，豊かな人間性を育むことができるよう，食育の推進に関する施策を総合的かつ計画的に推進し，生涯健康で文化的な生活の実現に寄与することを目的とする。
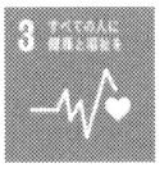 3	和歌山市みんなでとりくむ生き活き健康づくり条例	(目的) 第1条　この条例は，健康づくりに関し，基本理念を定め，市民，市長及び議会の責務並びに市民活動団体等及び事業者の役割を明らかにするとともに，健康づくりの推進について基本的な事項を定めることにより，全ての市民が健やかに生活することができる地域社会を実現することを目的とする。
	大和市歩く健康づくり推進条例	(目的) 第1条　この条例は，前文に掲げた精神にのっとり，歩く健康づくりの推進に関する基本理念を定め，市の責務並びに市民及び団体等の役割とともに，基本理念を実現するための基本的な事項を定めることにより，歩く健康づくりに関する施策の総合的な推進を図り，もって市民一人ひとりの生涯にわたる健康の保持増進に寄与することを目的とする。
 4	釧路市の子どもたちに基礎学力の習得を保障するための教育の推進に関する条例	(目的) 第1条　この条例は，釧路市の子どもたちに基礎学力の習得を保障するための教育の推進について，その基本理念を定めるとともに，市長，教育委員会，小学校及び中学校，議会，保護者並びに地域の団体等の責務及び役割を明らかにすることにより，基礎学力の習得の保障に関する施策を総合的かつ計画的に推進し，もって釧路市の子どもたちに国家及び社会の形成者として必要な資質を備えるために不可欠な基礎学力を身に付けさせることを目的とする。
	羽村市生涯学習基本条例	(目的) 第1条　この条例は，羽村市における生涯学習に関する基本的な理念並びに市，市民及び団体等の役割を明らかにするとともに，生涯学習施策を総合的かつ計画的に推進し，もって生涯学習社会の実現を目指すことを目的とする。
 5	宝達志水町男女共同参画推進条例	(性別による権利侵害の禁止) 第4条　何人も，家庭，地域，職場，学校その他社会のあらゆる分野において，ジェンダー，セクシュアル・ハラスメント，ドメスティック・バイオレンスその他これらに類する行為により男女の人権を損なうことのないようにしなければならない。
	会津若松市男女共同参画推進条例	(教育の場における男女共同参画の推進) 第14条　市は，学校教育をはじめとするあらゆる分野の教育の場において，男女共同参画に対する理解を深めるため，ジェンダーにとらわれない，人権に基づいた男女平等の意識づくりなど必要な措置を講ずるよう努めるものとする。
 6	ふるさと香川の水環境をみんなで守り育てる条例	(清らかで安全な水の確保) 第8条　県は，清らかで安全な水の確保を図るため，法第2条第9項に規定する生活排水が瀬戸内海，河川等の公共用水域の水質に多大な影響を及ぼすことにかんがみ，法第14条の5第1項に規定する生活排水対策に関する県民の理解を深めるための措置その他必要な措置を講ずるものとする。
	三鷹市公衆トイレ条例	(目的) 第1条　この条例は，三鷹市が設置する公衆トイレに関し必要な事項を定めるものとする。
 7	鎌倉市省エネルギーの推進及び再生可能エネルギー導入の促進に関する条例	(目的) 第1条　この条例は，省エネルギーの推進及び再生可能エネルギー導入の促進について，市，市民及び事業者の責務を明らかにし，施策の基本となる事項を定め，環境保全に貢献するとともに市民の快適な生活の安定に寄与することを目的とします。
	中之条町再生可能エネルギー推進条例	(目的) 第1条　この条例は，地域資源である再生可能エネルギーの活用を通じて，地域経済の活性化につながる取組を推進し，循環型社会のまちづくり及び地域社会の持続的な発展に寄与することを目的とする。
 8	南房総市企業誘致及び雇用促進に関する条例	(目的) 第1条　この条例は，市内において事業所等を新設し，又は増設する事業者に対して必要な奨励措置を講ずることにより，本市の経済の振興と雇用の促進を図ることを目的とする。
	八尾市中小企業地域経済振興基本条例	(中小企業者等の努力) 第6条　中小企業者及び中小企業団体は，事業活動を行うに当たっては，経営基盤の強化，人材の育成及び雇用環境の充実を図り，従業員が生きがいと働きがいを得ることができる職場づくりに自主的な努力を払うものとし，また，地域社会を構成する一員として，地域貢献に積極的に取り組むとともに，環境との調和に十分配慮するものとする。

9	枚方市産業振興基本条例	(事業者等の役割) 第5条　事業者は，地域の発展及び安全の確保，環境との調和等に向けた地域貢献活動により市民生活の向上に配慮するとともに，自らの創意工夫により，経営基盤の安定及び強化を図り，経営革新，技術革新等の推進，雇用の確保，人材の育成及び福利厚生の充実に努めるものとする。
	福岡市グリーンアジア国際戦略総合特区の推進に関する条例	(目的) 第1条　この条例は，世界の環境課題対応先進国として我が国が培ってきた，都市環境インフラ関連産業や技術をパッケージ化してアジアの諸都市に提供するとともに，グリーンイノベーションの新たな創造を更に推し進め，アジアの活力を取り込み，アジアから世界に向けて展開し，アジアとともに成長することを目指して，本市における特定国際戦略事業の円滑かつ迅速な実施を支援するための措置を講じることにより，グリーンアジア国際戦略総合特区の推進を図り，もって本市の経済社会の活力の向上及び持続的発展に寄与することを目的とする。
10	中野市におけるあらゆる差別撤廃及び人権擁護に関する条例	(目的) 第1条　この条例は，すべての国民に基本的人権の享有を保障し，法の下の平等を定める日本国憲法の理念にのっとり，部落差別等あらゆる差別をなくし，人権の擁護を図り，もって市民一人ひとりの人権が尊重され，差別のない明るい中野市の実現を図ることを目的とする。
	塩尻市差別をなくし人権を擁護する条例	(目的) 第1条　この条例は，すべての国民の基本的人権の享有及び法の下の平等を保障する日本国憲法の理念と人権尊重都市宣言の精神にのっとり，部落差別をはじめとするあらゆる差別をなくし，市民の人権の擁護を図り，もってだれにも親しまれ愛される塩尻市の実現に寄与することを目的とする。
11	武蔵野市まちづくり条例	(目的) 第1条　この条例は，武蔵野市のまちづくりにあたっての基本的な考え方，都市計画等の決定等における市民参加の手続，開発事業等に係る手続及び基準等を定めることにより，市民等，開発等事業者及び市が協力し，かつ，持続可能な都市を目指して計画的にまちづくりを進め，もって，快適で豊かな都市環境を形成することを目的とする。
	下川町快適住まいづくり促進条例	(目的) 第1条　この条例は，快適に暮らすための住まいづくりを促進し，定住化及び地域材の利用促進を図り，もって低炭素社会の構築並びに地域経済の活性化を図ることを目的とする。
12	藤沢市地産地消の推進に関する条例	(目的) 第1条　この条例は，地産地消の推進に関する基本理念を定め，市，生産者，消費者及び事業者の役割を明らかにし，安全で安心な農水産物等の安定した生産及び供給並びに食育との連携を図ることにより，本市の特色ある農水産業の持続的な発展及び健康的で豊かな市民生活の実現に資することを目的とする。
	福島市民の消費生活を守る条例	(循環型消費生活の形成等) 第7条　市，事業者及び消費者は，協働して廃棄物の抑制，再利用及び再資源化を促進することにより，持続可能な循環型消費生活の形成に努めるものとする。
13	戸田市地球温暖化対策条例	(目的) 第1条　この条例は，戸田市環境基本条例に定める基本理念にのっとり，地球温暖化対策に関し，市民等及び市の責務を明らかにするとともに，温室効果ガスの排出量の削減の目標その他必要な事項を定めることにより，地球温暖化対策の総合的かつ計画的な推進を図り，もって現在及び将来の市民等の健全な生活を確保するとともに持続可能な社会を実現することを目的とする。
	徳島県脱炭素社会の実現に向けた気候変動対策推進条例	(基本的事項) 第52条　県は，地勢，産業，人口の年齢別構成等の地域の特性を踏まえ，気候変動の影響に係る被害の最小化及び回避並びに気候変動の影響の効果的な活用の両面から気候変動への適応に関する施策を推進するものとする。
14	岩手県ふるさとの森と川と海の保全及び創造に関する条例	(目的) 第1条　この条例は，岩手県環境の保全及び創造に関する基本条例第3条に定める基本理念にのっとり，ふるさとの森と川と海の保全及び創造に関する施策を総合的かつ計画的に推進することにより，環境保全上健全な水循環の確保に寄与し，もって現在及び将来の県民の健康で快適な生活の確保に資することを目的とする。
	やまぐちの美しい里山・海づくり条例	(目的) 第1条　この条例は，美しく快適な山口県づくりについて，基本理念を定め，特に環境の美化の推進に関し必要な事項を定めることにより，県，市町，事業者，県民等及び関係団体が一体となって美しく快適な山口県づくりを推進し，もって現在及び将来の県民の健康で文化的な生活の確保に寄与することを目的とする。
15	あかしの生態系を守る条例	(目的) 第1条　この条例は，指定外来種の防除等の措置を講じることにより，あかしの生態系を守り，もって明石市における生物の多様性の保全及び農林水産業の健全な発展を図ることを目的とする。
	和歌山県外来生物による生態系等に係る被害の防止に関する条例	(目的) 第1条　この条例は，県による外来生物の防除等の措置を講ずることにより，外来生物による生態系等に係る被害を防止し，もって生物の多様性の確保，人の生命及び身体の保護並びに農林水産業の健全な発展に寄与することを通じて，県民生活の安定向上に資することを目的とする。
16	三鷹市における平和施策の推進に関する条例	(目的) 第1条　この条例は，平和及び平和に生きる権利を求める市民の意思をもとに，平和に関する事業の推進とその財源の確保について定め，もって世界に開かれた人権・平和の都市づくりの推進を図ることを目的とする。
	西原町平和条例	(目的) 第1条　この条例は，第2次世界大戦における唯一，悲惨な核被爆と地上戦の体験を踏まえ，この歴史的事実を教訓として恒久平和を希求する町民の意思に基づき，西原町の平和行政に係る基本原則を定めるとともに平和に関する事業を推進し，もって町民の平和で豊かな生活の維持向上に資することを目的とする。
17	大野城市コミュニティ条例	(目的) 第1条　この条例は，パートナーシップによるまちづくりの推進に関する基本理念を定め，市の責務及び市民の役割を明らかにするとともに，コミュニティ活動の促進に関する基本となる事項を定めることにより，市民の主体的なまちづくりへの参画及び共働の促進を図り，もって市民が心豊かに生活できる活力に満ちた地域社会の実現に資することを目的とする。
	渋谷区男女平等及び多様性を尊重する社会を推進する条例	(目的) 第1条　この条例は，男女平等と多様性を尊重する社会の推進に関して，基本理念を定め，区，区民及び事業者の責務を明らかにするとともに，区の施策の基本的事項を定めることにより，その施策を総合的かつ計画的に推進し，もって多様な個人を尊重し合う社会の実現を図ることを目的とする。

（出所）　筆者作成。

内閣府は，自治体職員を対象にSDGsの取組み状況を調査した。その結果，自治体職員におけるSDGsの認知度は66％であった。また，勤務する自治体が関連施策を進めていると答えたのは30％にとどまっている[22]。自治体職員は，自らが実施している事業がSDGsに貢献する事業だと気付いていないケースも多くみられている。ポイントは「自らが実施している事業がSDGsであるのに，そのことに気が付いていない」ことだと思う。

筆者は，自治体職員が担当する日常の事業がSDGsと考えている（自治体の政策そのものがSDGsである）。たとえば，宇治市（京都府）は，「宇治市子どもの貧困対策推進計画」がある。これは目標の「1　貧困をなくそう」に該当する。また，「宇治市子ども・子育て支援事業計画」は「3　すべての人に健康と福祉を」になるだろう。「宇治市教育振興基本計画」は「4　質の高い教育をみんなに」になるし，「宇治市産業戦略」は「8　働きがいも経済成長も」に当てはまる。そして，「宇治市地方版総合戦略」は「11　住み続けられるまちづくりを」になるだろう[23]。

このように，自治体が現在進めている政策（施策・事業）のすべてはSDGsである。まずは自治体職員が，自らが担当している日常事業がSDGsであるということを認識する必要があるだろう。繰り返すが，既に自治体の政策はSDGsそのものである。参考として**図表7**を作成した。**図表7**はSDGsの17の目標に関連して，既存の条例との関係性を記している。ほぼすべての目標に既存の条例が当てはまる[24]。

筆者が地方自治体の現場に行くと，職員の中には，「新しくSDGsを始めなくてはいけない」という思考が少なからずあるように思う。確かに「SDGs」という言葉は近年登場したため，新しい概念のように感じる。しかし，SDGsの内容はずっと地方自治体が取り組んできた取組みそのものである。よく考えると，何ら新しい概念ではない。このことを認識することが大事である。

6.2　公民連携の土台として活用

繰り返しになるが，SDGsは地方自治体にとって新しい取組みではない。SDGsが掲げる17の目標は，よく確認すると自治体にとって新しいことは何もない。たとえば，現在，多くの自治体が定住人口の増加に取り組んでいる。それは「11　住み続けられるまちづくりを」になる。また，自治体の教育行政そのものは「4　質の高い教育をみんなに」になる。自治体は子どもの貧困対策に取り組んでいる。これは「1　貧困をなくそう」に該当する。

地方自治体は「SDGsは新しい概念だから」と身構えるのではなく，「既に実施してきたこと」と認識する必要があるだろう。なお，首長等が「SDGsはじめます」と宣言すると，多くの自治体職員は「また仕事が増える」と思い嫌悪感を持つ。正直，職員にとってはSDGsなんてどうでもいいことだと思う。そこで，「既に実施している事業そのものがSDGs」と認識させることが重要だろう。そうすることで，職員にSDGsマインドが浸透していくことになる（既に職員はSDGsマインドを持っているため「気づかせる」と言った方が正しい）。

筆者は，「SDGsは公民連携を進める上でとても有効」と考えている。その理由を述べたい。公「民」連携の中でも，特に民間企業は利潤最大化が前提で経営活動をしている（短期的には利潤を考えなくても，それが中長期的に続くと倒産してしまう）。利潤最大化という考えは，ときに民間企業を暴走させることにつながる。また民間企業は，ある意味，いい加減なものであり，参入した公的市場から突然撤退したりもする。すなわち，民間企業が公民連携を名目に公的部門に参入することは，地方自治体にとっては多くのリスクがある。

公的部門で活動する民間企業の暴走や急激な撤退により，公的部門弱体化や消失する可能性もある。そのような背景を地方自治体は少なからず感じているため，公民連携が爆発的に進まないのだと思う。

ところが，民間企業がSDGsを意識することにより，公的部門での暴走を抑え，急激な撤退を防ぐ一要素となる。すなわち，SDGsは民間企業の活動に箍を嵌めるという役割を果たす。また，地方自治体にとっては民間企業の暴走等を予防するセーフティネットの意味を持つ。その結果，公的部門の中で，地方自治体と民間企業が共存していくことが可能となる。その意味で，筆者はSDGsを地方自治体よりも，民間企業に対して活用することに価値を見出している。

地方自治体は民間企業に対してSDGsを浸透させることにより，民間企業に公的マインドを醸成することが可能となる。そうすることにより，公民連携はより軌道に乗っていくと考える。

6.3　地方自治体における地方創生とSDGsの可能性

地方自治体が取り組む地方創生も，SDGsが掲げる17の目標も，既存の政策と親和性が高い。そこで地方自治体は積極的に推進していくとよいと思う。

いきなりだが，地方自治体の法的根拠を確認しておきたい。回答は地方自治法である。もちろん地方自治法の上位には日本国憲法があり，第8章が地方自治となっている。憲法第92条は，「地方公共団体の組織及び運営に関する事項は，地方自治の本旨に基いて，法律でこれを定める。」とある。同条文の第92条は地方自治法と解されている。

地方自治法第1条には，「この法律は，地方自治の本旨に基いて，地方公共団体の区分並びに地方公共団体の組織及び運営に関する事項の大綱を定め，併せて国と地方公共団体との間の基本的関係を確立することにより，地方公共団体における民主的にして能率的な行政の確保を図るとともに，地方公共団体の健全な発達を保障することを目的とする。」と記されている。同条文の中には，重要なキーワードがいくつかある。しかし，第1条は「この法律は」が主語になっていることから，地方自治法の趣旨を明記した内容となっている。

第1条の次に明記されている地方自治法第1条の2を読み進める。そこには，「地方公共団体は，住民の福祉の増進を図ることを基本として，地域における行政を自主的かつ総合的に実施する役割を広く担うものとする。」と明記されている。同条文に「住民の福祉の増進を図ることを基本」とあり，地方自治体の目指す方向を示している。

筆者の私見であるが，「住民の福祉の増進」を図ることは，SDGsが掲げる「誰一人として取り残さない」と同じ含意があると考えている。また，地方自治体が真摯に「住民の福祉の増進」を図っていくことが，住民が自治体を選ぶ要素となっている。これは地方創生の実現にもつながっていく。

地方自治体が地方創生やSDGsに取り組むことは，結果として，自治体自らの価値に気が付くことになる。それは「住民の福祉の増進」を基調とした地域づくりと言えるだろう。その意味では，地方創生やSDGsに積極的に取り組んでいくことは，地方自治体に光を当てることになると考える(25)。

(1) 地方創生が2020年3月で第1期（5年間）が終了する。2019年12月に，政府は2020年度から2024年度の第2期の取組みを示した「まち・ひと・しごと創生総合戦略」を策定した。政府の動きを受けて，地方自治体も地方版総合戦略の第2期版を策定する動きが加速化している。

(2) 日本の地方創生に倣い，台湾は2019年を「地方創生元年」と定め，少子高齢化への対応，都市と地方の不均衡の是正などに取り組んでいる。

(3) SDGsは「誰一人として取り残さない」を理念としている。この理念は国連を主な舞台として国際社会で共通している。日本は無視することはできないし，日本だけで通用する目標や基準でもない。日本も国際社会に歩調をあわせ，積極的に推進している。そのため地方自治体も，SDGsを政策（施策や事業を含む）に関連していかざるを得ない状況にある。

(4) 本章の2.は，次の論考を大幅に加筆・削除等の修正している。
牧瀬稔（2019）「地方自治体における政策研究の視点と自治体行政の展望」彩の国さいたま人づくり広域連合『政策情報誌 Think-ing』第20号。

(5) ただし，これから10年も経過すれば，時代の背景も大きく変わり，国民の意識も変化する。その結果，明確に縮小都市を掲げる自治体も多く登場してくるだろう。しかし現時点では，国民の意識は，まだ拡大都市路線である。自治体が縮小都市を選択するのは，時期尚早のような気がする。筆者の感覚では，国民は「人口減少を受け入れることは頭では理解しているけれど，心情的に納得できない」という状況と思われる。

(6) 自治体間競争が開始される前に，全自治体が同じ条件のもとにスタートしていれば公平であり，問題はないだろう。同じ条件とは，人口規模が同じ，職員数が同じ，財政規模も同じなどである。しかし，実際は政令市と町村のように，既に大きな格差がある状態のまま自治体間競争が開始されている。ここに大きな問題がある。政令市のように体力のある市はますます強くなり，町村のように体力が弱いと，まともに戦うことができない。その結果，自治体間格差はますます広がる傾向にある。本来，この格差を埋めるのが国（や都道府県）の一つの役割である。しかし，その役割が果たされていない実態がある。

(7) 自治体間競争が良いか悪いかは読者の価値判断である。筆者が講演等において自治体間競争を言及すると，自治体職員を中心に批判がある。たとえば「公正・公平が原則であるため，自治体の本質を見間違えている」や，「全自治体がWin-Winの関係を目指していくべきである」などである。もっともな見解であり，これらの発言を筆者は否定しない。しかし現実的には，そんな悠長なことは言っていられない。現在進められている地方創生には，「競争」の思想が内包されている。実質的には競争が進められている中で，「自治体がみんなで仲良くやっていきましょう」という呑気なことを言っている自治体が現実的には負けていく。そうは言っても，現在の地方創生は限界に近付きつつある。数年後には，国は拡大都市の地方創生から縮小都市の地方創生への政策転換が起こると筆者は考えている。

(8)　SDGs総研とは，学校法人先端教育機構の付属研究機関である。詳細は次のURLを参照されたい（2019年12月15日アクセス）。

https://www.sentankyo.ac.jp/news/2019/11/01/2105/

同調査の結果は，2019年11月1日に発表している（1,788自治体を対象に行い485自治体から回答を得ている）。

(9)　朝日新聞社は，SDGsの認知度に関してアンケート調査を実施している。東京都，神奈川県に住む3,000人を対象に調査を実施し，「SDGsという言葉を聞いたことがあるか」という質問に「ある」と答えた人は27%となっている（2019年調査）。

一方で，日経リサーチも同様の調査を行っている。2019年6月に日経リサーチは，20歳以上の男女1,000人を対象に「SDGsに関する調査」を実施した。SDGsについて知っているかを聞いたところ，認知度は37%であった。回答者をビジネスパーソンに絞ると44%に上昇し，株式投資者のみでは50%に達する。しかし，現時点においては，SDGsは一般に浸透しているとは言えない。

(10)　株式会社ブランド総合研究所は，「地域版SDGs調査」を実施している。SDGs総研が自治体（首長）を対象にアンケート調査を行っているのに対し，ブランド総合研究所は住民を対象に実施している。「地域版SDGs調査」は，住民が感じている「悩み」「社会の課題」について全100項目と，「幸福度」や「定住意欲度」，「満足度」などからなる調査を都道府県の住民を各350人，計約16,000人の回答を集めて実施している。そして都道府県別に数値化してランキング形式で発表している。

(11)　政府は，2018年から2020年までの間に，SDGs未来都市として最大30自治体を選定するとしている。さらに，その中から特に先導的なSDGs未来都市については，「自治体SDGsモデル事業」として選定する。選定されたモデル事業には最大4,000万円（定額補助2,000万円，2分の1の定率補助2,000万円）の補助金を交付するとしている。

(12)　川崎市は，2019年2月に「川崎市持続可能な開発目標（SDGs）推進方針」を策定した。その後，2019年9月に，政府の「SDGs未来都市」に選定されている。

(13)　詳細は次のURLを参照されたい（2019年12月15日アクセス）。

https://www.pref.kanagawa.jp/docs/bs5/sdgs/sdgsforum2019yokohama.html

(14)　4.は，次の論考を大幅に加筆・削除等の修正している。

牧瀬稔（2018）「地方自治体におけるシティプロモーションの現状と展望」関東学院大学法学部『関東学院法学』。

(15)　戸田市のシティプロモーションの定義は，「まちの魅力を市内外にアピールし，人や企業に関心を持ってもらうことで，誘致や定着を図り，将来にわたるまちの活力を得ることにつなげる活動」である（「戸田市シティセールス戦略」)。シティプロモーションには多くの定義がある。筆者はシティプロモーションを,「都市・地域の売り込み」と考えている。この「都市・地域」には，読者の自治体名などが入る。戸田市の場合は「戸田市の売り込み」となるし，東大和市は「東大和市の売り込み」となる。

(16)「戸田市政策研究所」は自治体シンクタンクと称される。自治体シンクタンクは,「地方自治体の政策創出において徹底的な調査・研究を行い，当該問題を解決するための提言を行うために組織された機関（団体)」と定義できる。戸田市政策研究所は政策秘書室内に設置された一係である。春日部市（埼玉県）も自治体シンクタンク「かすかべ未来研究所」がある。同研究所は総合政策部の中に課として設置されている。また新宿区には,「新宿区自治創造研究所」という自治体シンクタンクがあり，同研究所は部という位置づけである。これら以外にも，上越市（新潟県）や草津市（滋賀県）などにも設置されている。自治体シンクタンクを設置しているのは規模の大きな自治体だけではない。4万人弱の三芳町（埼玉県）においても「三芳町政策研究所」が設置されている。

(17) 詳細は次の文献を参照していただきたい。

伊藤香織他監修・読売広告社都市生活研究局著（2008)『シビックプライド―都市のコミュニケーションをデザインする』宣伝会議。

(18) シュンペーターは，イノベーションを次の5パターンにわけている。それは，①新しい商品・サービスの創出，②新しい生産方法の開発，③新しい市場の開拓，④原材料の新しい供給源の獲得，⑤新しい組織の実現，である。すべてを満たすのではなく，それぞれがイノベーションになる。新結合というと重たいが,「ちょっとした工夫」程度でよいと思う。

(19) 本節で紹介した戸田市の事例は，定住人口の維持（増加）を目指した「住み続けられるまちづくりを」である。一方で，定住人口の減少を前提とした「住み続けられるまちづくりを」もあるだろう。定住人口の減少とした「住み続けられるまちづくりを」を選択した場合は，戸田市の事例は活用できない。定住人口の減少を基本とした「住み続けられるまちづくりを」の場合は，次の文献を参照していただきたい。

牧瀬稔（2019)「岐路に立たされる自治体のコンパクトシティへの期待」山口幹幸編著『コンパクトシティを問う』プログレス。

(20) 欧州連合（EU）が2008年から進めてきた「首長誓約」は，EUの温室効果ガス排出削減目標以上の削減を目指す自治体首長がその旨を誓約し，行動計画を策定することに取り組んでいる。これまでに9,000を超える自治体が参加している。2018年に「世界首長誓約／日本」が立ち上がった。2019年11月末現在，21の首長・自治体が「世界首長誓約／日本」に誓約している。

(21) 政府が設置したプラットフォームである。地方自治体におけるSDGsの達成に向けた取組みを図るため,「環境未来都市」構想推進協議会を発展的に改組し,「地方創生SDGs官民連携プラットフォーム」が発足している。

(22) 官庁速報配信記事「SDGs，認知度は66％＝制度創設へ自治体職員調査―内閣府」(2019年12月10日)。SDGsに関連する具体的な事業としては，「コンパクトシティ」「エコ住宅への補助」「子ども食堂」などが挙がっている。

2017年に内閣府は「SDGsに関する全国アンケート調査　地方創生に向けたSDGsを活かしたまちづくり」を行っている（対象は合計1,797自治体。回答数684自治体（回答率：38.1％))。同調査の結果は，SDGsの認知度は約46％（314団体）であり，SDGsの関心度は約36％（244団体）となっている。また，SDGsの取組み状況は約35％（242団体）が取組みを推進・検討しているという結果であった。

(23) 宇治市を事例に出したのは，深い意味はない。先日，筆者は同市に行き「地方創生とSDGs」というテーマで講演したからである。

(24) 徳島県の「徳島県消費者市民社会の構築に関する条例」もSDGsの文脈で注目を集めている（2018年10月24日制定)。同条例は議員提案により実現した。通称「エシカル消費条例」と言われている。エシカル消費に関する全国初の条例である。

エシカル（ethical）は「倫理的」や「道徳的」と言われる。そこから転じて，生活者が環境や社会に配慮した製品やサービスを選んで消費することを意味している。徳島県条例の第2条第2項に定義がある。エシカル消費とは，「地域の活性化，雇用なども含む，人，社会及び環境に配慮した思いやりのある消費行動」を記している。

なお，徳島県は，議員提案政策条例が活発である。ここ数年でも，徳島県読書活動の推進に関する条例（2017年3月21日制定)，徳島県家庭教育支援条例（2016年3月18日制定)，徳島県消防防災人材の育成の推進に関する条例（2015年3月16日制定)，徳島県青少年によるインターネットの適切な利用の推進に関する条例（2015年3月16日制定）など多くの条例が議員提案により制定されている。

(25) 場合によりSDGsを条例化してもよいだろう。事例は少ないが，SDGsの条例がある。それは下川町（北海道）である。条例名は「下川町における持続可能な開発目標推進条例」である（2018年6月22日制定)。同条例の各規定を確認すると，SDGsパートナーシップセンター（第3条)，SDGs推進町民会議（第4条)，SDGs評議委員会（第5条)，推進本部（第6条）となっている。

また，桐生市（群馬県）は，「持続可能な開発目標（SDGs）を桐生市のまちづくりに生かす条例」を議員提案により実現している（2019年3月19日制定)。桐生市条例は，「国際社会の共通日標であるSDGsの理念を踏まえ，市民，関係自治体，民間企業，NPO等の広範で多様な主体及び関係者並びに市が，相互に連携し，パートナーシップを構築し，本市及び地域社会を取り巻く諸課題を統合的かつ横断的に解決することにより，持続可能なまちづくりを目指す」(第1条）ことが目的である。このように政策の内容を明確にし，議会の議決を経て地方自治体の意思とするために，SDGsの条例を用意してもよいだろう。

持続可能な地域創生
～あじさい都市の実現を目指して～

北上市近未来政策研究所
(北上市 企画部 政策企画課)

1　はじめに～北上市の紹介

北上市は，1991年4月に北上市，和賀町，江釣子村の3市町村が合併して誕生した，面積437.55㎢，人口9万2,456人(2019年10月末日現在)の都市である。

岩手県のほぼ中央，北上盆地の中ほどに位置し，中央部には平野が広がり，東部は北上高地の丘陵地，西部は奥羽山脈の山々が連なる。平野部の東端を南流する北上川と市の中央部を東流する和賀川が合流し肥沃な田園地帯を潤す，水と緑が調和したまちである。

2011年3月に策定した北上市総合計画においては，将来の都市像を「豊かな自然と先端技術が調和した魅力あふれるまち」とし，自ら創造し，いきいきと支えあい，笑顔咲きほこるまちをめざしてまちづくりに取り組んでいる。

仙台藩と盛岡藩の境にあった本市は，南北を走る奥州街道，東西を走る平和街道の宿場町，北上川舟運の拠点として栄え，多くの人々の行き交う交通の要衝として栄えてきた歴史がある。現在では，市内をJR東北本線，国道4号が南北に貫き，JR北上線，国道107号が東西に走っている。さらに東北新幹線（1982年開業），東北縦貫自動車道（1977年開通）や東北横断自動車道釜石秋田線（2019年全線開通）など高速交通体系が整備され，首都圏と2時間30分，日本海とは1時間30分で結ばれるなど「北東北の十字路」と呼ばれている。

その地域特性を生かし，古くから工業振興をまちの基幹施策に据え，北上川流域テクノポリス圏域の中核都市として北上市単独で8つの工業団地を整備し，また，企業の本社や研究所など産業業務機能を集積するための団地として，北上産業業務団地（オフィスアルカディア・北上）を整備した。工業振興の基盤を整え企業誘致を進めてきた結果，今日では半導体，自動車，金属加工，食品製造等の多種多様な企業が立地する産業集積都市として域内外から多くの人が行き交う活気ある都市として全国的にも注目を集めている。

このような企業誘致・工業振興を基軸としたまちづくりは，多くの雇用の場の創出と働き手やその家族の転入促進や転出抑制につながり，教育・福祉環境の充実や社会資本の整備にも力を入れてきた結果，東洋経済新報社が毎年発表している「都市の住みよさランキング」において，2009年から9期連続岩手県内1位となるなど，あらゆる年代の人々が暮らしやすいまちとして，市内外から一定の評価を得ている。

2　北上市のまちづくりとSDGsの関係

国においては，2016年5月に持続可能な開発目標（SDGs）推進本部会議を設置し，その実施指針に掲げるビジョンにおいて，17の目標を達成することにより，「持続可能で強靭，そして誰一人取り残さない，経済，社会，環境の総合的向上が実現された未来性の先駆者を目指す」としている。

また，地方自治体におけるSDGsの達成に向けた取組みは，人口減少・少子高齢化時代における地方創生の実現と同義であると意味付けしている。よって，我々地方自治体においては，17の目標を各地域の実情に応じてブレイクダウンし，経済，社会，環境の総合的な向上により未来に渡って持続可能なまちをつくることが必要である。

この地方創生の取組みに焦点を当てれば，本市においては早くからSDGsの達成に向けた取組みを進めてきたといっても過言ではなく，持続可能なまちを形成するという考えは，地方創生やSDGsが提唱される以前から本市のまちづくりの根幹をなしている。それを一言で表せば，「あじさい都市の実現」である。

本市の人口は市制施行以来増加基調にあったが，2008年のリーマンショック以降，全国的な人口減少も背景にその増加基調は停滞し，減少に転じた年も発生している。近年は大手半導体企業の立地により持ち直しつつあるものの，「北上市まち・ひと・しごと創生人口ビジョン」における2060年の将来推計人口では，2015年と比較し，約3万人の減少を見込んでいる。

本市のまちづくりは，このような人口減少・少子高齢化の進展を見据え，市役所がまちづくりを主導する「自治体運営」から，誰もが今住んでいる場所にこれからも住み続けられるまちの実現を目指した「市民自治」のまちづくりへ転換し，その仕組みづくりに取り組んできた。

2001年には，総合計画に市内16の地域コミュニティ（地区公民館単位）がそれぞれの地域の将来あるべき姿を自ら取りまとめた「地域計画」を初めて盛り込んだ。

2011年には，その地域コミュニティがそれぞれの特色を活かしながら連携し，共生する持続可能な都市の理想像として「あじさい都市」を初めて提唱した。あじさい都市とは，都市を構成する地域コミュニティごとに歩いて移動できる範囲に生活を支える機能を集中させ，都市全体を支える核や他地域と連携・共生していく都市のあり方（多極集中連携都市）である。

また，まちづくりの推進体制として「協働」を位置づけ，岩手県内初となる協働推進条例の市民参画による制定，あじさい都市の実現を土地利用の観点から支える都市計画マスタープランの策定や既存ストック活用等財政の健全化に努める等あじさい都市の基礎づくりを進めてきた。

また，地方創生に関する「総合戦略」においても，出産・子育て支援，産業振興，公共交通の再構築，シティプロモーションの推進の4つの重点プロジェクトを軸に，人口減少時代においても持続可能なまちの実現を目指しているところである。

このように，SDGsの目標である持続可能な地域創生は，本市が進めているあじさい都市の実現とその目的を同じくするものであり，それはまちづくりの主役となる市民，企業，民間団体等との「協働」をキーワードに形作っていくこととしている。

3　SDGsの取組みの紹介

本市のSDGs（持続可能な地域創生）の取組みについて，関連する取組みは多々あろうかと思うが，筆者が書ける範囲で，まちづくり全般（関連目標11：持続可能な都市，関連目標17：実施手段）と工業振興（関連目標8：経済成長と雇用，関連目標9：インフラ，産業化，イノベーション）の2つを紹介したい。

まず，まちづくり全般については，前述のとおり，2011年4月の現北上市長の就任以来，本市のまちのあり方として「あじさい都市」を提唱している。ここでは，あじさい都市の実現に向けた3つの基本戦略についてその概要を説明する。

次に工業振興だが，本市は県内では最も早い時期から工業団地の造成・企業誘致を手掛け，現在では半導体や自動車のほか，パルプ，食品，医療など幅広い業種が立地する北東北随一の産

あじさい都市のイメージ

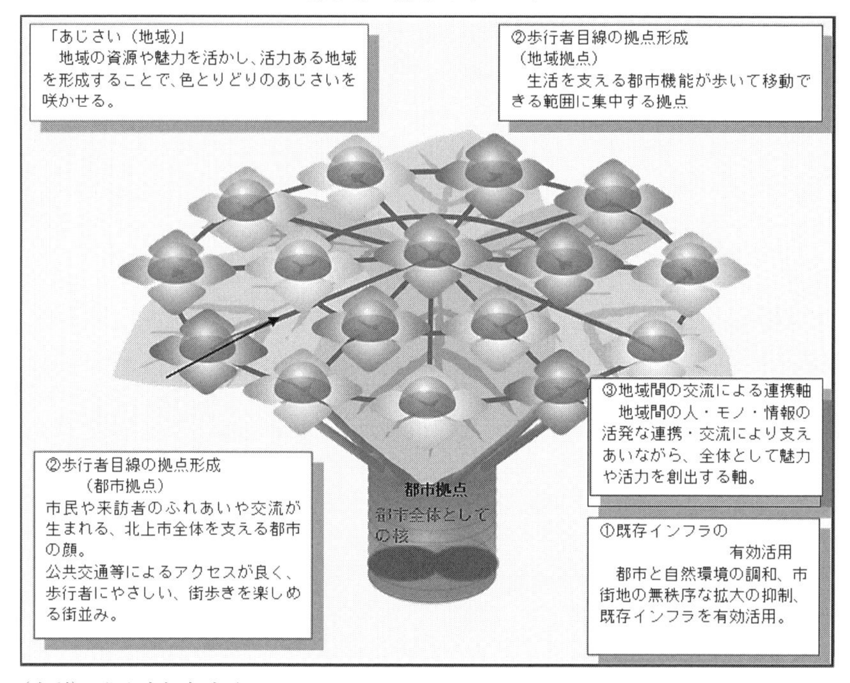

（出所）北上市都市計画マスタープラン。

業拠点として発展している。本市の強みである工業について，その興りと成長の歩みに触れてみたい。

(1)　あじさい都市の3つの基本戦略

「あじさい都市」とは，市内16地区の地域コミュニティが，独自の資源を活かしながら，活力ある地域拠点として自立し，商業施設や官公署が立地する都市拠点と相互に連携しながら，都市としての機能を保つ持続可能な都市の姿であり，各地域があじさいの花のように咲き誇る姿をイメージして命名したものである。

人口減少・少子高齢化，農地の減少や荒廃など地域を取り巻く環境の変化が，「人口が増える時代は終わった」，「このままでよいのか」，「将来のまちづくりはどうしたらよいのか」といった未来の北上市のあり方に危機感を生み，2008年に市民ワークショップ「元気な地域の「かたち」創造ワークショップ」が開催された。

そのワークショップの成果として，市内16の地域が独自の資源を活かし，

地域拠点と都市拠点

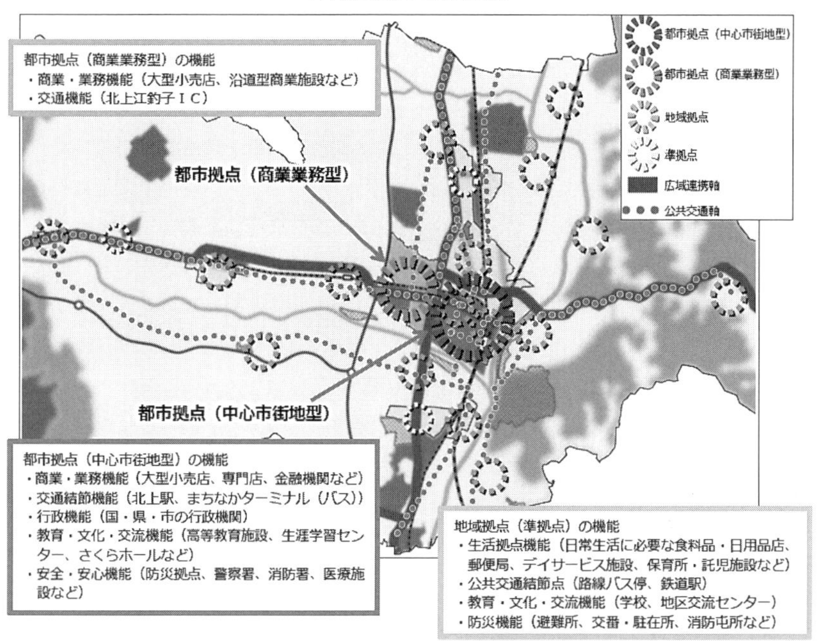

（出所） 北上市都市計画マスタープラン。

まちの中心・都市部がそれを支え，共生する人口減少時代の都市のイメージ「あじさい型集約都市」が市民グループから市に提示された。

総合計画や総合戦略に基づくまちづくりにおいては，このあじさい都市を実現させる「拠点戦略」，「ネットワーク戦略」，「まち育て戦略」という3つの基本戦略を軸に各種施策を推進している。

❶拠点戦略─地域拠点と都市拠点の形成

あじさい都市の拠点戦略を進めるうえで，まず，2016年の都市計画マスタープランの改定にあたり，市内16地区ごとの「地域別構想」を策定した。

この地域別構想とは，市民との協働により地域を育てる考え方を基本としながら，市全体の土地利用方針との整合性を前提とし，16地区ごとに歩いて用を足すことができ，公共交通がしっかりと位置付けられている地域拠点の設定や地域の特性に応じた土地利用の方針を定めたものである。

その中で，これまでの右肩上がりの

経済成長を受けた積極的な開発路線から既存インフラの有効活用へシフトするとともに，市内16の地区に「地域拠点」と，市の中心部等に「都市拠点」を設定した。

「地域拠点」は，歩いて移動できる範囲に食料品や日用品を購入できる店舗等生活を支える機能を集約するエリアとし，市の中心部や地域間を結ぶ交通結節点を形成する。

「都市拠点」は，市民や来訪者のふれあいや交流が生まれる，都市全体を支える核としての役割を担い，医療，商業，交通，官公庁，防災，高等教育，文化交流など多様な都市機能が集積するエリアとして，「中心市街地型」と「商業業務型」の２つを配置している。

各拠点は，概ね半径１㎞で歩いて暮らせる範囲を地形地物で区分して設定している。

このように，人口減少を前提に，各地域に日常生活圏を一体的に維持できるよう拠点を形成し，各拠点が連携することで，将来にわたっても地域住民が住み慣れた地域で暮らし続けられるようエリア分けした。

現在では，日用品の購入場所や病院・診療所等拠点内での生活機能をどの水準まで確保するのか（または維持するのか）が課題となっており，拠点の完成形を具体的なものとして地域住民と共有しながら，ソフト・ハードの両面から様々な施策を進めているところである。

❷ネットワーク戦略─公共交通網の再編と自転車を活用したまちづくり

前述のとおり，本市では地域拠点および都市機能の形成と地域連携による持続可能な都市を目指すこととしているが，そのためには拠点間を結ぶ公共交通の再構築が不可欠である。また，公共交通に与える人口減少・高齢化の影響は，田園や里山の地域で特に顕著である。地方圏において日常生活の移動は自動車が中心であるが，高齢化等の影響により自動車を運転することが困難になる人は，今後より一層増加すると見込まれる。

本市においても，通院や買い物など日々生活していくための「足」の確保や，高齢者の自動車運転中の事故防止など，地域で安心して暮らし続けるための生活交通の確保が急務となっている。さらに，多様な観光資源を活かした交流人口の増加に対応する観光二次交通の重要性が高まっている。

そのため，2017年に市民，交通事業者とともに市の公共交通の現状や課題を踏まえ，地域における公共交通を再構築するための「あじさい都市きたかみ公共交通網形成計画」を策定した。この計画では，地域拠点と都市拠点を結ぶ「拠点間交通」の構築など５

つの戦略を挙げ，幹線交通の再編やデマンド型乗合タクシー等を活用した拠点間交通の整備，地域ターミナルの設置など段階的に地域の公共交通体制を整備し，あじさい型公共交通網の早期完成を目指している。

また，地域拠点内での生活二次交通（自転車タクシー等）や交流人口の増加に対応する観光二次交通の手段として自転車の活用を市の方針として模索するなかで，2018 年 11 月に設立された「自転車を活用したまちづくりを推進する全国市区町村長の会」（会長は愛媛県今治市長）に市長が東北ブロック長として参加し，本市と奥州市，金ケ崎町，西和賀町の 2 市 2 町で構成する「日高見（ひだかみ）の国定住自立圏」の圏域自治体間による広域のスケールメリットを活かした連携も視野に，サイクルツーリズムによる観光振興やサイクルスポーツの振興による住民の健康増進の実施をはじめ，将来的にはサイクルトレインの導入や二次交通の活用による環境負荷の低減等公共の利益を追求する施策を展開していくこととしている。

❸まち育て戦略―高い自治力の発揮とシビックプライドの醸成

あじさい都市の「まち育て戦略」とは，市民や北上市に関係する人達が身近な地域資源を発見し，守り育て，発信することを通じて地域を豊かにする

親水公園「お滝さん」。かつて憩いの場であった「滝」を黒岩自治振興会が新たに公園として整備。地域資源を磨き上げ，育て，地域への愛着へと繋がる「まち育て」の一例と言える。

活動（まち育て）を意味する。シビックプライドとは，地域の「誇り」と捉えており，その誇りは，このまち育てを通じて醸成されるものと考えている。様々なまち育てを通じて醸成された市民の地域への誇りが，新たなまちの価値を創出する活動（まち育て活動への自主的・積極的な参画）を生み出し，北上市の魅力を高める力になっている。この活動の目指す先にあるのが，各地域の高い自治力の発揮，いわゆるコミュニティの自立と協働である。

本市は，2006 年 3 月に県内でいち早く「北上市まちづくり協働推進条例」を制定し，市民参加を基本とする協働によるまちづくりを宣言した。そして，2013 年 1 月には，市政への市民参加や協働の基本理念をまとめた「北上市自治基本条例」を施行した。

これに伴い同年4月には，「北上市まちづくり協働推進条例」を改正するとともに，地域づくりの担い手としての地域コミュニティ組織（自治組織）の在り方を定めた「北上市地域づくり組織条例」をそれぞれ制定・改正し，これらを北上市まちづくり関係条例，所謂「まちづくり3条例」と位置づけ，市民主体によりまちづくりを進めている。

また，2006年からは，市内16地区に自治協議会（地域づくり組織）を組織し，生涯学習・社会教育の拠点である地区公民館を地域づくり（地域自治）の拠点となる「交流センター」に移行し，自治協議会が指定管理者となり自ら交流センター職員を雇用し，交流センターを拠点に様々な自主事業を展開している。行政は当該協議会の運営には直接的には関与しておらず，まさに住民自治の姿を具現化している。

また，16地区の自治協議会が策定した地域計画を住民自らが主体的に実現していくため，市は2014年に自由度の高い「地域づくり総合交付金」を創設した。これまで地域に対して「ひも付き」の補助金が多かったため，地域から自分たちのまちづくりに自由に使える予算が欲しいという提案がなされ，個別の補助金を統合・一本化し，地域の自主事業に充てられるようにした。その使途は地域づくり活動といったソフト面だけでなく，ハード面の整備にも活用が可能である。また，新たに「みちづくり支援補助金」も創設し，地域に密着した生活道路の整備等を地域自らが取り組めるよう支援している。

このように，地域づくりを行政主導ではなく，地域が責任を持って「自ら考え，自ら行う」環境を整えることで，住民参画のもとに地域活動が活発化され，地域住民の創意と工夫によって生きいきと暮らすことのできる地域社会を支援している。

(2)　北上市の工業振興について

本市の主力産業は「ものづくり」である。県内でもいち早く独自に工業団地の造成を進め，北上川流域テクノポリス計画（後の高度技術産業集積計画）圏域の中核都市として，先端技術産業をはじめ多種多様な産業が集積した工業都市である。

本市は，企業誘致を地域の産業振興の「一丁目一番地」として推し進め成功したわけだが，これには歴史が育んだ北上市民の気質がその一因に挙げられるかもしれない。歴史的にも当地は古くから宿場町，河港として栄え，人や物資の集散を通じた文化交流の場でもあった。このような地域性から生まれた，ホスピタリティの醸成，受け入れ気質は企業誘致を展開するうえで大きなアドバンテージをもたらしたと考えられる。また，東北縦貫自動車道や東北新幹線の開通など高速交通機関の発達も追い風に，誘致企業は右肩上がりに増えていった。

この企業誘致をはじめとする工業振興の成果は，本市の人口増加にも寄与している。1991年の合併当時には8万3,000人余りだった人口は，2015年の国勢調査時には9万3,000人を超え，約1万人も増加した。企業誘致による「しごと」の創出が「ひと」を集め，法人市民税等税収の増加を原資とした社会資本の整備，教育福祉の充実が住みやすい「まち」を生み，「ひと」の定着に繋がるという，まさに地方創生の好循環を生み出してきた結果と言える。

❶黎明期―先人たちの知恵と決断力の発揮

本市は農業を基幹産業とする地域であったが，農家の長男が家督を継ぎ，（地方は仕事が無いため）次男，三男が首都圏に働きに出るなかで，人口流出による地域の衰退に危機感を感じ，昭和初期から地元で働く場の確保を目的とした工業振興に力を入れてきた。

若者の雇用の場を確保するためには産業の発展が不可欠であるが，そのなかでも働き手を多く必要とする「工業」にポイントを絞った。ゼロから工業を育成するには時間がかかるため，今後成長するであろう分野の工場を誘致すれば，産業と雇用が一気に生まれると考え，地域全体に工場（企業）誘致による地域振興への強い思いが醸成され工場誘致構想が誕生していった。

まず，工場で働くための人材を地元で育成するため，1939年に岩手県内2校目の工業高校として黒沢尻工業学校（現在の岩手県立黒沢尻工業高等学校）を誘致した。

当時，県から旧黒沢尻町（合併前の旧北上市の中心地）に出された建設の条件は，1万5,000坪の学校敷地と37万2,500円の建設費用を町が確保することであり，町はその条件を受け入れた。当時の町の年間歳出予算が20万円程度であったことから，この大胆な政策は，いかに当時の黒沢尻町が先見の明に優れ，工業高校の誘致に熱意を持っていたのかが窺い知れる。

1953年には，旧黒沢尻町と周辺8村が連携して企業誘致を行うために「工場誘致促進協議会」を結成し，その翌年には協議会を構成する1町8村のうち，1町6村が企業誘致のために合併し，旧北上市が誕生した（その後1991年に，旧和賀町と旧江釣子村が合併し，現在の北上市を形成している）。

企業誘致は昭和10年代から進められてきたこの地域の最大の政策というべきで，工業振興に力点を置くことは新市（旧北上市）誕生の理念でもあった。その後，企業誘致，工業振興が加速度的に進み北上市の礎を築いていった。

❷成長期─地域産業の中心的役割の確立

1961年には工業団地造成や企業誘致などを円滑に行うため岩手県内で初めて「北上市開発公社」を設立し，土地買収と並行して工場誘致も積極的に行った。さらに，東北縦貫自動車道および東北新幹線の開通を経て誘致企業も右肩上がりで増加し，現在では市内に8つの工業団地のほか，流通基地，産業業務団地を有し，約300社が立地する一大産業集積地となっている。

また，1964年の中規模内陸工業地区指定を皮切りに，1987年に北上川流域テクノポリス，1993年に北上中部地方拠点都市，2000年に高度技術産業集積地域とそれぞれ指定を受け，本市はその中心都市として工業振興の中枢を担ってきた。

今日では，市内の産業別従業員数や付加価値額等などで製造業が占める割合は全国・県よりも高く，「ものづくり」はまちの主要産業といえるまで成長した。

❸発展期─技術の高度化とイノベーションの推進

日本の高度経済成長は，国際競争力のあるものづくり産業が担ってきた。その中で，本市も企業誘致を中心とした積極的な工業振興策を展開してきた。しかしその一方で，1980年代後半からの潮流として，日本の製造業が人件費（労働コスト）の低減策として海外進出を始めた。バブル崩壊後の景気低迷，日本に押し寄せる産業の空洞化は，ものづくりを主力とする本市においても極めて憂慮すべき事態であった。

本市の工業は，ものづくりの過程を根底から支える金型やめっき等基盤技術関連企業の集積が特長であり，この集積が地域経済発展の原動力となってきたが，バブル崩壊に端を発した未曾有の不況や生産機能の海外移転等の影響により，地域産業の方向性に対し分岐点をもたらした。

これら社会情勢の変化を受け，1998年頃からは，企業の集積を生かした異業種連携，大学との共同研究などによる新製品・新技術の開発といった，これまでにない新たな価値を生み出す「技術の高度化と革新（イノベーション）」に主眼を置くことに舵を切った。その中心を担う拠点施設として，1999年に北上市基盤技術支援センターをオフィスアルカディア・北上（中小企業基盤整備機構による産業業務団地）内に整備した。

このセンターは，地域産業集積活性化法に基づく「北上川流域基盤的技術産業集積活性化計画」のプロジェクトの1つとして，地域企業の技術高度化や経営基盤の強化を支援するため，北上市，岩手県，民間企業等との共同出資により地域企業の業務支援や研究開発活動支援を行うことを目的として設立した株式会社北上オフィスプラザと合築整備した試験研究施設であり，企業の試験研究のほか大学との共同研究のコーディネート，専門家アドバイザーによる各種相談支援に取り組んでいる。

そのほかには，企業向けの研究工場棟の整備，岩手大学金型技術研究センターやいわてデジタルエンジニア育成センターなど岩手県，大学，民間企業等の各種支援機関を誘致・集結させ「北上イノベーションパーク」を形成し産学官連携を推し進めている。

また，2016年からは，工業だけではなく商業，農業など産業分野を超えた産学官金の連携を促進させる取組みを強化するため，前述の基盤技術支援センターを「北上市産業支援センター」に改め，6次産業化や販路開拓，また，これまでの企業誘致による多様な産業集積・連携を活かしたオープンイノベーションな取組みを拡大している。

近年では，AI・IoT等の技術革新，人口減少による産業構造や社会の変化を踏まえつつ，東北をリードする産業集積地域として，これから伸びていく

産業振興の拠点「北上イノベーションパーク」

新たな産業を誘致しつつ，AIの導入等による生産活動の省力化と付加価値向上を同時に狙った取組みを進める一方で，新たな産業政策を下支えし，付加価値を生み出す人材をいかに本市に引きつけるか，という人材確保の視点もキーワードと捉え施策を展開している。

4　まとめ～このまちを後世に受け継いでいくために

現在，あじさい都市の実現に向け，さらなる飛躍を遂げる段階に差し掛かっている。

第1段階では，まちづくり3条例の制定による地域自治力の向上やあじさい型の土地利用の方針をまとめた都市計画マスタープラン地域別構想の策定，定住化・地域産業振興等の地域計画への反映に取り組んできた。

第2段階では，総合戦略の4つのプロジェクトとして公共交通体系の構築，地域それぞれの産業の創出，子育て支援，シティプロモーションを展開

してきた。

これまでの様々な施策により，「拠点」，「ネットワーク」，「まち育て」のあじさいを構成する仕組みが整い，地域住民や北上市に関わる人たちの参画によりあじさいの花が咲き始めてきた。

繰り返しになるが，あじさい都市は北上市が進めている持続可能なまちの形である。髙橋敏彦現北上市長が掲げるこのまちづくりの根底には，「景観10年，風景100年，風土1,000年」という言葉がある。髙橋市長は常にこの言葉を頭に置き，まちづくりを進めなくてはならないと内外に発信している。

たとえば，本市では市を挙げて「花いっぱい運動」に取り組んでいる。この運動により数十年の間に市内の繁華街や沿道などの至るところで，住民や飲食店の方々が花壇を整備し，北上を訪れる多くの方々からお褒めの言葉をいただいている。

北上市といえば桜のまちであり，桜の名所として知られる北上市立公園「展勝地（てんしょうち）」は，今から約100年前に地域住民が小さな桜の苗木を植えたことに端を発している。今では約2キロに渡る桜並木を形成し，開花期間には毎年，全国から約50万人もの観光客が訪れている。

そして，企業誘致では，100年ほどの歴史の中で多くの工業団地が形成され地域住民の生活を支えている。まちづくりも風景と同じように100年先を見据えて取り組み，このような効果が現われるには約100年もの時間を要する。

そして，1,000年といえば，長い歴史の中で国指定文化財である鬼剣舞という民俗芸能や，世界遺産「平泉」が繁栄を迎える約200年前に東北北部の一大聖地として栄え，平泉文化の源流ともいわれる「国見山廃寺」の歴史遺産などが今に引き継がれ，その悠久の年月が本市の気韻を生み出している。

古代ギリシアのアテネ人が新たに市民になる際の誓約に，「私たちは，この都市を私たちが引き継いだ時よりも損なうことなく，より偉大に，より良くそしてより美しくして，次世代に残します。」という有名な一節がある。

今ある北上市の姿は先人の英知により築かれてきたものであり，自分たちのまちを次の世代に如何に引き継いでいくかが大事である。

今を担う我々や地域住民，北上市に関わる多くの人たちが，このまちを今よりももっと素晴らしいものにしていくという意識を心に刻むことこそが，この先10年，100年，1,000年とまちを紡いでいく持続可能なまち，地域創生に繋がるはじめの一歩と考える。

パートナーシップで「人が輝く日光」を目指して

日光市 企画総務部 総合政策課

1 日光市の紹介

(1) 概 要

日光市（以下，「市」という）は，栃木県の北西部に位置し，北は福島県，西は群馬県に接している。

2006年3月20日，旧今市市，旧日光市，旧藤原町，旧足尾町，旧栗山村の2市2町1村が合併し，栃木県の約4分の1（1,449.83㎢）を占める広大な市が誕生した。

土地利用の状況は，森林が全体の86.5％を占め，農用地4.3％，宅地1.7％，湖沼1.4％と，自然的土地利用が大部分を占めており，可住地面積は極めて少ない。

また，日光国立公園，ラムサール条約湿地「奥日光の湿原」，華厳の滝などの豊かな自然，世界遺産「日光の社寺」をはじめとする貴重な歴史的・文化的遺産，随所に湧出する豊富な温泉など，恵まれた地域資源を有しており，これらを基盤として「自然のまち」「歴史のまち」「観光のまち」として発展を重ねてきた。

(2) 人 口

市町村合併後13年が経過したが，人口が減少し，少子高齢化が加速している。

高齢化率は2015年現在32.5％であり，全国平均（26.6％），栃木県平均（25.9％）を上回る状況にある。また，一世帯当たり人数は減少傾向で推移し，核家族化が進んでいる。

2015年国勢調査では，前回調査時から人口が6,871人減少し，これは栃木県内で最大の減少数(1)であった。

2005年から2010年の市の年齢階級別人口移動の推移をみると，「10～14歳→15～19歳」「15～19歳→20～24歳」の減少数が大きく，高校卒業後，市外に転出する傾向である。

市の主な地域資源

人口の推移

（単位：人，％）

	1995年	2010年	2015年
年少人口（0～14歳）	15,992 (16.0)	10,483 (11.7)	8,794 (10.6)
生産年齢人口（15～64歳）	65,950 (66.0)	54,512 (60.7)	47,371 (56.9)
老年人口（65歳以上）	18,046 (18.0)	24,826 (27.6)	27,030 (32.5)
合　計	99,988	90,066	83,195
世帯数（一世帯当たり人数）	33,177 (3.01)	33,926 (2.65)	32,658 (2.54)

（出所）国勢調査。

男性の「20～24歳」の増加は，進学等により市外に転出した後のＵターンによるものと考えられる。1995年までは「20～24歳→25～29歳」で転入者が大きく上回り，就職時に市内に戻ってくる傾向が強く見られた。

年齢階級別人口移動の推移（一部）　（単位：人，％）

年齢	2005年				2010年				変化率（※）		
	総数	男性	女性	構成比	総数	男性	女性	構成比	総数	男性	女性
総数	94,291	45,738	48,553	100.00	90,066	43,864	46,202	100.00			
0～4歳	3,435	1,748	1,687	3.64	3,021	1,603	1,417	3.35	1.005	1.005	1.005
5～9	4,108	2,064	2,044	4.36	3,451	1,756	1,695	3.83	0.989	0.999	0.978
10～14	4,709	2,408	2,301	4.99	4,061	2,061	2,000	4.51	0.889	0.873	0.907
15～19	4,724	2,375	2,349	5.01	4,188	2,102	2,086	4.65	0.775	0.766	0.785
20～24	4,196	2,058	2,137	4.45	3,663	1,819	1,844	4.07	0.990	1.040	0.942
25～29	4,880	2,421	2,459	5.18	4,155	2,141	2,014	4.61	0.952	0.968	0.936

（出所）日光市人口ビジョン。

しかし，「2000→2005年」「2005→2010年」になると，「20～24歳→25～29歳」が転出超過傾向となり，就職時に市内に戻らない傾向が強くなっている。

特に女性は，男性同様10代で大幅に転出し，20代での転入が男性よりも少なく，1995年以降は転出超過が続いており，少子化傾向が強くなっている。

「20～24歳→25～29歳」が転出超過傾向となってきたのは，2012年頃から市内の事業所数・従業者数の減少数が大きくなっている時期と重なっている。

このため，現在実施中のまち・ひと・しごと創生総合戦略では，基本目標①「安心して働くことができ，安定した生活を支える「しごと」をつくる」に，働く場の創出による若者層のUターン促進を位置付け，しごとづくりに関する施策を行っている。

少子高齢化や生産年齢人口の減少は，地域経済の規模縮小や消費低迷につながり，生産や消費等の市場としての価値を低下させるとともに，企業や店舗の事業環境の悪化と流出をもたらす。

地域経済の低迷は，医療サービスや買い物等の生活に必要なサービスの提供に支障をきたし，地域コミュニティや生活環境，都市の持続性に影響を及ぼしている。

(3) 財政状況

これまでの市政経営は，合併後の課題であった「一体感の醸成」「各地域の均衡ある振興・発展」を念頭に，行政サービスを展開してきた。これは，まさにSDGsにおける「誰一人取り残さない」に通ずるものであった。

しかし，可能な限り市民ニーズに応え，身の丈以上の福祉サービスを展開

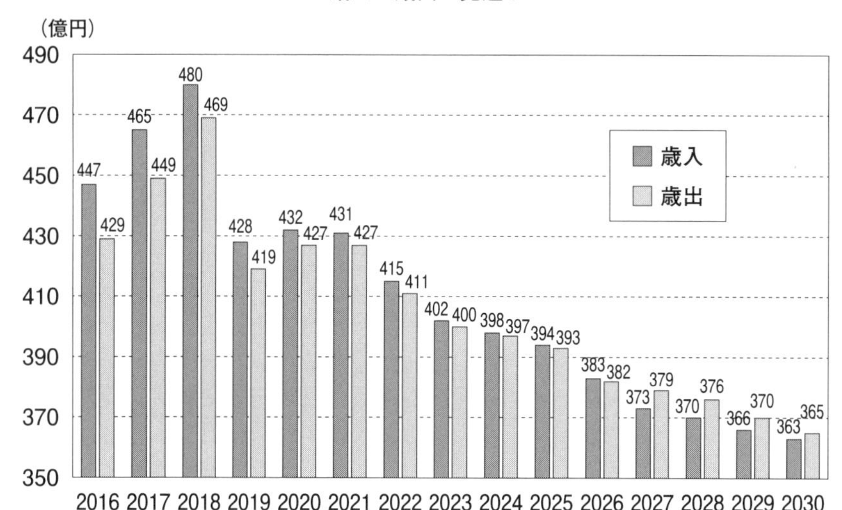

(出所)　財務部財政課作成。

したため，扶助費などの経費が増大し，加えて，人口減少による市税等の減収や合併による国の財政支援策の終了，公共施設等の大量更新に伴う新たな財政需要などにより，財政状況は厳しさを増している。

この状況を市全体で共有するため，2018年11月に「長期財政の収支見通し（2018年度～2030年度）」を作成し，2027年度には形式収支が逆転するシミュレーションを市民，議会等に公表した。

なお，2018年度の経常収支比率(2)は99.8%で，栃木県内で最高となっており，非常に硬直化した危機的な財政状況である。

2　SDGsへの取組み

市の現状である人口減少・少子高齢化，硬直化した財政状況にあっては，持続可能なまちづくりを進める点において危機的状況であり，行政だけで施策を展開していくことは難しい。

現在，市では，SDGsを政策目標として明確に打ち出していないが，その概念は市政経営に十分に取り込まれている。

特に，ゴール17「パートナーシップで目標を達成しよう」の理念は，2008年4月に施行した「日光市まちづくり基本条例」(3)に位置付けており，第3条において，「市民，市議会及び市は，共有，参画及び協働(4)のもとに，相互理解及び信頼による市民自治の振興を図らなければならない」と規定している。

3に示す事例は，まさに市民，NPO法人等の関係団体，行政が情報と資源，役割を共有し，パートナーシップのもとに活動を行っているものである。

3　事例紹介

(1)　地域住民を核に連携して陸の豊かさを守る～シモツケコウホネ保全活動

この事例は，希少な植物であるシモツケコウホネを地域住民，保全団体，大学，市が連携し，土地改良事業において環境に配慮した取組みを行ったもので，ゴール17「パートナーシップ」の充実により，ゴール15「陸の豊かさを守ろう」を目指している。

シモツケコウホネ(Nuphar submersa)とは，水辺に生育するスイレン科の多年生の沈水植物である。

花期は，5月下旬から10月下旬で，水中の地下茎から伸びた花柄の先には直径3cm程度の黄色い花を水上につける。浮葉を作る能力をほとんど持たないことが特徴で，水中葉は茶色にところどころ緑色が差しているものや赤みのある紫色をしている。

シモツケコウホネ

(2019年10月撮影)

2006年に日光市小代(こしろ)に生育するものを基準に日本植物分類学会の英文誌に新種として記載され，環境省のレッドデータブックでは「絶滅危惧ＩＡ類」(5)に指定されている。

シモツケコウホネは，世界でも栃木県内でしか生育しておらず，市のほかに真岡市，さくら市，那須烏山市において生育が確認されている。

❶連携した保全活動へつながった背景および経過

シモツケコウホネは，1994年に一人の画家が小代にスケッチに訪れ，浮葉を持たない「珍しいコウホネ」に関心を寄せ，地域住民に伝えたことから始まる。

その後，地域住民が核となって，シモツケコウホネに関する調査を行政や大学等の研究機関に依頼し，遺伝子解析の結果，新種としてその希少価値が確認された。

シモツケコウホネの希少価値は，偶然の出会いという幸運に恵まれ，最適な研究者にたどりつき，人と人とのつながりによって世に知らされたのである。

そして，地域住民はシモツケコウホネへの誇りが深まり，「シモツケコウホネと里を守る会」（以下，「保全団体」という）が設立された。

保全団体は，シモツケコウホネの特徴を示した資料を作成し，団体等が視察に訪れた際は現地を案内するなど，熱心に周知啓発を行った。

加えて，開花状況の把握，周辺の草刈りや水路に生育する外来種の除去，観察会の開催，行政等関係機関との協議など保全活動の幅を広げ，その信念と熱意が，人々を動かし，大きな輪をつくっていった。その結果，環境保全の取組みが評価され，2013年には，『「みどりの日」自然環境功労者環境大臣表彰』を受けるに至っている。

❷土地改良事業実施までの協議

シモツケコウホネを守るため，市，大学等の関係機関，地元関係者等は密接な連携を図っている。特に，栃木県が小代地区で行った土地改良事業(6)では，関係機関，地元関係者等による「小代地域のコウホネ植物の保護と圃場整備の推進に関する協議会」が設置され，絶滅危惧種を保護するための方策が協議された。

その結果，最大の群落が残る水路（以下，「自生地」という）は現状維持，点在する群落は生育するための水路を新たに整備し移植することとし，2009年に自生地周辺の土地改良事業が実施された。

❸土地改良事業実施後の影響

細心の注意を払って行った土地改良事業にもかかわらず，2010年以降，自生地では生育不良等の影響が出始め，1年間の開花数は，2009年の2,945個に対して2013年には380個と大きく減少(7)した。

生育不良の原因は，土地改良事業の影響で自生地水路の水温の年変動が大きくなったことや，夏期の高水温とpH7以上による遊離炭酸濃度の低下によるものであることが判明した。

このため，市において，水質改善を目的に，2014年5月から自生地水路にポンプで汲み上げた地下水の導水を開始した。その結果，2014年以降，開花数は順調に回復している。

❹新たな課題への対応

生育環境が好転し，株も成長し続け

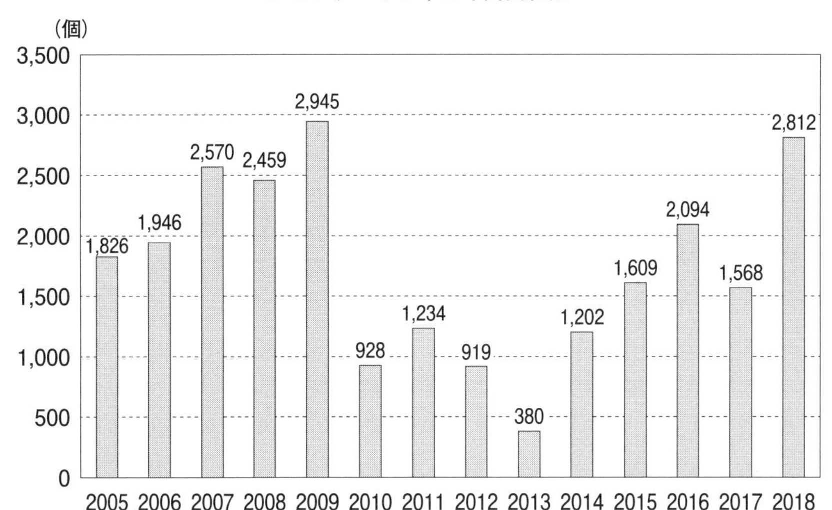

(出所) シモツケコウホネと里を守る会。

てきたが，今度は群落内の株の密度が高まったことによる影響が懸念された。十分な生育を促すには，ある程度の株を採取し，適地への移植が必要となる。このため，研究機関の指導のもと，2017年4月，地元関係者による素手での捕獲作業が行われ，合計で210株を自生地の上流に移植した。その後は，移植した個体も良好に生育し，自生地の拡大に至っている。

❺地域の宝を守るには

シモツケコウホネは，環境の変化に敏感であり，細心の注意を払っても予期せぬ事象が発生する。このため，保全団体による日々の観察や草刈り，清掃など環境維持のたゆまぬ努力によってようやく保全され，毎年元気に花が咲いているのである。保全団体の地道な活動により，5月下旬から10月下旬の花期には，多くの観光客が自生地を訪れている。加えて，地元の小・中学生もこの可憐で貴重な花をとおして生物多様性や地域の環境保全について学んでいる。

これまでの取組みは，保全団体と研究機関，市が連携を強化することで成果を上げてきた。その中でも，保全団体による熱意ある保全活動によるところが大きい。

しかし，保全団体は会員の高齢化が進んでおり，活動の停滞につながる可能性がある。シモツケコウホネは生物であるため，ある期間だけ保全し，存在すればよいというものではなく，将来世代に綿々と引き継がなければならないものである。

このため，パートナーシップを自治会や農業者，学校等に広げ，持続可能性を担保する必要がある。

絶滅危惧種の保全活動は一過性の情熱で終わることなく，世代をつないで持続可能な取組みとしていくことが，本当の意味で「地域の宝」になると考える。

⑵　NPO法人等が連携して貧困の連鎖を断ち切る～生活困窮解決への取組み

この事例は，生活困窮者支援を進めていくうえで，NPO法人等と連携し，ゴール17「パートナーシップ」でゴール4「質の高い教育」を行い，ゴール1「貧困をなくそう」を目指している。

❶実施に至る背景

生活困窮は，1990年代のバブル経済の崩壊以降，構造的な景気低迷や2008年に発生した世界緊急危機の影響など，失業等による安定した雇用の揺らぎや所得の低下，病気などの様々な要因⑻によって起こっている。

そして，この貧困は，親から子へと貧困の連鎖が続く傾向がある。貧困の連鎖を断ち切るためには，困窮状態にある人に対して，社会的保護や基礎的サービスを提供することで，困窮状態にある人が直面する脆弱で不利な状況を改善していくことが必要である。

その取組みを効果的に行うためには，関係機関との情報の連携強化を図り，困窮状態にある世帯の早期発見と対象者への包括的支援が必要不可欠である。

連携していくうえで重要なことは，要支援者に重層的な支援を提供するために，それぞれの役割分担を明確にし，専門とする能力を発揮する環境を整えることである。

❷生活困窮者対策

2013年12月に施行された生活困窮者自立支援法（以下，「法」という）は，生活保護に至る前あるいは保護脱却の段階での自立支援の強化を図るための法律である。

市は法に基づき，2015年4月，日光市生活相談支援センター（以下，「支援センター」という）を設置した。支援センターでは，困窮状態にある人が制度の狭間に陥らないよう，一人ひとりの状況に応じた相談業務と支援を行っている。

また，2018年には法の一部改正により，生活困窮者の定義に地域社会との関係性による困窮，つまり，ひきこもりを含む社会的な孤立（以下，「ひきこもり」という）が盛り込まれ，自立支援事業などの利用勧奨の努力義務の創設，子どもの学習・生活支援事業の強化として生活習慣，育成環境の改善に関する助言などの追加が図られた。

これにより，生活困窮者などの一層の自立の促進を図るため，生活困窮者に対する包括的な支援体制の強化が求められるようになった。

(ア)　ひきこもりに対する支援

ひきこもりについては，国では従来から精神保健福祉，児童福祉，ニート対策等において，ひきこもりを含む相談等の取組みを行い，2009年度からは，これらの取組みに加え，「ひきこもり対策推進事業」を創設し実施してきたが，2018年度からは生活困窮者自立支援制度との連携を強化し，支援を行うこととなった(9)。

これに先立ち，市では，2016年7月，ひきこもり相談センターかがやき（以下，「かがやき」という）を設置した。支援拠点を市単位で設置しているのは，県内で当市のみである。

かがやきを設置したことにより，利用者にとっては身近な相談窓口が市内にあるので，相談しやすい体制となっている。かがやきでは，日常生活支援と家族支援を行っており，就労意欲がわいたひきこもり当事者を支援センターへつないでいる。

ひきこもり相談センター「かがやき」

（2016年7月撮影）

(イ)　子どもの生活・学習支援

子どもの学習支援については，貧困の連鎖を防ぐ目的として，小学校から高校生世代の子どもに対し，生活面の支援と学習面の支援と，大きく2つの支援をそれぞれの事業者が担当して行っている。

生活面の支援とは，居場所づくりや生活訓練などである。この支援は，市内で児童虐待対応，育児支援家庭訪問事業および子どもの居場所づくりを行っているNPO法人だいじょうぶ(10)（以下，「だいじょうぶ」という）が行っている。これにより，児童虐待対策と生活困窮対策のすき間で支援を受けられない子どもが生まれないような体制を構築している。

学習面の支援は，だいじょうぶから，市内で最適な資源を有している事業者に依頼している。学習面は，障がい児通所支援である放課後等デイサービスを運営している塾事業者と，人材

市家庭児童相談室「子どもと親の相談室」

（2019年6月撮影）

派遣会社（人材派遣会社から地元大学生を派遣）が支援をしている。また，学習支援会場までの送迎は，市ファミリーサポートセンターを運営しているNPO法人咲くらん坊が行っている。ここでは，NPO法人咲くらん坊の会員である市民が送迎の支援を行っている。

この体制により，たとえば，会員である市民の送迎により，児童の自宅の状況や言動などから虐待リスクの発見や，親の離職による経済的困窮などを発見することができる。この場合は，就労支援や公的扶助の提供につなげたり，発達障がいなどの可能性がある場合は放課後等デイサービスにつなげるなど，早期発見が行うことが可能となっている。

子どもの生活・学習支援では，NPO法人等が連携することにより，分野ごとに専門的できめ細かい支援体制を構築している。

(ウ)　中学生・高校生の不登校等支援

中学時の不登校児童等支援については，不登校情報を学校からかがやきへ集約し，その情報をだいじょうぶと共有している。このため，早期に虐待リスクを発見することができる。また，高校生世代に対しては，居場所の提供や社会参加に資するなどの社会的自立の支援も同時に行っており，高校等の中退防止に貢献するなど貧困の連鎖を防ぐ取組みとなっている。

これらの支援は，子どもだけでなく，多角的な視点で世帯全体の課題を発見することができる体制を取っており，世帯全体の状況に応じた最適なサービスの提供につながっている。

生活困窮の取組みは，困窮状態の解消という目標のために，NPO法人等と市が支援内容などを共有化し，それぞれの分野の専門事業者の知見やスキルを活用することで，困窮状態にある世帯の発見と十分な対策を実施し，貧困の連鎖を解消して市民一人ひとりが安心して健やかに暮らせることを目指したものである。

❸今後に向けて

近年，生活困窮状態にある家庭において虐待が起こる可能性が高い傾向があると報告(11)されていることから，児童虐待対策と生活困窮者対策については，子ども家庭総合支援拠点の設置などさらなる連携が必要である。現在は子どもを中心とした包括的支援体制であるが，今後は中高年層も視野に入れた包括的支援体制の構築が必要である。

かがやきの相談でも，80代の親が50代の子を支える「8050問題」など，中高年の困窮状態の問題が多くなっている傾向にある。この問題は，中高年のひきこもり当事者だけでなく高齢の親が困窮している場合が多くある。

このような複合的な問題の解消のためには，相談支援包括化推進員の配置などによる総合相談支援体制づくりの検討や，生活困窮者自立支援制度の就労準備支援事業などを活用した地域の見守りや居場所づくりが必要である。

今後は，地域の社会資源の掘り起しと，課題を解決するためのパートナーの連携による支援体制の構築強化を図り，ゴール1すべての市民の「貧困」がなくなり，安心して健やかに暮らしていけるようにしていきたい。

(3) 地域の医療機関が連携して，すべての人に健康と福祉を～地域医療連携推進法人日光ヘルスケアネットの取組み

急速に進行する人口減少と高齢化を見据え，医療体制の維持と，機能分担・連携が必要である。この事例は，法人，個人病院と行政が連携したものであり，ゴール17「パートナーシップ」でゴール3「すべての人に健康と福祉を」を目指す取組みである。

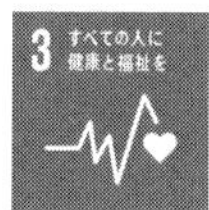

❶背　景

市の人口減少は，2018年12月25日，国立社会保障・人口問題研究所「日本の地域別将来推計人口」（以下，「2018年社人研推計」という）において，2040年の総人口5万1,402人で，その内訳は年少人口3,984人，生産年齢人口2万4,668人，老年人口2万2,750人と，日光市人口ビジョン（2015年8月）(12)を下回り，一段と人口が減少し，少子高齢化の推計をしている。

このように人口減少と少子高齢化は栃木県全体を上回るスピードで進行しており，保健医療・福祉・労働力など，様々な分野で多大で深刻な影響が懸念されている。

特に，保健医療・福祉分野では，今後の医療・介護ニーズの増大と多様化に的確に対応できるよう，効率的で質の高い医療・介護提供体制の構築とともに，可能な限り住み慣れた地域で自分らしい暮らしを続けることができる地域包括ケアシステムの構築とその深化が市の最重要課題となっている。

市では，市内の全8病院など9法人と，個人開業の医院とともに栃木県および栃木県医師会の支援のもと，日光地域の医療連携に関する勉強会を設置

日本の地域別将来推計人口（2018年推計）：男女・年齢（5歳）階級別データ

（単位：人，％）

		2020年	2025年	2030年	2035年
市	総人口	76,970	70,466	63,999	57,626
	総人口に占める老年人口 (75歳以上)	14,649 (19.03)	16,345 (23.20)	16,980 (26.53)	16,396 (28.45)
県	総人口	1,930,235	1,872,842	1,850,949	1,730,414
	総人口に占める老年人口 (75歳以上)	269,169 (13.94)	319,522 (17.06)	348,535 (19.30)	350,008 (20.23)

（出所）　国立社会保障・人口問題研究所ホームページ。

地域医療連携推進法人日光ヘルスケアネット参加社員の状況

社　員	医療機関および介護施設・事業所
医療法人社団双愛会	足尾双愛病院，介護老人保健施設そうあい
社団医療法人明倫会	今市病院，日光野口病院
医療法人秀明会大津台病院	大津台病院
社団医療法人栄仁会	川上病院
学校法人濁協学園	濁協医科大学日光医療センター
公益社団法人地域医療振興協会	日光市民病院，介護老人保健施設にっこう
社団医療法人英静会	森病院，介護老人保健施設ヴィラフォーレスタ（森の家），訪問看護ステーションフォレスト日光
医療法人矢尾板記念会	見龍堂クリニックかわせみ，見龍堂医療福祉総合クリニック，介護老人保健施設今市Ｌケアセンター，介護老人保健施設見龍堂メディケアユニッツ，認知症高齢者グループホームかわせみ，居宅介護支援事業所かわせみ，ヘルパーステーション見龍堂メディケアユニッツ
医療法人社団志幸会	木村内科医院
（個人開業）	新沢外科
日光市	奥田光診療所，小来川診療所，国民健康保険栗山診療所，三依診療所，湯西川診療所，休日急患こども診療所

（出所）　日光ヘルスケアネット作成。

新しい日光地域の医療体制構築に向けた話合いの経過

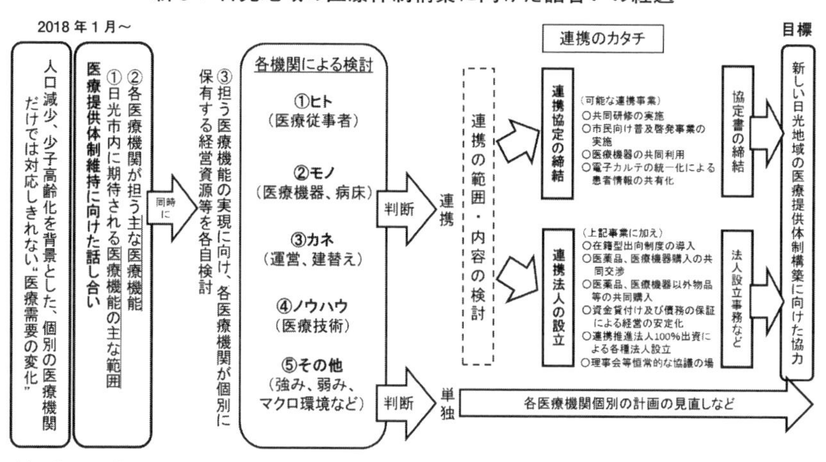

（出所） 日光ヘルスケアネット作成。

し検討を重ね，2019 年 4 月 1 日，地域医療連携推進法人(13)日光ヘルスケアネット（以下，「日光ヘルスケアネット」という）を設立した。

❷日光ヘルスケアネット設立までの経過

市の医療や介護を取り巻く課題解決のためには，医療機関，介護施設，介護保険事業所などの関係者が連携して取り組む必要がある。

協議については，医師会の会議や地域医療構想調整会議等の場はあったが，医療機能の分化や連携などの具体的な課題について協議する場としては，初めてのものである。協議するにあたって，全体会，部会，実務者協議会を開催し，医療提供体制の課題や地域医療連携推進法人（以下，「法人」という）の設立に向け具体的な検討を進めてきた。

人口減少と少子高齢化に対応するためには，個別医療機関だけでは対応しきれない医療需要の変化に対応する必要がある。このため，今後の医療提供体制のあり方についての話合いを行った。それと同時に，各医療機関が個別に保有している，ヒト・モノ・カネ・ノウハウ等の経営資源について，各自検討を進め，連携の必要性についての判断を行ってきた。また，連携のカタチについても，連携協定の締結がよいのか，または法人の設立がよいのか検討を進めてきた。

協議の結果，良質な医療を切れ目なく，安定的かつ効率的に提供していくためには，医療機関の適切な役割分担や医療人材の確保と育成が必要であ

法人設立のコンセプト

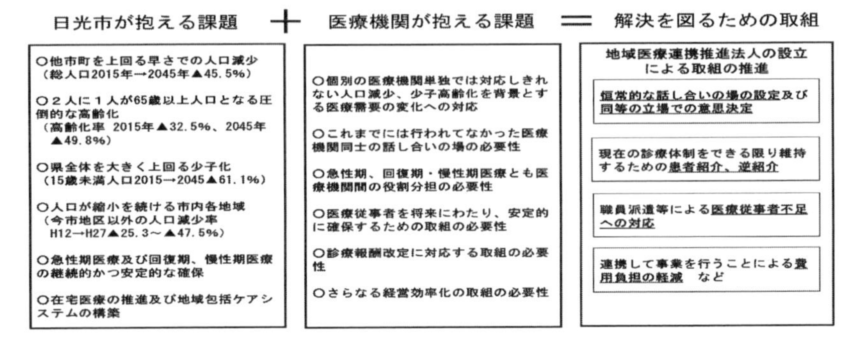

(出所)　日光ヘルスケアネット作成。

地域医療連携推進法人日光ヘルスケアネットの組織構成

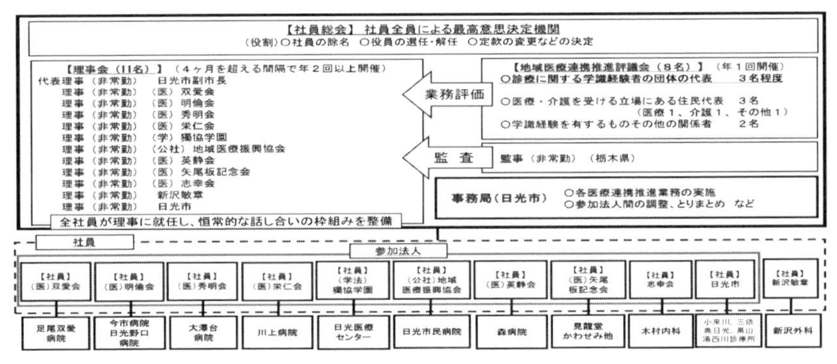

(出所)　日光ヘルスケアネット作成。

り，その具体化に向け，法人を設立することが最も有効であるとの共通認識が図られた。

❸法人の組織体制

法人の組織体制については，恒常的な話合いの枠組みを確保すること，参加医療機関間の調整が中立公平に行える体制とすること等を念頭に置きながら検討・協議を進め，組織化することになった。

市は，市内医療機関の相互関係が「競争」よりも「協調」にシフトし，新しい市内の医療提供体制の構築につながるよう法人の取組みを進めるため，へき地診療所等の開設者として，また中立的な立場から，この法人に参加し，事務局を担うこととなった。事務局を担うにあたっては，事務室を提供し，職員２名を法人に派遣している。

医療連携推進方針

医療連携推進方針（その１）

1　理　念

① 急速に進む人口減少、少子高齢化の中においても、日光市内において継続的かつ安定的な医療提供が行われるよう地域医療機関が一体となって医療提供体制の維持・確保を図るとともに、誰もが住み慣れた地域で安心して暮らすことができるよう、医療に加え、介護・福祉の充実にも努めていく。

② 地域医療構想の達成及び市内における地域包括ケアシステムの構築に資する役割を積極的に果たすよう努めていく。

2　運営方針

① 参加医療機関が相互に医療機能の分担を図り、各種業務の連携を進めることにより、良質な医療を効率的かつ安定的に提供できる医療提供体制の構築を図る。

② 日光市内の各地区において、住み慣れた地域で切れ目なく適切な医療・介護・福祉サービスが受けられるよう、急性期から回復期及び慢性期医療の提供に加え、在宅医療の充実に努めるとともに、介護施設等との連携強化を図る。

③ 県西地域医療構想の達成に向けて、回復期病床の充実を図るなど病床種別の転換等を行うとともに、地域包括ケアシステムの構築に向けて、病病連携、病診連携、診診連携及び介護との連携の強化を図る。

医療連携推進方針（その２）

3　病院等相互間の機能の分担及び業務の連携に関する事項及びその目標

① 医療機能の分担及び業務の連携のための取組

- 患者の状態に応じて必要かつ十分な医療が効率的に受けられるよう病院等間での患者紹介、逆紹介の推進
- 地域医療連携クリティカルパスの導入・拡充
- 病院横断的な入退院調整機能の構築
- 将来的な重症度、医療・看護必要度等による転院基準の設定
- 医療機能の分担及び業務の連携に関する市民及び医療従事者向け普及啓発

② 医療従事者の確保・育成のための仕組みづくり

- 参加法人間での職員派遣や在籍型出向の導入に係る検討
- 各種研修会の共同開催
- 連携法人での採用窓口の整備や採用活動の一部共同実施に係る検討

③ 医療機器等の共同利用等が行える仕組みづくり

- 参加法人間で高額医療機器を共同利用できる仕組の構築
- 患者の診療データが共有化できる仕組みづくりの検討

医療連携推進方針（その３）

④ 医療材料、医薬品等の共同交渉、共同購入による経営効率化の取組

- 参加法人のスケールメリットを活かした医療材料、医薬品等の共同交渉、共同購入に係る研究

⑤ 在宅医療の充実のための取組

- 在宅医療支援病院、在宅医療支援診療所、訪問看護ステーション等と連携した情報の共有化
- 既存資源の活用による在宅医療の充実

⑥ 病床の活用、診療所等との連携に向けた取組

- 参加病院において病床の廃止がある場合の法人内での有効活用（病床融通）に係る検討
- 病院に未整備の診療科目であっても、入院患者が入院先病院で受診できるような医療連携体制の整備

4　介護事業その他地域包括ケアの推進に資する事業に関する事項

- 医療から介護への移行が円滑に行われるよう病院と介護施設・事業所との連携の推進
- 介護施設・事業所を運営する参加法人の連携による在宅復帰に向けた施策の検討

（出所）日光ヘルスケアネット作成。

❹法人の事業計画

法人設立後の事業展開については，今後5年程度の期間における中期計画等を整理し，地域医療連携推進方針として策定した。

現在，日光ヘルスケアネットは，2019年4月に設立されて期間が短く，手探り状態で運営している状況である。連携事業が具体化し，そして定着化するまでには，まだまだ時間がかかるものと考えている。

❺今後に向けて

超高齢化社会に対応した地域包括ケアシステムの深化に向け，医療と介護の関係者が連携し，良質な医療を切れ目なく，安定的かつ効率的に提供していく必要がある。市では，中立的な立場として，今後も医療機関が協調の関係を保ちながら協議していけるような場づくりを行っていきたい。そして，医療機関が相互に連携し，SDGsに掲げるパートナーシップを図りながら医療機能の分担および業務の連携のための取組みを着実に推進していきたい。

4　市が目指すSDGsの将来像～2030年の市のあるべき姿

今回掲げた事例は，すべてパートナーシップで行っている取組みであり，①「地域住民を核に連携して陸の豊かさを守る～シモツケコウホネ保全活動」は地域住民を核として，②「NPO法人等が連携して，貧困の連鎖を断ち切る～生活困窮への取組み」は福祉・子育てのNPO法人を核として，③「地域の医療機関が連携して，すべての人に健康と福祉を～地域医療連携推進法人日光ヘルスケアネットの取組み」は地域の医療機関を核として行っている取組みである。

市のパートナーシップは，市全体が目指すべき方向に向けて，地域の社会資源を見極めたうえで，民間団体・事業者と連携を行い，保有する社会資源の強みを活かし，社会課題の解決を目指すものである。民間団体・事業者とパートナーシップで社会課題に取り組むことで，市単独の部分最適よりも，全体最適で社会全体にシナジー効果を生み出している。

SDGsの目標年次の2030年の市の状況を鑑みると，一段と少子化と高齢化(14)が進行し，生産年齢人口の大幅な減少による担い手不足が見込まれ，社会全体の活力が失われていくことが予測される。

人口減少・少子高齢化による財政危機の課題に立ち向かっていくためには，政策の選択と集中を行い，限られた財源を有効に活用する必要がある。

これからはSDGsの理念を政策の中に位置付けた上で，引き続き，ゴール17「パートナーシップ」で，NPO法人，企業，民間団体，事業者，住民等のパートナーと連携し，情報と社会資源を共有し，中長期を見通した持続可能なまちづくりに取り組んでいきたい。

SDGsという“共通言語”を持って政策を進めていくことにより，住民や若い世代の参加の拡大を図ることができるなど，今まで以上にパートナーシップを深化させることができる。また，SDGsの視点で市全体を俯瞰することで，市だけでは見えなかった新たなチャンスが生まれる可能性がある。

持続可能なまちにしていくために市が果たすべき役割は，地域の社会資源を見出し，最適な相手につなぐ，コーディネーターの役割を果たすことと，今後の人口減少を見据えた担い手の育成である。担い手の育成とは，幼少期から小・中・高校にかけて行う，地域教育における「人財」の育成である。

地域教育の人財育成については，2012年度から，小学校6年間の総合的な学習の時間および中学校3年間の授業で「日光みらい科」(15)を実施している。9年間の学びを通して目指す子ども像は，ふるさと日光を愛し，生涯にわたり，日光市に生まれ育ったことに誇りをもち，力強く未来を切り拓いていく児童生徒である。

日光みらい科は，たとえば，「職業について学ぼう」では地元の職業人から話を聞いたり，「日光の文化財見学学習」では日光東照宮特別顧問から話を聞くなど地域とのパートナーシップで，地域とつながり，学校と地域の絆をつくっている。この取組みは，地域ぐるみで子どもたちを育て，小中学生が地域の「ひと・もの・こと」に積極的にかかわることで，地域へ参画する活動になっている。

高校生に対しては，2009年度から「高校生まちづくりアカデミー」(16)を実施し，高校生がすでに実践している地域活動や地域課題にスポットをあて，まちづくりに対する意識の醸成を図っている。

現在，民間出身の市長のもと，2018年から「強く，優しい，人が輝く日光創り～“日光プライド”を次世代につなぎ，持続可能なまちづくりを進める」を柱に据え，各種施策を進めている。

地域教育の人財育成は，人が輝く日光に位置付けており，子どもたちが「日光で生きていく」「将来は日光に住む」という気持ちが育まれるよう，今後も引き続き，市，地域，企業・団体と連携し行っていきたい。人財育成は短期間で成果が得られにくい施策であるが，持続可能なまちを実現するには欠かせないものであり，継続して行う必要がある。

2030年の市のあるべき姿は，ゴール17「パートナーシップ」で，強く，

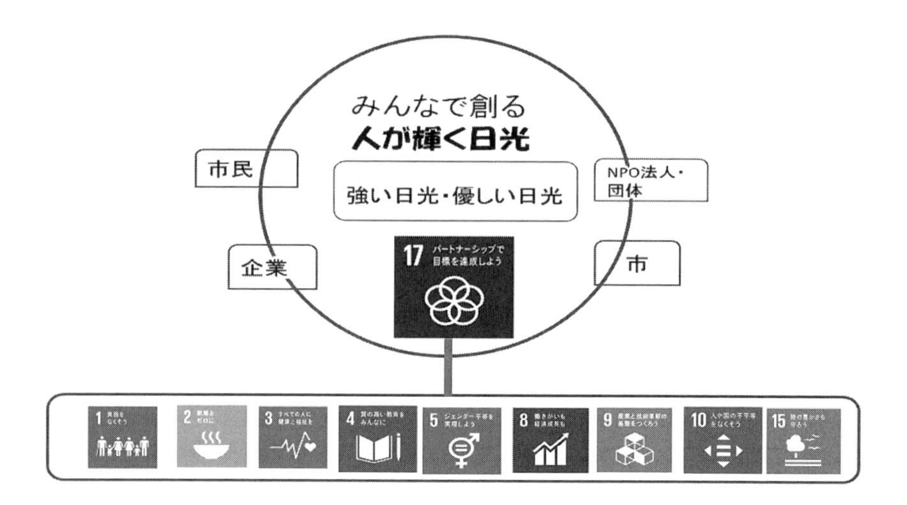

優しい日光を創り，人が輝くことである。

今後，ますます多様化する社会課題には，ゴール17個別ターゲット17.17「様々なパートナーシップの経験や資源戦略を基にした効果的な公的，官民，市民社会のパートナーシップの推奨，推進する」を基本に，多様なパートナーとともにそれぞれが得意な資源を持ち寄る協働を行い全体最適で取り組んでいきたい。

SDGsを起点に，「パートナーシップ」で「日光で生きていく」「将来は日光で住む」と思うまちを創っていきたい。

〈参考文献〉

『SDGsの実践』（2019年4月）事業構想研究所

『SDGsとは何か』講演シリーズ第128号，一般社団法人地方行財政調査会

『SDGs入門』（2019年6月）日本経済出版社

『レッドデータブックとちぎ2018』（2018年）栃木県，158頁

『平成29年度「シモツケコウホネ」保全調査研究業務報告書』（2018年）1，2頁，志賀 隆　新潟大学教育学部自然情報講座

『コウホネ通信―シモツケコウホネと里を守る会　会報』（第1号～第14号，2006年～2019年）

日光市総合計画（2008年3月）

日光市総合計画後期基本計画（2012年3月）

第2次日光市総合計画前期基本計画（2016年3月）

日光市人口ビジョン（2015年8月）

地方行政（第10903号，2019年7月18

日）

TERUNET（2019年10，11月号）

⑴ 2014年日本創生会議「消滅可能性都市」では，20歳から39歳女性の将来推計人口△57.9％の減少（2010→2040年）（人口移動が収束しない場合）と推計された。

「自治体戦略2040構想研究会」が発表した人口段階別市区町村の変動（2015→2040年）[平成30年推計]では，△40％と推計された。

⑵ 2019年12月3日付下野新聞（5面）

⑶ 基本条例は，市民みんなで育てるまちづくりの基本ルールで，市の最高規範である。市民，市議会，市役所が一体となってまちづくりを定め，それをもとにさらなる「まちづくり」を推進していくものである。

⑷ 共有とは「情報，資源等を共に保有すること」，参画とは「市民のまちづくりに主体的に関わり，行動し又は責任を果たすこと」，協働とは「市民，市議会及び市が互いの役割と責任のもとにまちづくりのために共に考え，協力し，又は行動すること」をいう。

⑸ 栃木県自然環境保全地域として，小代地区のシモツケコウホネとマツカサガイの生息域が指定されている。また，絶滅のおそれのある野生動植物の種の保存に関する法律に基づき，国内に生息・生育する絶滅の恐れのある野生生物のうち，人為的な影響により減少が見られる種等として国内希少野生動植物種にも指定されている。

⑹ 土地改良事業とは，農業にとって基本となる土地と水の効率的な利用化を図るため，かんがい排水施設の整備や農用地の造成を行うもので，食糧生産の基盤を整備するとともに農業生産力を高めるためにも，農村部には必要な事業である。小代地区では，2006年から2016年にかけて約62ha整備された。

⑺ シモツケコウホネと里を守る会および新潟大学教育学部調べ。

⑻ 社会福祉法人全国社会福祉協議会ホームページ　分野別の取組み「生活困窮者自立支援制度への対応」参照。

⑼ 厚生労働省ホームページ「ひきこもり対策推進事業」参照。

⑽ NPO法人だいじょうぶは，2005年4月に設立された。

⑾ 2015年12月18日「相対的貧困率に関する調査分析結果」（内閣府，総務省，厚生労働省）では，相対的貧困は2009年総務省「全国消費実態調査」で10.1％，2012年厚生労働省「国民生活基礎調査」で16.1％と報告されている。また，30歳未満と65歳以上で相対的貧困率が高く，単身世帯および大人一人と子どもの世帯では相対的貧困率が高いとしている。

⑿ 日光市人口ビジョンでは，2040年総人口5万7,096人，年少人口4,427人，老年人口2万5,178人，生産年齢人口2万7,491人と推計した。

⒀ 2017年地域の医療機関相互の連携により安定的な医療提供体制の確保を目指すため，地域医療連携推進法人制度が創設された。この制度は，高齢化

の進展に伴い，患者の疾病構造は多様化しており，患者一人ひとりがその状態に応じた良質かつ適切な医療を安心して受けることができる体制を地域で構築することが求められていることが背景にある（平成30年3月30日付医政発0330第33号厚生労働省医政局長「地域医療連携推進法人制度について」）。

地域医療連携推進法人は，2019年11月29日現在，全国で15法人認定されている（厚生労働省ホームページ）。

(14)　（単位：人，％）

	年少人口	生産年齢人口	老年人口	総人口
2015年国調	8,794 (10.5)	47,489 (57.0)	27,103 (32.5)	83,386
2030年推計	5,362 (8.3)	31,650 (49.5)	26,984 (42.2)	63,996
比　較	△3,432	△15,839	△119	△19,390

2030年推計は，日本の地域別将来推計人口（2018年推計）に基づくものである。

(15)　日光みらい科は，まちづくり基本条例をもとに制定した日光市民憲章と日光市教育目標の考え方を取り入れて作られた。

(16)　高校生まちづくりアカデミーは，まちづくり基本条例に掲げる20歳未満の青少年がそれぞれの年齢にふさわしいまちづくりに参画する権利に基づく事業である。

加賀市における SDGs の取組みについて

加賀市 政策戦略部 政策推進課

1　加賀市の概要

加賀市は，石川県の西南部に位置する人口6万7,000人の地方都市である。16.5 kmに及ぶ美しい海岸線は越前加賀国定公園に指定されている。

また，小松市と福井県の境界にある大日山（標高1,368 m）に源を発する大聖寺川，動橋川が日本海に注ぎ，それぞれの流域に開けた森や水に恵まれた地域である。

主要産業である機械工業のほか，伝統産業も盛んで，九谷焼，山中漆器の発祥の地として，現在も多くの作家や職人が伝統の技を受け継いでいる。観光業も盛んで，市内には松尾芭蕉や北大路魯山人，与謝蕪村，与謝野鉄幹・晶子夫妻など多くの文人が好んだ山中，山代，片山津の個性豊かな3つの温泉があり，年間約200万人が訪れている。

歴史文化の面では，2017年4月に加賀市を含む全国11市町の共同申請による北前船に関するストーリーが日本遺産に認定されるなど，地域資源を活用した取組みを進めている。

医療・交通・子育ての面では，市町合併に伴い，2病院を移転統合し，2016年4月に「加賀市医療センター」を開院した。この新病院は，2次救急医療への対応を強化するため，救急搬送を断らない体制を目指しており，集中管理センター（HCU）以外のすべての病室を個室にするなど，安心・安

2016年4月に開院した「加賀市医療センター」

全な医療を提供している。また，新病院の開院に伴い，地域交通の整備に取り組み，市内全域を対象とした「加賀市乗合タクシー（のりあい号）」を導入した。2018年4月には，子育て世代のニーズに対応した屋内児童遊戯施設「かがにこにこパーク」がオープンし，2019年12月時点で来場者が20万人を超える状況である。

2　取組み内容

加賀市版SDGsの主な取組みをSDGsの項目に合わせて紹介する。

(1)　コンピュータクラブハウス加賀〜SDGs項目4「質の高い教育をみんなに」

❶コンピュータクラブハウス加賀の開設

コンピュータクラブハウスとは，世界21か国に約100か所ある米国発祥の子ども向けコミュニティスペースである。

子どもたちが自宅や学校以外の場所で，「いつでも」「安全に」「テクノロジーに触れられる」場として無償で公開されている。

日本では，2019年5月に石川県加賀市に開設された「コンピュータクラブハウス加賀」が初の試みだ。運営は，加賀市とプログラミング教育で連携している特定非営利活動法人みんなのコード（以下，「みんなのコード」という）が行っている。

加賀市がプログラミング教育に力を入れだしたのは，2013年10月の宮元陸市長の就任後，2014年5月に日本創成会議が発表した「消滅可能性都市」に，加賀市は南加賀地域で唯一該当していたことから，危機的な状況と再認識するようになり，消滅可能性都市からの脱却に向けて，子育て支援策の拡充，国や他の自治体に先駆けた公民連携によるイノベーションの推進のほか，小中プログラミング教育による人材育成を図り「挑戦可能性都市」の実現を目指すこととなったことが背景としてあった。

加賀市は，急激に変化する世界の中で，将来の加賀市の産業を担う人材の裾野の拡大を図るため，小中学生を対象としたロボット国際教育プロジェクトである「ロボレーブ加賀大会」を2014年度に初めて開催したのを皮切りに，2015年度からは規模を発展させた「ロボレーブ国際大会」を加賀市で開催してきた。2020年には加賀市で「ロボレーブ」の世界大会開催も予定している。

また，学校でのプログラミング教育については，みんなのコードとともに2016年度の総務省「若年層に対するプログラミング教育の普及推進」事業に取り組み，2020年度からの新学習指導要領での必修化に先駆け，全国的にいち早く，加賀市の小学校5校（錦城東・橋立・作見・山代・山中小学校）でプログラミング教育を開始し，2017年度には市内全ての小中学校でプログラミング教育を行っている。このような経緯から，みんなのコードとプログラミング教育に関する連携協定を2018年10月に締結した。

小中学校でのプログラミング教育の具体的な内容としては，小学校4年生から中学校2年生の「総合的な学習の時間」，そして中学校3年生の「技術・家庭科」で，年間5時間以上のプログラミング教育，加えて，教育プログラム「ロボレーブ」を活用した学習も，クラブ活動や課外活動で実施している。

実際に，プログラミング教育の現場からも，「普段はおとなしい子がプログラミングでとても輝いている」という声が多く聞こえてきた。しかし，学校の授業でプログラミング教育を推進する重要性を感じる一方で，学校の授業の枠の中で出来ることには，時間や指導者の面で限界があることにも課題に感じていた。

ちょうどそのような課題感を持つなかで，「コンピュータクラブハウス」という取組みを知り，ぜひ加賀市で国内第1号を始められないかと検討がはじまった。

コンピュータクラブハウスの開設に当たって，日本初となる「コンピュータクラブハウス」を加賀市に設置し，学校教育の枠組みだけでなく，学校外で発展的な学習をするための支援を行う，この先進的な取組みは日本のプログラミング教育に関心を寄せる方からの共感・賛同を得られるものであると考えられたことから，クラウドファンディング型のふるさと納税制度を活用することとした。返礼品は送らないこととしたが，日本全国から計129名の方々から1,000万円を超える支援を得ることができた。

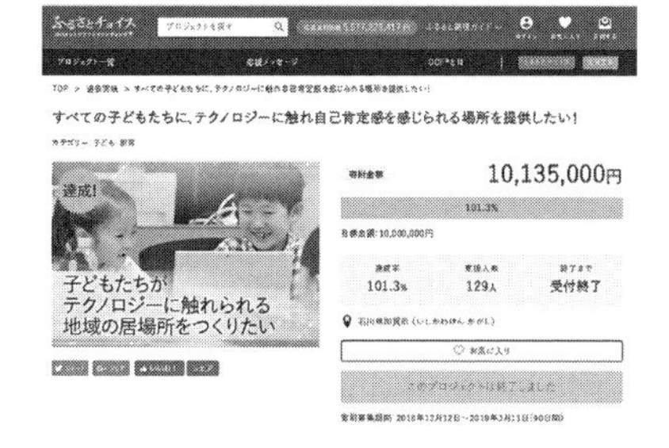

❷コンピュータクラブハウス加賀の取組み状況

開設から約半年，加賀市内外から延べ約800人以上の子どもたちがコンピュータクラブハウス加賀を訪れている。

訪れている子どもの中には，地元のお祭りのPR動画をつくるため，毎週のように通っている小学3年生の男の子がいる。

家や学校では，動画を制作するためのノウハウや機材，編集のソフトウェアについて精通している人が周囲にいなかったため，誰にも相談できずに困っていた。そんな時にコンピュータクラブハウスの話を聞きつけコンピュータクラブハウス加賀を訪れたことからプロジェクトがスタートした。

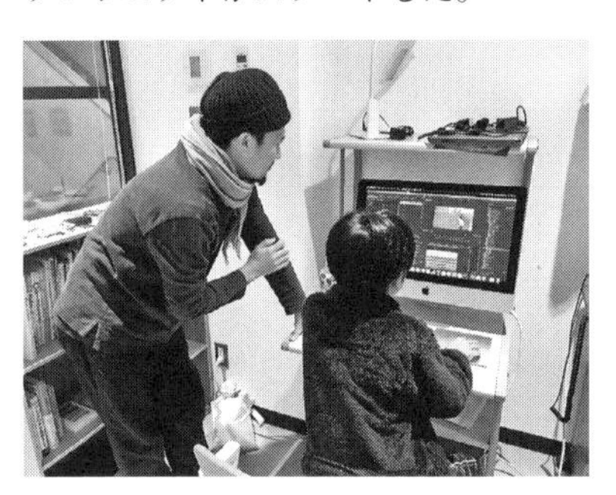

現在は，脚本づくり，撮影，動画編集までこなすなど，4か月近くかかるプロジェクトを楽しみながら取り組んでいる。

とある中学2年生の女の子は，プログラミング言語の1つでAndoroidのアプリ開発等に用いられる「Kotlin」を勉強している。

彼女は当初，兄の付き添いでコンピュータクラブハウス加賀に通っていたが，次第にプログラミングに興味を持ち始め，現在では，参考書を読みながら難しい部分はコンピュータクラブハウスの指導者に教わりながら学んでいる。

また，プログラミング言語の1つである「Java」をきっかけに小学5年生と高校1年生が開発について意見を交わすなど，自宅・学校などでは起こりえない「サードプレイス」としての強みを発揮しつつあり，コンピュータクラブハウスは学校教育や年齢の枠を飛び越え才能を伸ばす場所として機能しはじめてきている。

しかし，その一方で課題も見えてきた，「機材のスペック不足」と「キャリアとの関係付け」だ。

たとえば，当初は普通のパソコンでよかった子どもたちも，技術力が高まり動画制作やスマホアプリをつくりたいとなると，それなりのスペックのパソコンが必要となってくる。新たな機材を導入すれば，より高度な動画制作や音楽制作なども可能となり，「子どもたちが好きなことに取り組む場」としての活動の充実が見込める。

また，日本では，特に地域間におけるICT教育設備の格差は大きく，公教育においては地域への普及は都市部と比べ遅い傾向にある。また，成長産業であるIT産業などは地方に行くほど従事者が少なく，その差は今後開く一方と予想される。

このような環境では，子どもたちは身の回りにロールモデルとできる大人がいないため具体的なイメージができず職業選択が既存の職業に限られてしまう可能性がある。

コンピュータクラブハウス加賀では，最新の情報・最新の設備の2つを提供することを通して子どもたちのレベルを底上げし，培った能力やマインドを実践する場所を提供するところまでサポートを行っていく必要があると考え，今後は企業で活躍する現役のIT人材を招いて講演会を開くなどして，子どもたちがキャリア形成を意識できるような機会を設ける予定としている。

加賀市は，それらの課題を解決するためコンピュータクラブハウス加賀を拡充することとし，その活動資金を得るために，2019年11月20日より目標寄附金額2,000万円として，クラウドファンディング第2弾を開始した。

コンピュータクラブハウス加賀では，学校教育などを通じて意欲がわいて，「もっとコンピュータに触れたい」というすべての子どもたちに家庭の経済状況にかかわらず訪れてもらい最新のテクノロジーに触れてもらいたいと考えている。

コンピュータクラブハウス加賀という空間では，知識や技術を教え込むのではなく，コンピュータなどを自由に使える環境をつくり，そこで子どもたちが，技術を身に付けるだけでなく，クラブハウスの活動を通じて，自分の考えを表現することの楽しさや自分に対する自己肯定感の高まりを感じることができるような場所を目指している。この延長線上に，加賀の地から世界的な情報通信技術（ICT）の開発者が現れることを期待している。

(2) 加賀市版RE100～SDGs項目7「エネルギーをみんなにそしてクリーンに」

❶加賀市版RE100の実現に向けて

加賀市においても異常気象が頻発している。頻繁な豪雨，記録的な豪雪，猛暑ならびに度重なる台風の発生など，こういった市民生活に過大な影響を及ぼす異常気象の背景には，地球温暖化に伴う影響があると認識している。市民の日常生活にも危機感が感じられる現在，エネルギーを使い，温暖化の原因となる大量の炭素を排出する高炭素消費社会から，エネルギーも食物も全てを循環させる脱炭素社会へと転換しなければいけない時期にきているものと感じている。

我が国は，温室効果ガスを2030年度に2013年度比で26％削減するとの目標を立てているが，この達成のためには，家庭・業務部門において約4割という大幅な排出削減が必要だといわれている。

この壮大な目標の達成のためには，市民生活や地域の事業活動に直結する地方自治体の役割が極めて重要と考える。地域において地球温暖化の現状やその対策への理解と気運を高め，市民一人一人の自発的な行動を促すとともに，地方自治体が率先して脱炭素社会の構築や再生可能エネルギーの普及に取り組むことは，地方自治体の重要な使命であると考えている。

世界的な視点で見た場合，「パリ協定」等，脱炭素化の流れは世界的な潮流となりつつあり，このような背景のもと加賀市においても2018年11月19日に「世界首長誓約／日本」を署名し，持続可能な地域づくりを地方から目指すこととした。

また，2018年の北海道地震や，2019年の千葉県の台風被害に代表されるように，集中型電源による停電の大規模化について問題となっている。太陽光をはじめとする自然エネルギーを使った住宅や区画などの分散型電源においては停電しないという報告もされており，電力インフラのレジリエンス強化のためにも，地域資源を利用した再エネ導入は欠かせない。

一方で，加賀市は，長期的に続く人口減少に苦しんでいる都市の1つ。石川県の加賀地方で唯一の消滅可能性都市とされ，加賀市全体の活力低下と少子高齢化を招いている若年層の地域外流出を食い止めなければいけないと考えている。人口減少に伴う都市経営やインフラの維持への不安が募っている。市内の活力低下については，人口減少の他，資金の市外流出が考えられ，特に，環境省「地域経済循環分析

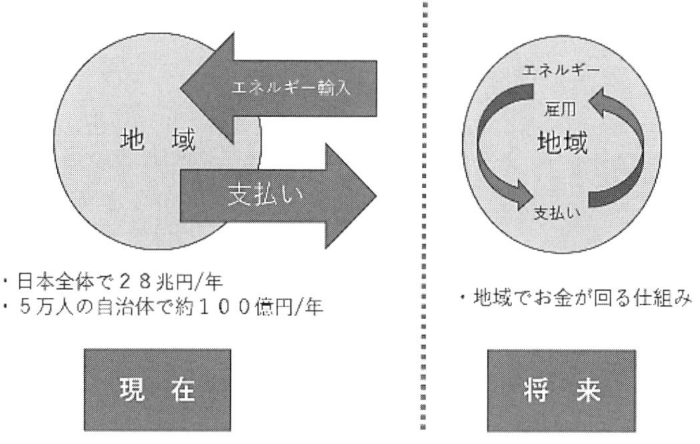

（出所） LGD 全国大会@東松島　環境省発表資料より。

ツール」によると2013年におけるエネルギー代金の流出は，約165億円に上る。現在，電力は地域外から買っており，その料金は大手電力会社に支払うという，一方向的な流れになっている。この流れを変えて，地域の中で電力や資金を回す体制を構築することができれば，地域の活性化につなげることができるのではないか。

加賀市は，「世界首長誓約／日本」で誓約した「脱炭素」と，資金の一方向的な流れを食い止め市内で資金が循環するような「地域内経済循環」を目指し，“加賀市版RE100”を掲げて取り組むこととした。RE100とは，事業運営を100％再生可能エネルギーで調達することを目標に掲げる企業が加盟するイニシアチブで，「Renewable Energy 100％」の頭文字をとって「RE100」と命名されているものである。つまり，加賀市は，公共分野，民生分野を問わず，市内におけるエネルギー需要を100％地域で生産した（地産）再生可能エネルギーで賄う（地消）ことを目指すこととしたのである。この実現により，「脱炭素」「地域内経済循環」を図ることができ，エネルギーの自給自足ができる強靭で持続可能な地域をつくり上げることができるものである。

この加賀市版RE100を実現させるために，具体的な施策として自治体新電力に取り組むこととした。ポイントは，再生可能エネルギー建設ではなく，地消地産プラットフォーム（新電力会社）設立について検討したことである。通常，他の自治体等では，所有している再生可能エネルギーをいかに

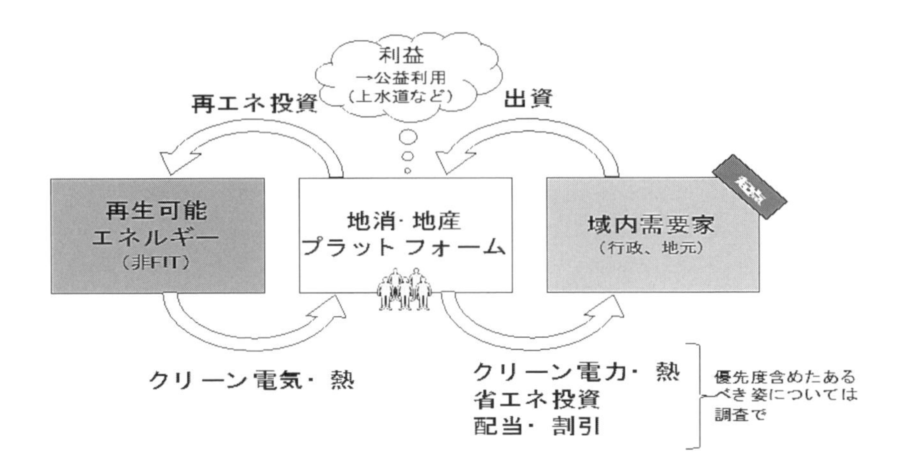

地域の中で活用するか，との観点から新電力事業に携わるケースが多いと思われるが，加賀市の場合，再生可能エネルギー導入について遅れている現状がある。再生可能エネルギー発電所の建設には，多くの時間と費用が必要であり，市がその費用を捻出するには難しい状況であった。

そこで，最初に再生エネルギー発電所を建設するのではなく，域内への需要家へエネルギー販売や出資を活用することで原資を集め，その後，地域資源を利用した再生可能エネルギーへの開発・投資を行うこととした。我々は，このような需要オリエンテッドな事業構築を地産地消ではなく「地消・地産」と位置づけ，取組みを開始することとした。

この自治体新電力事業については，新会社の設立，既存会社の活用等，検討を重ねた結果，現在，加賀市が100％出資している株式会社に新たに電力事業部門を新設し，事業を行うこととした。

この加賀市総合サービス㈱については，行政サービスの補完団体として新しい公共空間の実現を目的として，2006年10月に設立（事業開始は2007年4月）され，主に公共施設の指定管理（加賀市美術館，魯山人寓居跡いろは草庵，中谷宇吉郎雪の科学館，等），公共事務等の業務受託（学校・保育園給食調理業務，医療費助成等窓口業

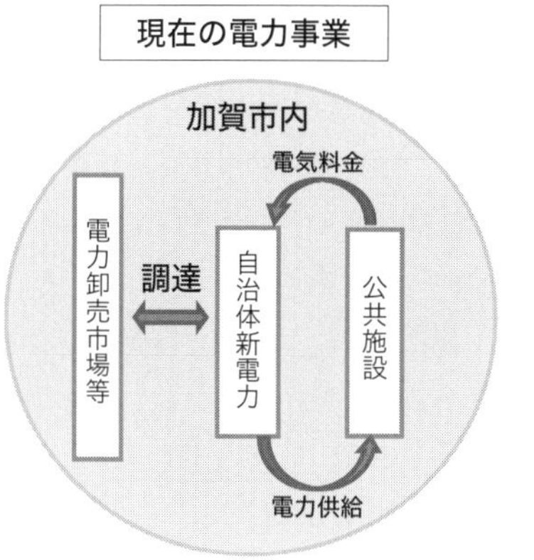

現在の電力事業

加賀市内
電力卸売市場等
調達
自治体新電力
公共施設
電気料金
電力供給

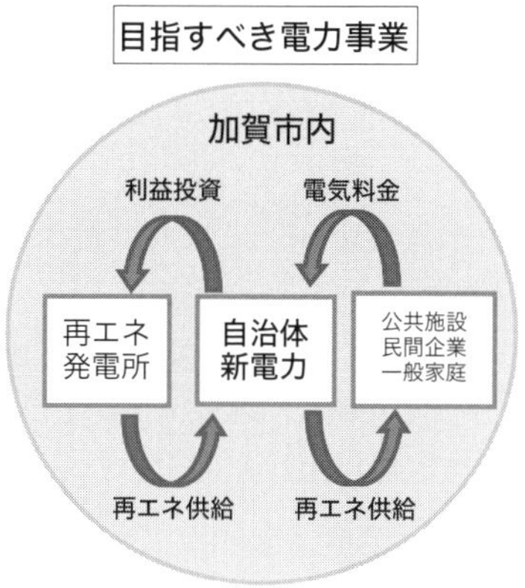

目指すべき電力事業

加賀市内
利益投資
電気料金
再エネ発電所
自治体新電力
公共施設
民間企業
一般家庭
再エネ供給
再エネ供給

務，等）労働者派遣を行っており，電力事業については初の試みとなる。

加賀市は，自治体新電力事業の安定運営について，最低限の電力需要を確保することとし，加賀市総合サービス㈱は，加賀市版 RE100 の実現に向け，新電力事業としての役割を担う協定を締結した。

加賀市内の活性化策について，現在，具体的なものがあるわけではないが，ドイツのシュタットベルケにヒントを得ようと考えている。シュタットベルケとは，都市公社と訳されることが多いが，各都市において公共サービスを一元的に行う地域総合会社であり，電力事業や，熱事業，地域交通，文化施設，運動施設など，インフラ事業を総合的に管理運営している自治体が出資している会社である。電力事業や熱事業において得た収益を，構造的に赤字となる地域交通や文化施設，運動施設の管理運営に充てることで，地域貢献を行っており，このようなシュタットベルケがドイツでは，各都市に存在している。それぞれ市民からは，「わが町の地域交通や，文化施設，運動施設が維持できるのは，電気事業の収益のおかげ」ということを意識しており，電力事業や熱事業への切替えが進んでいる状況である。これをヒントにして加賀市版として総合的なインフラ運営を考える加賀市シュタットベルケを検討すべきと考えている。

加賀市の電力事業についての状況であるが，2019 年 4 月から電力の供用を開始している。2019 年 12 月現在は公共施設のみへの供給を行っており，調達は日本卸電力取引所（JEPX）が中心となっている。現在は収益性をチェックするフェーズとなっている。

今後は，再生可能エネルギーによる調達比率を増やしつつ，加賀市全体への供給ができるよう各種団体との連携を強化していく。

❷「加賀市版RE100推進協議会」の設立

加賀市では，市内各業界団体と連携し，加賀市版RE100を推進するため，「加賀市版RE100推進協議会」を設立し，再生可能エネルギーへの投資や，再生可能エネルギーを利用した新たなビジネスの可能性を探ることで市内の官民連携を図り，市の活性化を目指していく。

(3)　加賀市版MaaS～SDGs項目11「住み続けられるまちづくりを」

❶自動運転社会を見据えた「加賀市版MaaS」推進の背景

加賀市は，同規模の自治体が合併してできた多核分散都市であり，高齢化，若者の人口流出が著しい。多核分散ならではの拠点間が遠いなどの理由により輸送に不効率性が生じ，公共交通機関の不便さの一因となっている。交通機関が不便であれば利用者が減り，収益減少につながり，事業者は路線の廃線や減便を余儀なくされる。結果的にさらに利便性が低下し，利用者離れが加速する。

根本的な原因は，マイカー依存型の都市形成であると思われるが，これは地方都市ならではの課題であって抜本的な解決は容易でないものの，関係事業者が相互に連携し，マルチモーダルなルート検索や予約と決済のシステム，その他専用の料金体系を構築するなど，利用者の利便性を向上させる取組みの方法があると考えられ，これらの取組みには，マイカー依存型社会の脱却に寄与するものと考えられる。

このことから，加賀市においては，2019年7月にMONET Technologies株式会社と「自動運転社会に向けた次世代モビリティサービスに係る連携協定」を締結し，「誰もが安全で快適に生活できるまちづくりを推進すること」を共通の目的として取組みを進めることとした。

MONET Technologies株式会社は，MaaSプラットフォームを目指すため，トヨタ自動車とソフトバンクが共同出資により設立した会社で，本田技研工業や日野自動車とも資本提携するなどプラットフォーマーとしての地位を着実に整えている。

MaaS（Mobility-as-a-Service）とは，移動手段を物的所有物としてではな

く，一つのサービスとして考える比較的新しい考え方である。

電車やバス，飛行機など複数の交通手段を乗り継いで移動する際，それらを跨いだ移動ルートを検索し，従来，個別に行っていた予約や支払いまでも一括で行う。そしてさらには，レンタカーやレンタサイクルなどのラストワンマイルの交通手段も包括することで，利用者の利便性を大幅に改善するような仕組みが狭義の MaaS といわれる。

そして広義の MaaS とは，複数の交通手段を連携させ一括のサービスとして提供し，その他のサービス，たとえば病院の予約，商店のポイント，旅館の宿泊サービスと一体になったものを指す。

MaaS のメリットは，利便性が向上することや，それによる公共交通の利用率が高くなること，そして自家用車が公共交通に置き換わることで，CO_2 の排出量の低下にも寄与する。そのほか，連携させたサービスにより様々なサービスの利用が促進され域内の経済の活性化にも良い効果を及ぼす。

❷移動データの可視化と効率的な交通と都市の運営

今回の連携では，加賀市が運営する「乗合タクシー」にトランスログ（移動の目的地，経路，時間，速度，車のデータ）を収集する車載器を搭載し，乗合タクシーの利用効率化を検討する。データを分析することで，運行経路や時間の改善，その他都市計画の基礎データとしても活用できると考えられる。このことは，SDGsの「包摂的で安全かつ強靭で持続可能な都市及び人間居住を実現する」目標につながる課題解決の一つの方策と考える。

トランスログを分析し，可視化できれば，たとえば道路の混雑状況，利用頻度の高い経路などを把握することができ，混雑の少ないルートで乗合タクシーを運行することができる。また，振動の情報を分析することで，現場確認をすることなく，道路の劣化状況が把握でき，それは都市計画の改良につながる。将来的には乗合タクシー以外の多数のモビリティによるデータを蓄積し，人流データと重ね合わせ効率的な都市運営を目指す。

また，2020年度以降は2023年の北陸新幹線加賀温泉駅開業を見据え，観光交通の改善にも協働することとしている。乗合タクシーのほか，その他の移動データを複合し，観光客に利便性の高い交通モードを提供し，駅から目的地まで快適に移動できる仕組みづくりを模索していく。

❸市内の交通サービスとその他事業の連携の推進

加賀市の公共交通は，現在，鉄道(JR)，路線バス，観光周遊バス，タクシー，乗合タクシー（デマンド交通）の5種類で構成され，主要な地域交通である路線バスについては事業の不採算性から2006年には大幅な路線の縮小があり，バス路線のない地区や，あっても1日数本の地区が点在した。2016年に加賀市医療センターを開院することに合わせて，2015年10月より全市民が病院や買い物で不自由しないようにデマンド型の乗合タクシーの市内全域での運行を始め，交通空白地を解消し，現在に至っている。

観光周遊バスも広い市域を周遊することから，一周に時間がかかることや本数が少ないこと，乗合タクシーも早朝や夕方以降の便がなく予約が必須であること，一般タクシーについても事業所の撤退など，一つのサービスで考えると利便性が高いとはいえない。観光客用に個々の旅館が用意する送迎バスは，JRの駅と旅館をつなぐことしかできないため，周遊を目的とする観光客にとっては使い勝手がよいとはいえない。

現在は，まだ個別で提供されているこれらの交通サービスを連携させることによって，利便性を高める取組みを行っていきたい。たとえば，温泉地で旅館が独自の宿泊サービスを提供し，温泉街の商店が独自の商品を販売している場合に，交通サービスと連携し宿泊者は周辺周遊のバスに乗り放題で，土産店でプレゼントがもらえるような企画を実施する。旅行客は，サービス料を宿泊費に包有して支払うため強く意識しないが，実際には交通費と商店のプレゼント代が宿泊費に含まれている。交通や商店のプレゼントが一括で付与されることで，周辺を観光するなど，温泉街を散策するきっかけになると考えられる。

これは旅行の企画商品と同じ考え方であるが，MaaSの考え方に沿って考えれば，商品がパッケージングされているわけではなく，宿泊先，商店，そして交通手段それぞれのサービスは個別であるが，その個別サービスを一括で提供できるプラットホームの構築により，利用者は提供される個別のサービスをプラットホーム上で任意につなぎ合わせて，最適な経路で旅の計画を立てることができることである。専門の旅行代理店に頼ることなく，自身の携帯端末等から旅行先の情報を入手し，さらにそれを簡単につなぐことができ，決済まで完了させる。スムーズな移動，一体となったサービスによって人々の移動意欲を高め，自家用車と同等以上の利便性を提供するそれがMaaSである。

しかしながら，これにはMaaSプラットフォーマーと呼ばれる各サービスの連結基盤が必要で，また同業他社，異業種間の連携も不可欠である。まずは，既存の公共交通を基軸に，何ができるかを十分に検討し，既存交通の高度化によってできる市内事業者とのサービスの一体化を模索するとともに，すでに協力体制を整えている企業からの技術の提供を受けてできることから域内交通さらには経済の活性化に取り組みたいと考えている。

❹市内交通の高度化と市民への普及

加賀市の乗合タクシーは，市内を3つのエリアに分け，自家用有償旅客運送事業（区域運行）として，市の委託を受けた加賀第一交通㈱が運行している。

年間の利用者は延べ1万5,000人で月間約300人の利用者が電話により予約し，最寄りの停留地点から市内中心部などに移動している。もともとは路線バスが主な公共交通であったが，廃止・減便となったために移動手段を確保するためにとある地区の住民が主体となって地域限定で始めたことがきっかけで始まったものである。

利用者は徐々に増えているものの，出発の1時間前までに予約しなければならない，予約の電話対応をオペレーターが行うため，夜間から早朝にかけての予約ができないなどの問題，予約の都度，運行経路を設定する必要があることで，オペレーターに過度な負荷がかかるなどの運営側の問題点があった。これらを改善するために，2019年8月より予約管理システムを導入し，インターネットで予約できるようにしたことで，予約締め切り時間の短縮や，オペレーター業務の改善につながった。

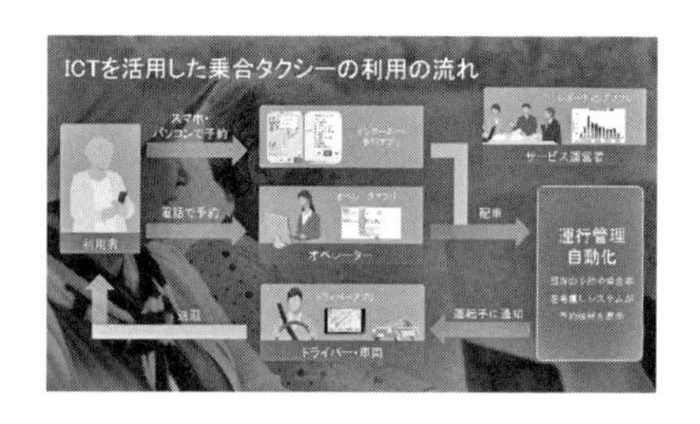

一方で，利用者の多くは自家用車を利用できない高齢者等であって，インターネットやスマートフォンに馴染みがない。また，これは乗合タクシーに限らず，公共交通全般についていえることである。

MaaSを推進していく上でも，データ活用型の都市運営を目指す上でも，実際に利用する市民がインターネット等の端末に縁遠い状態では，良い結果が期待できない。このことから，2019年12月より市内の携帯キャリアと連携し，スマートフォン教室を開催している。システムや交通網の整備だけではなく，実際に利用する市民が少しでも興味を持ち，加賀市の目指す都市運営の中で居住しやすい環境をソフト的な観点から推進していくことも重要であると考えている。

みんなで描く未来，みんなで創る未来
～多摩市から拡がるESD～

多摩市教育委員会

1　みんなが笑顔 いのちにぎわうまち 多摩

(1)　多摩市の魅力

東京都多摩市は市内の6割を日本最大級の規模を誇る多摩ニュータウン地域が占める，多摩丘陵の豊かな緑と快適な暮らしを支える都市機能が調和した都市である（位置：東京都心から電車で30分，人口：約14万8,000人，面積：21.01㎢）。

多摩ニュータウンの開発に伴い，歩車分離を徹底し計画的に配置された住宅や，数多く設置された公園，地域内に張り巡らされた全長42㎞にわたる遊歩道などは多摩市の特徴となっている。

これらの街並みや風景は多くの映画やドラマの場面としても活用され，「聖地巡礼」として楽しむ観光客も増えてきている。また，世界的に有名なキャラクターである「ハローキティ」を親善大使に任命し，地域の活性化を図っている。

(2)　多摩市の目指すまちの姿とまちづくり

多摩市では，身体面での健康だけでなく，それぞれに生きがいを感じ，安全・安心に暮らすことができ，子育て中であっても，障害があっても，子供から高齢者まで，だれもが幸せを実感できるまちを目指して「健幸まちづくり」を進めている。

多摩市の高齢化率（28.7％）や出生率（1.21）に表れる高齢化・少子化の急速な進展と，それに伴う地域経済の縮小は，地域が抱える課題を複雑かつ多様なものにしている。こうした現状に鑑み，本市では市民・地域と行政が連携し，大学や企業など様々な地域資源を活用しながら，高齢者がいきいきと活躍できる地域社会づくり，子育て

環境の整備や教育環境の充実などに重点的に取り組んでいる。

健幸まちづくりを進め，子供・若者たちが未来に希望をもち続けることができ，「笑顔」があふれ，誰もが住んでいることを誇りに思える持続可能なまちの実現を目指している。

2　多摩市の教育

⑴　多摩市のESD

多摩市では，2009年から「2050年の大人づくり」をスローガンにESD（持続可能な開発のための教育）を重点事業とし，身近にある環境や地域を学びのステージとして，多摩市のよさを知り，考え，将来・未来に伝えることのできる，多摩の創造に貢献する人材の育成を学校・家庭・地域の連携の下に推進してきた。現在，市内の全小・中学校26校がESDの推進拠点であるユネスコスクールに加盟し，各学校の特色や地域性を生かしたESDを積極的に実践している。

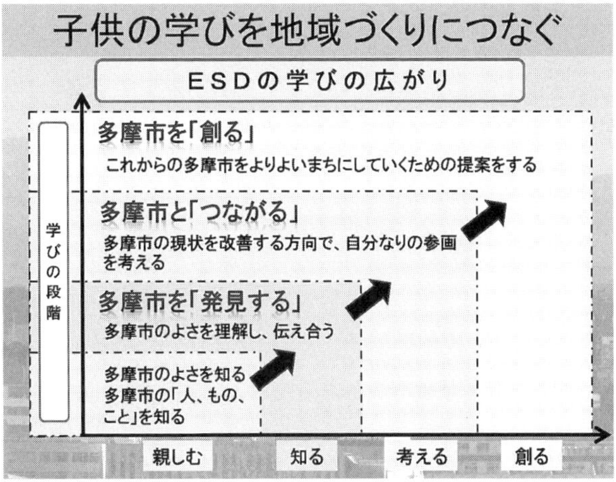

2009年以前から市内の学校では，環境教育の視点から夏期にゴーヤを植えて日よけにする試みを始めており，これを「グリーンカーテンプロジェクト」として多摩市の農業委員会の協力の下に全校に展開し，地球温暖化の防止に向けたESDの取組みをスタートさせた。

東日本大震災と原子力発電所の事故を契機に，「GO-YA action TAMA」をキャッチフレーズとして，中学校では市民に節電を呼びかけるポスターを作成したり，ユネスコスクールとして交流を深めていた被災地である気仙沼市の学校への支援活動を行ったりするなど，各学校では子供たちを中心とした活動の積み重ねから「持続可能な発展」が実現できるよう，ESDの取組みを展開してきた。

ESDを通じた「持続可能な社会の担い手」，ひいては「未来の地域社会の担い手」の育成に向けて，多摩市では学校・地域・家庭の連携を教育の柱としながら，企業・大学・行政機関・市民団体（NPO）との連携・協働の下に子供たちを育てていこうとする流れが生まれてきている。

「ESDコンソーシアム」や実践発表の場である「多摩市子どもみらい会議」などの取組みが，新たな人や社会との「かかわり」「つながり」を生み出し，各学校のESDを一層充実したものにしている。

(2) ESDの学びの拡がり

各学校は，ユネスコスクールとして環境，国際理解，エネルギー，防災，平和，福祉，人権等の社会の様々なテーマを取り上げ，身近にある自然や地域（多摩市）を学びのステージとして，子供たちが「親しむ・知る・考える・創る」活動を展開している。こうした子供たちのESDを通じた学びを，学校教育を超えて地域づくりにつないでいくためには，「ESDコンソーシアム」や「多摩市子どもみらい会議」を通じて，子供も大人もみんなでESDの意義や価値を共有し，互いにかかわり，つながりながら，より地域の課題に結び付いた主体的な学びに発展させることが大切である。

前ページの図は，市内の学校のESDの実践を基に，子供たちの学びの広がりを表したものである。縦軸は「学びの段階」，横軸は「子供の活動」を表している。

多摩市のよさを知ることから始まり，「多摩市を発見する」段階ではよさを理解し伝え合い，また，「多摩市とつながる」段階では自分なりの参画を考え，さらに，「多摩市を創る」段階ではよりよいまちにしていくために提案をするといった学習を展開している。このように，各学校ではESDの学びに広がりをもたせることで，子供たちの主体性を育むよう取り組んでいる。

3　子供の学びを地域づくりにつなぐ

(1)　地域づくりにつながるESDの実践

❶多摩市を「発見する」小学生—多摩市立愛和小学校「グリーンプロジェクト」

本校（校長：柏原聖子）は，約5,700㎡に及ぶ学校林がある緑豊かな学校である。

この学校林「愛和の森」を学習に生かそうと，2016年10月から全児童で「緑の少年団」を結成し，ESDの一環として「親しみ愛し守り育てる」学校林の活動を行っている。

愛和の森には，サワガニの生息地や，柿などの実のなる木，湧き水といった豊かな自然がある。

5年生の児童は，自分たちや森に生息する動植物だけでなく，保護者や地域住民も親しめる「みんなの森」にしようと，愛和の森を魅力あるものにする取組みを進めてきた。

本校では，この活動を通じて児童が愛和の森のよさを再発見し，互いにかかわり合いながら環境を保全していこうとする態度などの資質・能力の育成を目指している。

【児童の学びの様子】

(ア)　目標

学校林を人や動植物にとってよりよい「みんなの森」にする活動を通して，自然環境や周囲の人の願いに関心を寄せ，互いにかかわり合いながら，環境を保全していこうとする態度や，課題解決に必要な知識および技能を育む。

(イ)　活動（第５学年：総合的な学習の時間／20時間）

ⅰ）　愛和の森を調査しよう
学校林を観察し，見付けたよさなどを互いに伝え合い，もっとよくするためのアイディアを話し合う。

ⅱ）　提案書を作ろう
自分たちのアイディアや専門家のアドバイスを基に課題を設定し，活動計画を立てる。

ⅲ）　計画を実行しよう
課題別グループ（湧き水・果樹園・菜園・観察台・階段）で，専門家の支援を受けつつ，協力しながら計画を実行する。

【湧き水】　人と水生生物が共存できる水路をつくる。

【果樹園】　果樹園を豊かにし，みんなで実った果実を味わう。

【菜　園】　学校菜園（ガーデン）を復活させ，飼育するニワトリの餌を栽培する。

【観察台】　以前利用していた観察台を再利用して，森の近くで安らげるテーブルやベンチをつくる。

【階　段】　伐採した学校林の木を利用し，階段をつくったり道を整備したりして，みんなが安全に森の中に入れるようにする。

ⅳ）　みんなに報告しよう
活動を振り返り，発表の場である「愛和フェスティバル」や児童集会で保護者や地域住民等に向けて活動を報告する。

ⅴ）　愛和の森を引き継ごう
「みんなの森を引き継ぐためにはどうすればよいのだろう」というテーマで話し合い，自分たちでできることや協力してもらいたいことなどを考える。

(ウ)　児童の声（活動の振り返りから）

・「湧き水グループ」では，森からの湧き水が流れ込む水路を，みんなが楽しく，生き物には優しい場所にしたいと考えました。ヒレタゴボウという植物や重い泥を取り除く作業は大変でしたが，きれいにすることができたので，春にはサワガニなどの生き物でいっぱいになってほしいです。

・私たちだけでなく，小さな生き物たち，動物，植物，だれにとっても優しい森づくりにしていきたいという思いをこれからも大切にしていきたいです。また，おうちの人や地域の方と協力して，活動を続けていきます。

【○成果と△課題】

○専門家や地域の方，学校林を中心とした自然環境と自分たちのつながりを広げ深めることができた。

○フィールドワークや調査活動などの体験活動を効果的に取り入れることにより，児童は自分の課題を強く意識し，探究心をもって「みんなの森」づくりに取り組むことができた。

△児童がより一層自然とのかかわりを深められる「みんなの森」の実現に向けて，様々な人とかかわり，協働して課題解決していく学習場面の工夫が必要である。

❷多摩市と「つながる」小学生─多摩市立東落合小学校「朝のごみ出しボランティア」

本校（校長：鈴木純一郎）は，学校と地域をつなぐ「教育連携コーディネーター」を中心に，保護者や地域の団地自治会と連携し，6年生の児童による登校途中の高齢者宅を訪問した「ごみ出しボランティア」を行っている。

学区内にある落合団地は，5階建ての低層棟が中心でエレベータが設置されておらず，高齢化が進む住民の中にはごみ出しに苦労している人が多かった。

こうした地域の課題を捉えて始まった児童によるESDの活動が「ごみ出しボランティア」である。

本校では，この活動を通じて児童が地域の高齢者とかかわり，地域と積極的にかかわる意義や重要性を認識して，地域を大切にしようとすることや地域の行事に自発的に参加しようとする社会参画する力などの資質・能力の育成を目指している。

【児童の学びの様子】

(ア)　目標

高齢化等の地域の課題を捉え，ボランティア活動の意義を理解し，主体的にごみ出しボランティアに参加することで，地域と積極的にかかわる社会参画する力を育成する。

(イ)　活動（第6学年：学級活動／1年間）

i） 卒業する学年の児童から，ごみ出しボランティアの内容や取組みの意義について説明してもらい，活動への見通しをもつ。

ii） 児童が週2回，可燃ごみの収集日に，教育連携コーディネーターが調整した高齢者宅をグループで訪問し，ごみ出しや挨拶等の活動を継続的に実施する。

iii） 自分たちのごみ出しボランティアの活動を「友達との協力」や「地域への貢献」の視点から振り返る。

iv） 6年生から1年間取り組んできたごみ出しボランティアの活動や意義を5年生に伝えていく。

(ウ) 児童の声（活動の振り返りから）

・朝早く家を出て，担当の家を訪問してごみ捨てを行います。ごみ捨てに行くとき「ありがとう」という言葉を聞いて感謝してくれているのだと思い，訪問の時間に遅れると責任を感じました。感謝や責任を感じながら，6年生の1年間をやり切ることができました。

・ごみ捨てに行くたびに「ありがとう」と言われ，達成感を感じました。それと同時に，このボランティアをしてよかったと思いました。だから将来，人のために役に立てる人になりたいと思いました。

【○成果と△課題】

○児童は高齢者とのかかわりを通して，地域の防災訓練や清掃活動などの地域行事に関心をもち，自発的に参加する児童も増えるなど，地域の活動への参加意欲が高まった。

○高齢者に限らず，地域住民が学校行事に来校したり，児童の見守り活動等に積極的にかかわったりするなど，地域コミュニティの活性化につながった。

△地域の活動への自主的な参加から，地域を支える存在として児童自らができることを提案できるような学習活動を充実していく必要がある。

❸多摩市を「創る」中学生―多摩市立青陵中学校「STP（商店街をちょっと楽しくするプロジェクト）」

本校（校長：千葉正法）の1年生の生徒は，自分たちの住むまちをよりよいまちにするために，地域の課題をSDGs（持続可能な開発目標）と関連付けて捉え，地域の貝取・豊ヶ丘商店街の活性化に取り組んでいる。

生徒は，自分の住む地域や商店街の現状を調べ，自ら課題を見出し，商店街を活性化させるべく，自分にできることをグループで考え，様々な取組みを実践した。

本校では，この活動を通じて生徒が自分たちの住む地域に関心をもち，意欲的かつ主体的にかかわろうとする態度などの資質・能力の育成を目指している。

【生徒の学びの様子】

(ア)　目標

・多摩市の自然，文化，経済，暮らし，政策等の現状と課題を知るとともに，地域社会とのかかわりの中で，自ら課題を見出し，その解決策を探究的に学習するための知識や技能を身に付ける。

・地域の課題を見出し，課題解決に向けて，他者と協働的に情報収集，実態把握を行い，整理・分析し，文章や発話，コンピュータ等を活用して表現する。

・学級の他の生徒や地域の人々などと協働的に学習に粘り強く取り組む中で，多摩市のよさに気付き，地域をよりよくしようとする態度を育む。

(イ)　活動（第1学年：総合的な学習の時間／20時間）

i）　課題意識をもつ
これまでの学習や生活経験から地域の課題を考える。

ii）　解決方法を計画する
地域住民の生活に着目して現地調査を行い，いくつかの商店街の様子を比較して考えることを通して，近隣の商店街の活性化に向けた計画を立てる。

iii）　新たな課題に気付く
コミュニティ・マネジメントの活動を行っている方を講師として，まちの活性化の話を聞き，STPの目的を改めて考え，計画を改善する。

iv）　学びを自覚して実践する
商店街をちょっと楽しくするプロジェクト（物産展，フリーマーケット，シャッターアート，ベンチの色塗り，空き店舗でのプラネタリウム，足湯，小物作り教室など）を実施する。

v) プロジェクトを振り返る
STPを振り返り，成果と課題を模造紙にまとめるとともに，これから地域のためにどのようなことをしていきたいかを実生活や社会の変容へとつなげて考え，発表する。

(ウ) 生徒の声（活動の振り返りから）

・今回のSTPの取組みで，地域の方が「楽しかった」と笑顔で言ってくれたことがうれしかった。これからも商店街が元気になるように応援していきたい。

・足湯や物産展があることで商店街にたくさんの人が来てくれた。また，物を売ることを通して，コミュニケーションが生まれた。STPをやって，商店街の問題を自分事として考えるようになったと思う。2日間だが，STPをやった意味はあった。

【○成果と△課題】

○ STPの実践体験を通じて，地域の問題を自分事として考えられるようになった。

○生徒と地域住民とのコミュニケーションが生まれ，「楽しかったよ」といった地域住民の笑顔の一言が，生徒の自己有用感を高めることにつながった。

△ STPの取組みを一過性のものとせず継続することで，地域の持続可能な活性化につなげていく必要がある。

△自分たちが住む地域の課題と地球規模の課題とのつながりを捉え，生徒が身近なところから主体的に課題を解決するために，どのようにSDGsに着目させるかが課題である。

(2) みんなで学びを共有する取組み

❶多摩市子どもみらい会議

「多摩市子どもみらい会議」（以下，「みらい会議」という）は，各学校で取り組んできたESDの実践の成果と課題を児童・生徒が発信し，参加した子供も大人もみんなで，持続可能な社会づくりに向けたESDの学びの意義や価値を共有する場である。

多摩市では，2015年度から2019年度までを「ESD推進の充実・発展期」と位置付け，5年間でみらい会議を実施し，市内全小・中学校が参加した。

「みらい会議」は3部構成とし，ま

ず，第1部では，発表校が取り組んできた，その年度のテーマ（環境や人権，国際理解等）に係る取組みの成果等を発表する。

次に，第2部では，発表校の児童・生徒によるグループ会議を行う。たとえば，2018年度は発表校の取組みの成果等を踏まえ，「2030年の多摩市が世界の人々と共に理解し合い，過ごせる場所になるために」を協議テーマに，「今できること，これからすべきことは何か」について，初めて顔を合わせた他校の児童・生徒と話し合いを行った。

そして，第3部では，第2部で話し合った内容を踏まえ，市内学校や家庭・地域に発信する統一メッセージを作成する。このメッセージを受け，多摩市および市内小・中学校はこれまでのESDの取組みの見直しをして，新しい視点で翌年度の取組みを展開する。

これまでのみらい会議のテーマや発表した統一メッセージは以下のとおりである。

◆2015年度：テーマ「防災」

【メッセージ】 自分の知識を地域の知識に～防災に強いまちづくりへ～

◆2016年度：テーマ「環境」

【メッセージ】 世界の課題に目を向け，自分にできることを実行し，発信していこう

◆2017年度：テーマ「環境」

【メッセージ】 全ての世代が自分たちもできることを知り，連携して実行しよう！

◆2018年度：テーマ「国際理解」

【メッセージ】 Welcomeに市民が人とかかわり，教え合う場をつくろう

◆2019年度：テーマ「地域」

【メッセージ】 地域や自然とのかかわりを大切にし，それを行動に移すことで，多摩市を住み続けられるまちにしよう！

❷多摩市ESDコンソーシアム

市内全小・中学校がESDの取組みを充実し，持続可能な社会の担い手づくりを進めていくためには，子供たちの成長を支える大人のかかわりが不可欠であり，地（地域），産（企業），学（大学），官（行政機関）の協力が重要である。

こうした考えの下に多摩市では，「地・産・学・官」との連携の中で子供たちを育てていこうと「ESDコンソーシアム」を立ち上げ，連絡会を毎

年度1回開催している。

2019年度の連絡会のテーマは，「いま求められるESD～2050年の大人づくりに向けた多摩市のセカンドトライ～」とし，学校のESDの取組みや多摩市が進めるこれからのESD施策について情報の共有を図った。また，意見交換では，ESDを通じて子供たちにどのような能力や態度を身に付けてほしいか，学校のESDに対して支援できることは何かを話し合った。

参会者からは，ESDを通じた子供たちの学びについて，体験活動を大切にし，体験から生まれる地域や社会の物事や出来事に対する疑問を基に，主体的に課題を探究する力を身に付けてほしいことや，子供たちが地域や社会に関心をもつために，体験や見学の場づくりが提供できることなど，様々な意見が出された。こうした意見を基に，学校教育のみならず，地域や企業，大学等と連携・協働しながら「2050年の大人づくり」を合言葉にして，ESDの充実を図っている。

4 「2050年の大人づくり」に向けたセカンドステージへ

⑴ ESDを通じた義務教育9年間で身に付けさせたい資質・能力の設定

多摩市では市内全校がユネスコスクールに加盟し，全国に先駆けてESDを推進してきた。特に，総合的な学習の時間を中心に，各学校の地域性などを踏まえた特色ある内容の教育が展開されている。今後はそれを一層充実させるために，「ESD検討委員会」を設置し，義務教育9年間でESDを通して児童・生徒に身に付けるべき資質・能力を設定した。具体的には，市内の中学校区の中で，身に付けるべき資質・能力を明確にすることで，一つの課題を深く追究するだけでなく，ESDの学びを小学校から中学校へつなげていく。

⑵ SDGsを踏まえたESDの推進

市内小・中学校では，ESDカレンダーを作成し，各学校でESDを通して育成する資質・能力を明らかにして，計画的に教育活動に取り組んできた。こうした各学校のESDの取組みをSDGsと関連付けることによって，ESDの意義や目的を改めて明確にし，その教育効果を高めることができると考える。

たとえば，先述のESDの実践事例において，愛和小学校「グリーンプロ

ジェクト」はSDGs 15「陸の豊かさも守ろう」，東落合小学校「朝のゴミ出しボランティア」はSDGs 17「パートナーシップで目標を達成しよう」，青陵中学校の「商店街をちょっと楽しくするプロジェクト」はSDGs 11「住み続けられるまちづくりを」につながる事例である。

今後は，ESDカレンダーにSDGsを位置付け，SDGsを踏まえた教育活動が各学校で充実するようカリキュラムの改善を図っていく。

⑶　持続可能なまちづくりにつながる「子どもみらい会議」の実施

2015年度から実施してきた「多摩市子どもみらい会議」は，2019年度をもって市内全小・中学校の発表が終了した。

本会議での多摩市の未来を考え，メッセージを発信する活動を通して，子供と大人が共にESDの理解を深めてきた一方で，メッセージの具体的な行動につながりにくいという課題も明らかになってきている。

2020年度からは，コンセプトを「地域・企業の大人も一緒に考える多摩市子どもみらい会議」として，子供と大人が協働する会議へと移行する。そして，多摩市は未来を生きる子供たちのために，ESDの歩みをさらに進めていく。

「潤水都市さがみはら」における SDGsの達成につながる取組み

相模原市 企画財政局 企画部 企画政策課

1　相模原市の概要

本市は，首都圏南西部，神奈川県の北部に位置する人口約72万人の政令指定都市である。市内にはJR東日本，京王電鉄，小田急電鉄など，6つの鉄道路線が通るほか，近年では首都圏中央連絡自動車道（圏央道）のインターチェンジが開設されたことや，橋本駅周辺においてリニア中央新幹線（2027年開業予定）の新駅設置に向けた事業が進んでいるなど，良好な交通アクセスを背景に発展を続けている。

また，市域の中央部には相模川が流れ，東側には相模原台地，西側には丹沢山地が広がっているほか，市内には大規模な公園が多く点在しているなど，東京都心まで約1時間という交通利便性の高さを持ちながら，山や川などの自然を身近に感じることができる，みどり豊かなまちである。

2　本市におけるSDGsの必要性

これまで人口の増加に伴い着実な発展を続けてきた本市であるが，将来人口推計では，本市の人口は今後減少が進むとともに，今後も少子高齢化が進行することが見込まれている。また，人口急増期に集中して整備した学校や公民館などの公共施設の老朽化が進み，一斉に改修や更新の時期を迎えるなど，今後の行財政運営については，多くの難しい課題を抱えている。

これらの課題を解決し，本市が持つ地域資源を有効に活用することで持続可能な都市経営を行い，今後も的確に行政サービスを提供していくためには，「誰ひとり取り残さない」持続可能な社会の実現を目指すSDGsの理念や目標を市の政策に生かすとともに，市民，企業，関係団体等が連携を深めながら，SDGsの達成に取り組んでい

2015 年国勢調査に基づく相模原市の将来人口推計

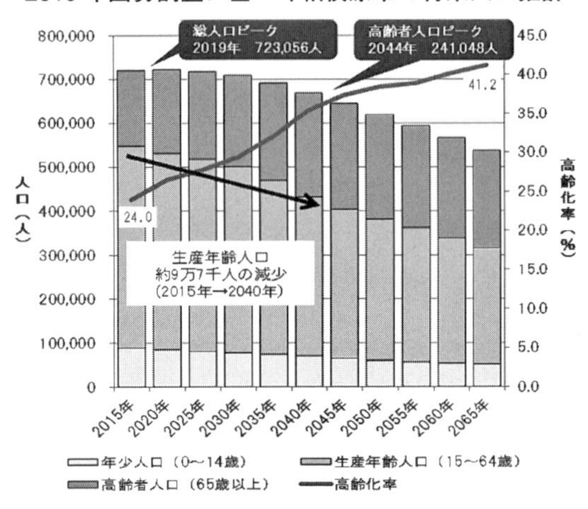

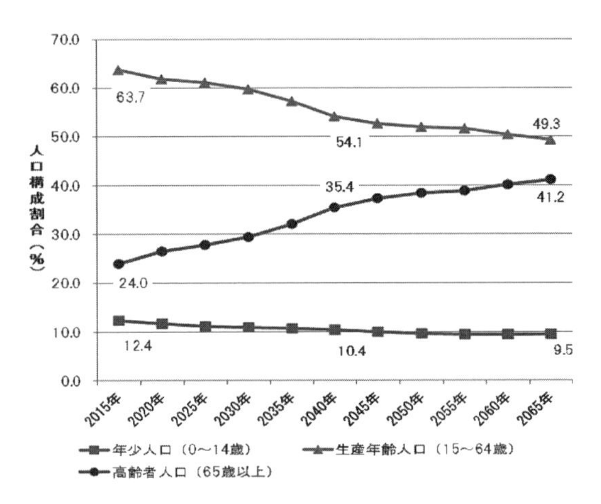

くことが必要であると考えている。

3　具体的な取組み

本市では，市民が安全に安心して心豊かに暮らせる社会の実現を目指して，福祉，子育て，教育など市民生活に直結する施策や，産業振興，環境対策，防災・減災など，幅広い施策の充実に総合的に取り組んでおり，こうした市の施策の多くは，SDGs が掲げるゴールの達成に貢献するものであると考えている。その中でも特に SDGs との関係性が深い，子どもの貧困対策，学習支援，地球温暖化対策，中小企業支援などについて，主な取組みを紹介させていただく。

(1)　子どもの居場所づくりに向けた取組み

近年，子どもを地域全体で育てることに対する市民意識の高まりや，子どもの貧困問題が注目されていることを受けて，全国的に子ども食堂（子どもが一人でも来ることができ，無料または安価で子どもに食事を提供する）や，無料学習支援の取組みが広がっている。これらの取組みは，地域住民や NPO が中心となり，公民館や店舗，高齢者施設などで実施されており，食事や学習をきっかけとして地域全体で子どもを育てる取組みとして注目を集めている。

本市では，こうした地域での「子どもの居場所づくり」の取組みが確認さ

子ども食堂の様子

子どもの居場所づくりのための手引き

れ始めた2016年頃から，実施団体へのヒアリングや，世帯の半数が相対的貧困状態にあるといわれる，ひとり親家庭に対する生活実態調査を実施するなど，継続的な調査研究を実施してきた。

その中で，子どもの居場所が食事や学習をするだけでなく，そこで築かれる他者との関係性を通じて，世帯の貧困をはじめとした，家庭や学校における困難な状況を有する子どもを早期に発見する機能も有していることが分かり，2018年度から「子どもの居場所創設サポート事業」として，実施団体が活動しやすい環境づくりを進めている。

具体的には，①子どもの居場所づくりセミナーの開催，②子どもの居場所総合相談窓口の開設，③団体との情報交換会，④子どもの居場所マップの作成，⑤子どもの居場所づくりのための手引きの配布などの施策に取り組んでいる。

これらの事業を実施する上では，市社会福祉協議会に一部業務を委託するとともに，同協議会が持つ子どもの居場所づくりに対する補助金や，コミュニティソーシャルワーカーが持つ情報，地区社会福祉協議会の有する地域資源などを有効に活用できるよう，連携した取組みを進めている。

この結果，2019年12月時点で，子どもの居場所が56か所となっている。同時に，子どもの性格や生活環境が一律でないように，子どもの居場所も担い手によって様々な形があり，それぞれの取組みを認めつつ趣向を凝らした取組みを進めていくべきであると考えている。

子どもの居場所づくりを通じて，SDGsのゴールである「1　貧困をなくそう」，「4　質の高い教育をみんなに」，「10　人や国の不平等をなくそう」，「17　パートナーシップで目標を達成しよう」などにも貢献できると考えている。

子どもの居場所が増えることで，貧困をはじめとした子どもの困難な状況を早期に認識することができ，地域全体で支援することが可能になる。

貧困問題は，単に金銭的な問題ではなく，社会的な孤立による関係性の貧困も併発することが危惧されることから，子どもの居場所で様々な主体が関わり多様な価値観に触れることで，子どもと担い手の間に豊かな関係性が育まれることが期待できる。

また，無料学習支援の場では，高校受験対策や宿題に特化するなど，ニーズに応じた取組みが行われているほか，外国につながる子どもたちを対象とした学習支援など，地域の実情に対応した取組みも実施されており，国籍等を問わず，生徒一人ひとりに寄り添った支援が行われている。

さらには，子どもの居場所づくりの実施団体だけでなく，既存の支援機関や学校，市内企業やフードバンク等からの協力の申し出も多くあり，マッチングを進めるなど，様々な主体との連携による，地域全体で子どもの育ちを支える取組みとなっている。

⑵　学力保障の推進に向けた取組み

持続可能な社会の担い手となる子どもたちが，自分の未来を切り拓き，社会で自立していくために，生涯にわたって能動的に学び続けることが大変重要である。そうした中で，「知識及び技能」，「思考力，判断力，表現力等」，「学びに向かう力，人間性等」の三つの資質・能力を育成するためにも，本市の子どもたちが基礎的・基本的な学力を身につけ，学ぶ意欲を高める取組みが必要となっている。

このため，全ての子どもたちが家庭環境等に左右されることなく，自分の能力・可能性を伸ばし，夢に挑戦し，社会で自立していけるよう，基礎的・基本的な学力の定着に向けた取組みとして，学力保障推進事業を実施している。

具体的な取組み内容としては，学校の授業で基礎的・基本的な学力の習得，習熟を図るため，小学校３年生の児童を対象として，国語，算数の授業で学習の支援等を行う学習支援員を配置している。

また，小学校では，「四則計算の基礎」等の定着と学習意欲の向上を図るために，民間事業者を活用した放課後の補習を実施しており，中学校では，学力の向上や生徒の自主的な学習意欲の向上を図るために，退職教員や教員を目指す大学生などが支援する放課後の補習を実施している。

その他にも，基本的な生活習慣の一環としての家庭学習の定着を図るため，自己肯定感の向上や学力と生活習

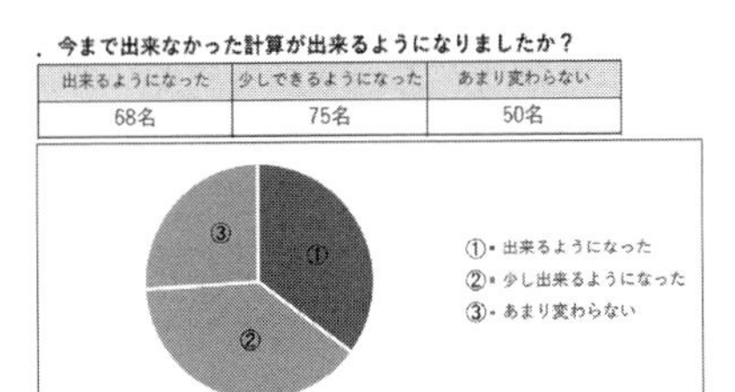

．今まで出来なかった計算が出来るようになりましたか？

出来るようになった	少しできるようになった	あまり変わらない
68名	75名	50名

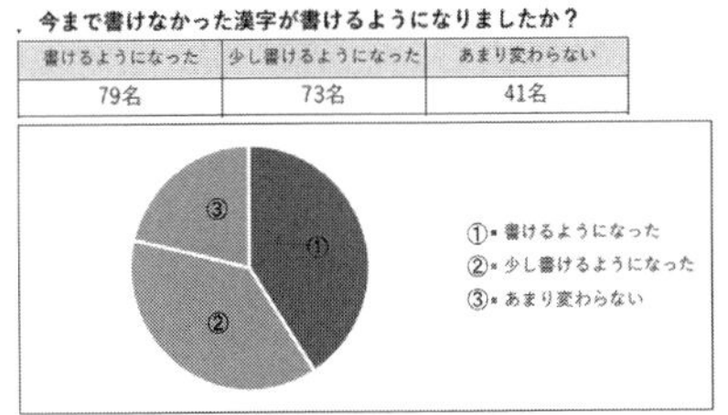

．今まで書けなかった漢字が書けるようになりましたか？

書けるようになった	少し書けるようになった	あまり変わらない
79名	73名	41名

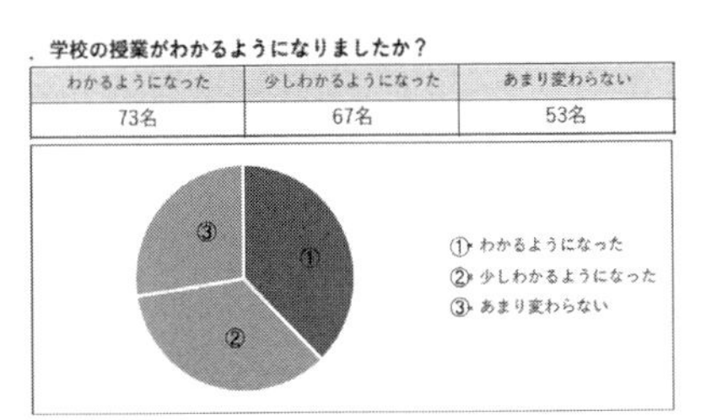

．学校の授業がわかるようになりましたか？

わかるようになった	少しわかるようになった	あまり変わらない
73名	67名	53名

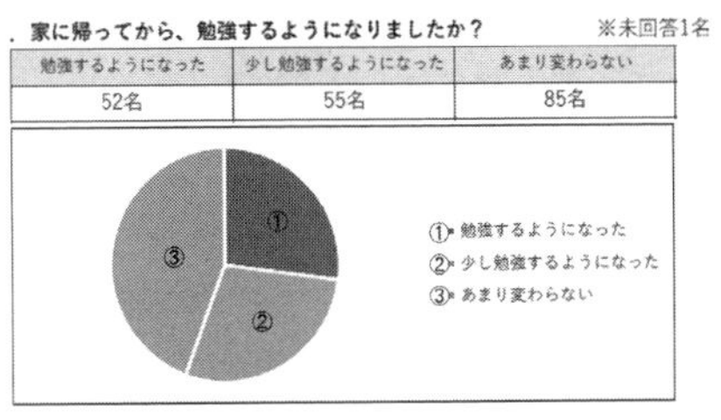

．家に帰ってから、勉強するようになりましたか？　※未回答1名

勉強するようになった	少し勉強するようになった	あまり変わらない
52名	55名	85名

（出所）「平成30年度相模原市　市立小学校補習委託　後期完了報告資料」より。

慣との関わりの重要性を認識してもらう取組みとして，出前講座を開催している。

さらに，より効果的な教育指導の充実や学習状況の改善等に役立てるため，小学校4・5年生の児童を対象に学習調査を実施し，分析結果に基づく取組みを進めているところである。

これらの取組みの結果として，児童生徒の学習に対する意欲が向上したほか，クラス全体が落ち着き，学習環境の醸成につながるなどの成果が見られている。また，補習に参加している児童生徒は，普段の授業でも発言が増えており，少しずつではあるが，学習内容の確実な理解につながっている。

一方で，学習支援員のみならず教育現場においては，教職員の人材の確保が課題である。また，補習については，教育課程外の学習の在り方を検討するとともに，支援の充実を図る必要があると考えている。このため，今後は，各学校の取組みに応じた教職員体制の強化・充実や教員のさらなる授業力の向上を図るとともに，児童生徒一人ひとりに応じた取組みの検討を進めていく予定である。

本市は「あたたかさと先進性のある教育」を推進しており，一人ひとりの学びを支える学力保障推進事業は，教育の土台となる基礎的・基本的な学力を身につけ学ぶ意欲を高めるものであり，SDGsの「4　質の高い教育をみんなに」の根幹となる取組みであると捉えている。

また，先進性のある教育として，未

来を切り拓く力を育てるキャリア教育やグローバルに活躍する人材の育成などを通じて，子どもたちが家庭環境等に左右されず，自分の人生を切り拓き，貧困の連鎖に陥ることなく社会で自立していく力，グローバル・パートナーシップの活性化につながり，ひいては，「8　働きがいも経済成長も」，「10　人や国の不平等をなくそう」，「17　パートナーシップで目標を達成しよう」など，SDGsの様々なゴール達成への波及効果を生み出すものと考えている。

(3)　ロボットによる新産業の創出と中小企業の育成・支援

本市は，1954年の市制施行の翌年に工場誘致条例を制定し，「工業立市」の旗印のもと，積極的な工場誘致を進めたことで，大規模工場が立地するとともに，そこに部品や設備を供給する中小企業がこぞって立地し，一般機械や金属製品，電気機器を主とした「加工組立型の製造業が集積する内陸工業都市」として発展してきた。

しかし，加工組立型の製造業は労働集約的産業であったことから，製造拠点のグローバル化により，賃金の安い東南アジア等の発展途上国にそのシェアを奪われることとなった。また，少子高齢化に伴う生産年齢人口の減少や，製造現場の3K（きつい・汚い・危険）のイメージにより，製造業等の人材不足が問題となっている。

こうした中，市内製造業の約6割が加工組立型の事業者であり，これらの企業はロボットとの親和性が高いと考えられることから，本市はロボット産業を地域産業の新たな柱として，その振興に取り組んでいる。また，人材不足を補うための生産の効率化や，3K作業の改善など，製造業等における喫緊の課題に対応し，地域企業の体力の維持・強化につなげるため，ロボットの導入支援を推し進めている。

具体的には，ロボットビジネスを展開する市内企業の支援や企業の参入を促進するための地域プラットホームとして，「さがみはらロボットビジネス協議会」を設置している。同協議会では，販路開拓のための展示会への出展や，「ロボット企業ガイドブック」の作成，ロボット技術の高度化を図るための技術開発支援，ロボットビジネスに関するセミナーなどを開催している。

また，人口減少社会における労働力不足や技術者の高齢化に対応し，地域企業の従業員の負担軽減や生産プロセスの高度化による生産性の向上，安定した品質の確保を実現するため，「さがみはらロボット導入支援センター」を設置し，産業用ロボット導入に関する支援や，ロボットビジネスの専門人材育成のための講座などを実施してい

展示会出展の様子

さがみはらロボット導入支援センター

る。

このほかにも，ロボットの活用における機運醸成のためのコミュニティワークショップ「さがみはらロボットガーデン」や，ロボットビジネスの専門人材確保を目的とした専用リクルートサイト「さがみはらロボットキャリア」の開設など，多岐にわたる取組みによって，本市は，「ロボットのまち」，「ロボットビジネスの聖地」を目指している。

こうした取組みの結果として，毎年発行している「さがみはらロボット企業ガイドブック」の掲載企業が，4年前から約3倍（2015年度16社，2019年度44社）に増えるなど，ロボットビジネスへの参入意欲が高まっていることがうかがえる。また，産業用ロボット導入補助金等を活用し導入されたロボットシステムは，20システムを超えており，着実にロボットの利活用が促進されてきている。

今後も，ロボットビジネスに関わる様々な取組みを実施することで，ロボット市場への参入企業の拡大による競争力強化や，導入企業の増加による生産性向上と地域経済の活性化を図りたいと考えている。

このようにロボット産業の振興は，地域における新たなビジネス機会の創出につながることから，SDGsのゴール「8　働きがいも経済成長も」，「9　産業と技術革新の基盤をつくろう」に貢献する。また，ロボットやAI・IoTなどの先端技術を活用する将来の産業人材育成を目的として，子ども向けロボットプログラミング教室等を「さがみはらロボットガーデン」で実施しており，「4　質の高い教育をみんなに」に貢献するなど，ロボットに関する取組みは，SDGsの幅広い分野への波及効果が期待できる。

(4)　地球温暖化対策

地球温暖化や気候変動は地球規模の課題であるが，その影響は我々の身近なところで既に顕在化しているといわ

ノジマメガソーラーパーク

れており，地域において温室効果ガスの排出削減を着実に進める取組みは必要不可欠となっている。このため，本市では，再生可能エネルギーの利用促進や省エネルギー活動の促進などにより，温室効果ガスの排出削減に向けた取組みを進めている。

再生可能エネルギーの利用促進の取組みについては，住宅用の太陽光発電設備や太陽熱利用設備の普及拡大を図るため，市独自の奨励金制度を設けている。そのうち，太陽光発電設備については，2001年の制度創設以来，2018年度末時点で導入量は約3万kW（約7,500件）に達している。

また，公共施設については，45か所に太陽光発電設備を設置している。さらに，2014年には，民間事業者との協働により「相模原市一般廃棄物最終処分場」へ大規模太陽光発電設備（メガソーラー）を導入し，売電収入の一部を地球温暖化対策推進基金に積み立て，市の地球温暖化対策の財源とするとともに，再生可能エネルギーの普及啓発や環境教育への活用を図っている。

一方で，再生可能エネルギーの固定価格買取制度における買取価格の低下により，住宅用太陽光発電設備に関する奨励金申請件数は，2012年度以降，減少傾向にある。今後は，蓄電池等を併せて導入し，固定価格買取制度に依存しない自家消費型のシステムとすることや，周辺の自然環境や生活環境との調和を図ることなど，持続可能な仕組みとすることにより，再生可能エネルギーの利用促進を図る必要があると考えている。

次に，省エネルギー活動促進の取組みについては，本市の特性として，市域全体の温室効果ガス排出量の約5割が産業部門（製造業，建設業，農林水産業）や業務部門（事務所・ビル，商業・サービス業等）から排出されており，また，従業員20人未満の事業所が全事業所数の約9割を占めている。

このため，「相模原市地球温暖化対策推進条例」に基づき，国や県の法令による対策の義務付けがない中小規模事業者を対象に，地球温暖化対策計画書の提出，省エネアドバイザーの派遣，市独自の補助制度による省エネルギー設備等の導入を進めている。この結果，2018年度末までの6年間で114件の計画書が提出されるなど，事業者における省エネルギー対策が進められている。

また，温室効果ガス排出量に関する国の削減目標において，業務部門および家庭部門は2030年までに約40%の大幅な削減が必要とされている。そのため，今後は，市民一人ひとりのライフスタイルを低炭素化するとともに，設備・機器や建築物の省エネルギー化をさらに進める必要があると考えている。

こうした取組みの推進は，SDGsのゴール「7　エネルギーをみんなに　そしてクリーンに」や，「13　気候変動に具体的な対策を」の達成に寄与する。地球温暖化対策は，これらのゴール以外にも幅広く関係しており，たとえば，建築物の省エネルギー化を進めるために断熱性能を向上させる取組みは，建築物の使用者にとっては，健康増進や快適性の向上に，事業者にとっては，付加価値の向上や産業の活性化につながる。

また，森林には，水源かん養や土砂災害の防止等の公益的な機能があることから，森林の整備を進めることは，温室効果ガスの吸収源対策としてだけでなく，水質の保全や防災機能の向上，林業の活性化にもつながる。このように，各取組みが相互に影響を与えることから，地球温暖化対策は，幅広い視点を持って進める必要があると考えている。

(5)　中山間地域対策

中山間地域を含む津久井地域においては，既に人口減少が始まっており，高齢化も本市の他の地域に比べて早く進行していることから，地域コミュニティの維持・強化や地域振興を図るための取組みは喫緊の課題となっている。

こうした中，中山間地域の振興策として，2018年度より，市と市民・団体が協働で事業を行う市民協働事業提案制度を活用し，「一般社団法人藤野観光協会」とともに「津久井里山体験ツアーによる地域活性化事業」に取り組んでいる。

この事業の特徴は，各地域で暮らす人々がそれぞれの生活や伝統文化，その地域で暮らす想いについて，体験を通して楽しく参加者に伝え，地域の魅力を自発的に発信していることである。なお，提供している体験メニューについては，受け入れ家庭や団体にとって無理のない程度のおもてなしを行っていることで，受け入れる方々にとっても，交流をより楽しいものとすることが可能となっている。運営にあたっては，団体同士が情報共有や活発な意見交換を行うことができるよう，協議会を設立し定期的に意見交換会を行っている。

また，2019年10月には会員同士の

津久井里山体験ツアー

情報を掲載した特設サイト「りとりと」を開設し，ホームページ内で団体の活動や募集状況を確認できるとともに，希望の里山体験に申し込むことが可能であり，好評を博している。2018年度の参加者は460人で，約8割が市外からの来訪者であった。特に都心からの参加者が多いことが特徴で，リピーターとして参加する方や親子で参加する方も多く，市内外の方と地域の方が交流を持つことで，関係人口および交流人口の創出にもつながっている。

また，中古住宅を流通させ移住に関する紹介・相談を行う「相模原市地域既存住宅リフォーム・改築推進協議会」と連携し，「移住体験ツアー」として，教育，医療，買い物などの生活情報や物件の紹介，移住経験者との交流ができる機会の提供など，地域への理解を深めるとともに，移住も含めた地域活性化の一助となる取組みを推進している。

今後，こうした活動をさらに広げ，津久井地域全体で関係人口および交流人口を増加させていくためには，事業の周知および協議会実施団体の拡大が求められており，さらに地域の魅力を発掘し，また，地域の方々のおもてなしの気持ちを大切にしながら，ウェブサイトの活用等，より一層効果的な情報発信を図っていく必要があると考えている。

本事業を通して，住民や関係団体と協働で活動することにより地域の魅力を創出するとともに，地域経済やコミュニティの維持など持続可能なまちづくりに貢献できることから，SDGsのゴール「8　働きがいも経済成長も」，「11　住み続けられるまちづくりを」，「17　パートナーシップで目標を達成しよう」などの達成に貢献できると考えている。

また，津久井地域が持つ5つの湖や雄大な山並みなど，恵まれた自然環境を活用していくことで，「6　安全な水とトイレを世界中に」，「14　海の豊かさを守ろう」，「15　陸の豊かさも守ろう」など，水やみどりの保全・活用への理解促進を含む，多方面への好影響が考えられる。

4　おわりに

本市では，2020年4月を開始時期とする総合計画を策定している。

市の未来の設計図ともいえるこの総合計画は，市の将来像として「潤いと活力に満ち　笑顔と希望があふれるまち　さがみはら」を掲げるとともに，SDGsの理念やゴールを踏まえながら，計画に位置付ける施策がSDGsのどのゴールの達成につながるのかを整理して示している。

本市が目指しているまちづくりの方向性は，SDGsの理念やゴールと重なることから，総合計画にSDGsを明確に位置付けることで，市の施策を着実に進めると同時に，SDGsの達成に貢献していく仕組みとしたい。

また，SDGsを達成するためには，市民，企業，大学，団体等と連携した日頃からの取組み，実践が不可欠である。

本市では，「相模原青年会議所」，「津久井青年会議所」と地域での普及啓発活動などを協働で行う「SDGs協働推進宣言」を行ったほか，様々な企業や大学等と地域活性化に向けた取組みを進めることを目的とした包括連携協定を締結しており，持続可能な社会の形成に向けた企業，団体等の活動を促進している。

今後も，こうした様々な主体間の連携，協働をより積極的かつ継続的に行うためのネットワークを構築するなど，全市一体となってSDGsの達成に取り組んでいくための体制づくりを進めていきたいと考えている。

できることからはじめてみよう
～みんなで取り組む豊中市のSDGs～

豊中市 都市経営部 経営計画課

1　豊中市の概要

(1)　地域特性

❶豊中市のあゆみ

本市は，1910年に開設された箕面有馬電気軌道（現・阪急宝塚線）沿線に，電鉄資本などによる郊外住宅地の開発が進められたことなどにより，大阪都市圏内の近郊都市のなかでも早くから住宅市街地の形成が進み，戦前には優良な郊外住宅地となり，文教都市の名声が高まるにつれ，戦後にかけて人口は急激に増加した。

人口急増にあわせて，住宅の建設や学校・道路・上下水道などの都市施設の整備が行われ，「千里ニュータウン」の開発，千里丘陵での「日本万国博覧会」の開催による北大阪急行電鉄の整備，名神高速道路・阪神高速道路・新御堂筋・府道大阪中央環状線などが開通した。さらに，空の玄関口である大阪国際空港があるなど，交通の要衝地となり，“住み，働き，学び，憩う”都市としての機能がバランスよく備わった利便性が高いまちとして発展してきた。

（豊中市の概況）

- ◆人口：406,260人（2019年4月1日現在，住民基本台帳ベース）
- ◆高齢化率：25.4％（2015年国勢調査）
- ◆面積：約36.60㎢（全域・市街化区域）
- ◆人口密度：10,824人/㎢（中核市1位）

❷教育文化のまち・とよなか

本市には，大阪大学，大阪音楽大学があり，教育文化都市として評価されている。また，大阪大学，大阪音楽大学，日本センチュリー交響楽団との連携協力や，市民や市民活動団体との協働による創造性の高い事業を開催するなど,「音楽あふれるまち豊中」を進めている。

これらの活動が認められ,2015年度に文化庁長官表彰「文化芸術創造都市部門」に大阪府内で初めて選定された。

❸環境のまち・とよなか

市内に約140ある市民・事業者・行政等の団体から組織される「とよなか市民環境会議」によって策定された「豊中アジェンダ21」と行政計画である「豊中市環境基本計画」が両輪となって環境に関する様々な取組みを進めている。

また,パリ協定の実現に寄与するため,欧州連合(EU)の「国際都市間協力プログラム」のプロジェクトである日本各地の首長が地球温暖化対策などの推進を約束する「世界首長誓約/日本」に2018年8月8日に署名した。同誓約への署名は,大阪府内では初めてで,全国でも4番目である。

本市は,パリ協定の実現に向けて,国内で新たに設置された横断的な2つの組織(「世界首長誓約/日本」と「気候変動イニシアティブ」)に参画することで,地球温暖化対策への目標を掲げ,2018年3月に策定した「第2次豊中市地球温暖化防止地域計画」のさらなる推進を図っている。

❹ものづくりのまち・とよなか

大阪国際空港や鉄道,高速道路など交通の利便性が高いことなどから,大阪府内で4番目に多い約13,000の事業所数がある。

市内事業所のほとんどが中小企業であるが,高い技術を活かしたものづくり企業が多く存在し,時代の変化に対応した新たな価値の創造に取り組んでいる。

(2) 今後取り組む課題

❶人口減少・少子高齢化の進展

本市の人口は,1987年をピークに減少傾向にあったが,2005年を起点に増加傾向へと転じた。今後は,2025年をピークに緩やかに人口が減少に転じることが想定される。

また,現在の人口は,約40万人で推移しているが,老年人口は年々増加し,この20年間で2倍以上と少子高齢化が急速に進展している。

人口の推移

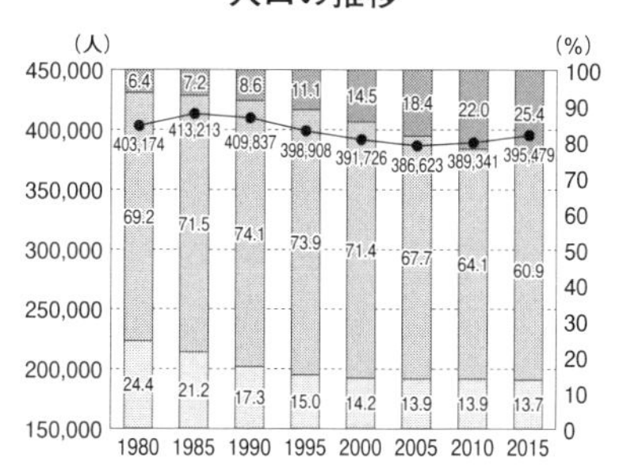

(出所) 各年国勢調査。

一方で,本市の南部地域(南部地域とは,都市計画マスタープランで設定

地域別人口増減率・年少人口割合・老年人口割合

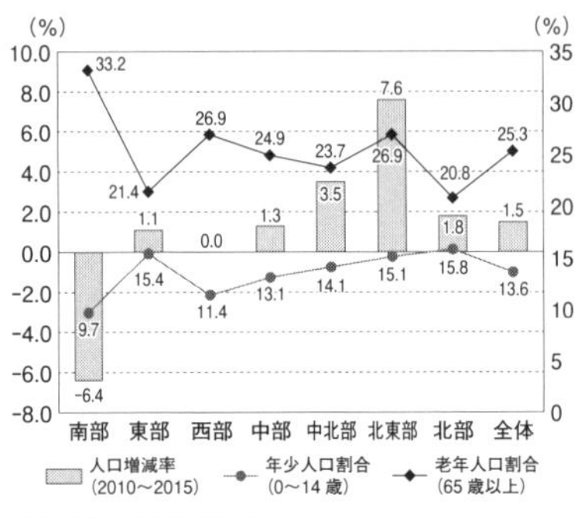

（出所）　国勢調査。

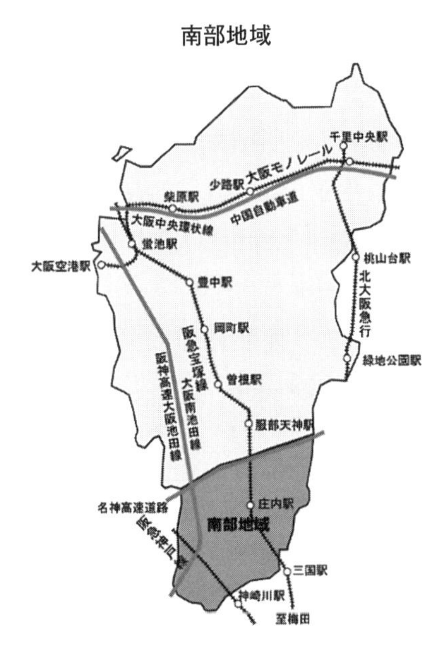

された地域区分で，名神高速道路以南の地域をさす。以下，「南部地域」という）は，1970年から人口が減少し続けており，市内で唯一人口増減率がマイナスの地域である。また，年少人口割合も9.7％と一番低く，高齢化率も33.2％と日本全体の高齢化率を大幅に上回り，国が2017年に推計した16年後の2033年の高齢化率とが数値同じ状況である。南部地域は，都市部における今後直面する課題の縮図となっている。

❷施設の老朽化

高度経済成長期に大量かつ集中的に整備された住宅および商業施設や，道路・上下水道などの公共施設が，今後一斉に更新時期を迎える。これに伴い，民間建築物と市有施設ともに老朽化施設の対策経費の増大や重大な事故などのリスクも高まることが予想される。人口減少・少子高齢化を迎えるなか，今後どのように施設を維持管理していくかが大きな課題となっている。

特に，本市の南部地域では，1980年以前に建築された建物が約3分の2を占めるとともに，狭隘な道路をはじめ，年数の経過した長屋住宅や文化住宅などが多く集積していることから，国から「地震時等に著しく危険な密集市街地」に指定されている。

❸地域におけるつながりの希薄化

住民の意識や生活様式の多様化，地域への関心や帰属意識の低下，これまでの地域活動への参加を志向しない人の増加などに伴い，地域における人のつながりが希薄になり，また地域コミ

自治会加入率・自治会数の推移

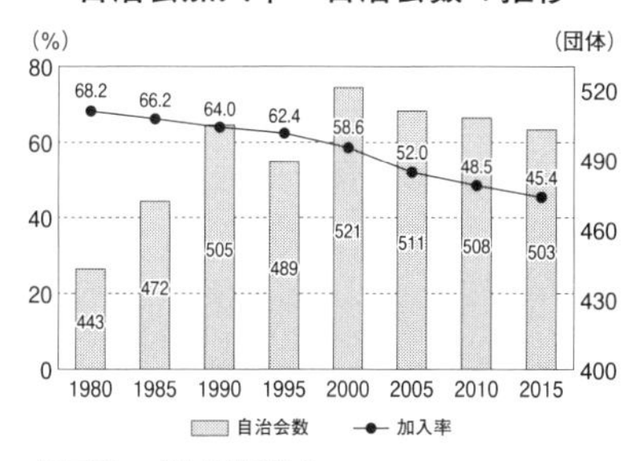

（出所） 担当課調査。

ュニティを支える活動の担い手が不足している。

2 豊中市の総合計画

本市では，1969年から総合計画に基づくまちづくりを進めてきたが，2007年からは，豊中市自治基本条例に基づき，市政運営の根幹となるまちの将来像を明らかにし，これを達成するための施策を総合的，体系的に示している。2017年12月に策定した，第4次豊中市総合計画（以下，「第4次総合計画」という）は，2018年度から10年間の基本構想と5年間の前期基本計画を定めている。

第4次総合計画では，基本構想の目標年度である2027年度に実現する「まちの将来像」を「みらい創造都市とよなか～明日がもっと楽しみなまち～」と設定し，前期基本計画では，基本構想で掲げた「まちの将来像」を実現するための施策を示すため，17施策と51の施策の方向性，各施策のうち，特に重点的かつ総合的に取り組む事業を「リーディングプロジェクト」として位置付けたところである。

3 第4次総合計画とSDGs

本市が抱える様々な課題を乗り越え，本市の強みである教育・文化に対する市民の高い関心や，良好な住環境，優れた交通利便性，活発・多様な市民活動といった特性をさらに発展させ，まち全体で子どもたちを育み，その子どもたちが愛着と誇りをもってまちを創っていく，これが“みらいのとよなか”の礎になると考えている。

そのためには，行政をはじめ，市民や地域の各種団体，事業者である企業やNPO，大学などの多様な主体による協働のもと，お互いを認めあい，創意工夫し，新たな課題や長期的視点に立った改革に果敢に取り組む創造性あふれるまちづくりを進めていき，まちの変化やみんなの幸せを日々の暮らしのなかで感じとりながら，“明日がもっと楽しみ”と思えるまちにしていく。

これがまちの将来像に込めた思いであり，この考え方は，持続可能な開発目標（SDGs）のめざす誰一人取り残さない社会の実現の17のゴールと方向性が一致すると考えている。

すなわち，本市がSDGsの取組みを推進することにより，SDGsを共通の

言語とし，様々なステークホルダーとの連携をさらに進め，それをもって総合計画のまちの将来像の実現に寄与することとなる。

このことから，SDGs の 17 のゴールと第 4 次総合計画前期基本計画の施策を関連づけ施策の展開を実施している。

4　第 4 次総合計画の具体的取組みとの対応

⑴　第 4 次総合計画前期基本計画と SDGs の 17 のゴール

本市の第 4 次総合計画前期基本計画の 17 施策と SDGs 17 のゴールの関係性は次の通りとなる。なお，施策を束ねる施策体系ごとに関係性を表していく。

第 4 次総合計画前期基本計画の見方，例「①子ども・若者が夢や希望をもてるまちづくり」が施策体系，◆「子育て支援の充実」◆「保育・教育の充実」◆「子ども・若者支援の充実」が施策，施策体系を実現させるための施策という構成である。

一覧表は市のホームページに掲載しているので，そちらもご覧いただきたい（https://www.city.Toyonaka.osaka.jp/joho/sdgs/torikumi/index.html）。

❶子ども・若者が夢や希望をもてるまちづくり

安心して子どもを生み育てられるよう，妊娠から子育てまで切れめのない支援を進める。

また，次代を担う子ども・若者が，豊かな人間性を育める教育を推進するとともに，希望に満ちた明るい未来を築く人間に育つことができるよう支援を進め，さらに，子ども・若者の教育や成長を地域社会全体で支えるしくみづくりや，悩みや不安を抱えた子ども・若者に寄り添える環境づくりを進めていく。

施策に関連する SDGs のゴールは次のとおり。

◆子育て支援の充実

地域のなかで，まわりの人々に支えられ，喜びや楽しさを感じながら安心して妊娠・出産・子育てができる取組みを進める。

◆保育・教育の充実

子どもたちが健やかに成長・発達していくよう，乳幼児期から義務教育期まで発達段階に応じた連続性のある保育・教育を充実し，子どもたちの「人とつながり，未来を切り拓く力」が育まれる取組みを進める。

◆子ども・若者支援の充実

すべての子ども・若者が，希望に満ちた明るい未来を展望しながら，健やかに育ち，地域社会の一員として成長し，自立した社会生活を営むことができる取組みを進める。

❷安全に安心して暮らせるまちづくり

住み慣れた地域で誰もが安心して暮らせるよう，健康や福祉のセーフティネットを整え，社会的自立や経済的自立に向け，個々のもつ力を活かしながら活躍できるよう支援を進める。また，誰もが支え合い，自ら守る，地域で守るという意識を高めることで防災力・防犯力の向上を図るとともに，医療体制・救急救命体制・消防体制の充実を図っていく。このことにより，次のゴールを設定している。

施策に関連するSDGsのゴールは次のとおり。

◆自立生活支援の充実

個々のもつ力を活かしながら，住み慣れた地域で，自立して，支え合って暮らせる環境づくりの取組みを進める。

◆保健・医療の充実

 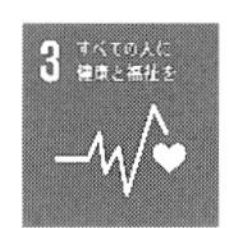

自身の心身の健康に関心をもって発病や重症化の予防ができるよう，それを支える保健・医療体制の質の向上を図る。

◆消防・救急救命体制の充実

市民の生活を守る消防・救急体制のさらなる充実を図る。

◆暮らしの安全対策の充実

 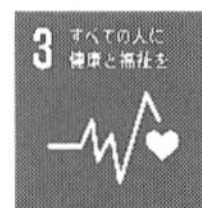 

災害，犯罪，事故などの安全対策を進めるとともに，自ら守る，地域で守るという意識の醸成を図る。

❸活力ある快適なまちづくり

低炭素社会・循環型社会・自然共生社会の構築や，住民主体のまちのルールづくりなどによる良好な住環境の保全・継承など，環境にやさしい快適なまちづくりを進める。

また，交通ネットワークのさらなる充実や土地利用の適切な配置などによる拠点づくりをはじめ，道路・橋梁・上下水道など暮らしの基盤となる施設の充実や，地域社会を支える産業のさらなる振興により，活力あるまちづくりを進めていく。このことにより，次のゴールを設定している。

施策に関連するSDGsのゴールは次のとおり。

◆快適な都市環境の保全・創造

良好な環境が保全され，うるおいのある自然環境や都市のみどりのもとで，心豊かな暮らしができる取組みを進める。

◆低炭素・循環型社会の構築

市民一人ひとりが，環境にやさしいライフスタイルを実践し，協働して環境に配慮したまちづくりの取組みを進める。

◆都市基盤の充実

快適な暮らしを守るために，道路・

上下水道などの都市基盤の充実を図る。

◆魅力的な住環境の形成

良好な住環境を保全・継承し，だれもが快適に暮らしやすいまちづくりの取組みを進める。

◆産業振興の充実

地域社会を支えてきた産業のさらなる振興を図るとともに，企業立地の促進を図る。

❹いきいきと心豊かに暮らせるまちづくり

年齢や性別，国籍などのちがいにとらわれず，お互いの存在を理解し尊重し合って，共に生きる平和な社会の実現を図る。また，市民文化の創造をはじめ，心身の健康づくりや生涯を通して学べる環境づくりなど，心豊かに，生きがいをもって暮らすことができる地域社会をめざす。このことにより，次のゴールを設定している。

施策に関連する SDGs のゴールは次のとおり。

◆共に生きる平和なまちづくり

年齢や性別，国籍などの違いにとらわれず，お互いの存在を理解し尊重し合って，共に生きる平和な社会の実現の取組みを進める。

◆市民文化の創造

文化芸術活動の場や機会を充実させ，歴史・文化遺産を大切に受け継ぎ，魅力あふれる市民文化の創造の取組みを進める。

◆健康と生きがいづくりの推進

だれもが学びや運動などの生きがいを通して，地域とつながり，健やかで心豊かに暮らせる取組みを進める。

❺施策推進に向けた取組み

市民・事業者・行政がそれぞれの役割を意識し，地域の課題を共有しながら，「まちの将来像」の実現に向けて取り組めるように，自治の基本原則である「情報共有」「参画」「協働」に基づく市政運営を推進する。また，人と人，人と地域が支え合いながら安心して暮らせるよう，地域コミュニティの活性化に向けた取組みを推進する。

今後想定される社会環境の変化においても，持続可能な行財政運営を推進していくために，未来志向型の改革をはじめ，人材育成，資産の有効活用，都市ブランドの向上，広域・都市間連携の推進など，多様な主体の力を活用して施策を推進する。このことにより，次のゴールを設定している。

施策に関連するSDGsのゴールは次のとおり。

◆情報共有・参画・協働に基づくまちづくり

人と人，人と地域，地域と地域が支え合いながら安心して暮らせる地域コミュニティを形成し，市民・事業者・行政が目標を共有し，それぞれの役割を意識してまちづくりの取組みを進める。

◆持続可能な行財政運営の推進

効率的・効果的に施策を展開し，都市の価値を高めながら，持続可能な行財政運営基盤の構築を図る。

⑵　リーディングプロジェクト「南部地域活性化プロジェクト」とSDGs

「南部地域活性化プロジェクト」に関連するSDGsのゴールは次のとおり。

本市の南部地域の人口は，2010年国勢調査と2015年国勢調査を比較したときに，他の地域の中で唯一人口が減少している。1970年の約11万人をピークに人口が減少し続け，現在約5.5万人とピーク時から半減している。大阪の中心部から近いこともあり，20代は転入超過にもかかわらず，30代以降の子育て世帯の転出超過が顕著となり，少子高齢化が進んでいる。

南部地域の人口の推移

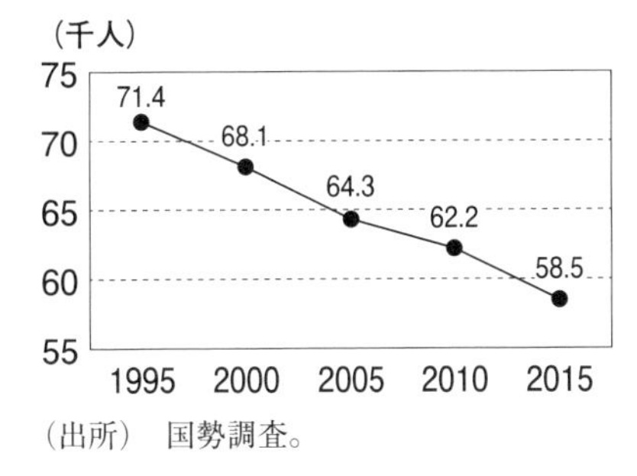

(出所) 国勢調査。

教育環境では，児童・生徒数の減少に加えて，学習課題や生活課題を抱えている児童・生徒がみられ，住環境では，狭隘な道路をはじめ，年数の経過した長屋住宅や文化住宅などが多く集積しており，防災上の課題となっている。

南部地域の課題を解決するために，「南部地域から“みらいへ”を」テーマに，「子ども」「安全・安心」「にぎわいとゆとり」を3つの柱としてまちづくりを進めていく。

「子ども」の部分では，子どもたちが健やかに成長・発達していくよう，子どもを安心して産み育てられる環境整備や地域で子どもを育む環境づくりに取り組んでいく。

さらに，子どもたちが，主体的に学び，新しい時代に必要な資質と能力が育まれるよう，既存の小中学校を再編して新たに小中一貫校（義務教育学校）を建設し，発達段階に応じた指導や特色ある教育活動などを実施するとともに，学校園・家庭・地域が連携し，子どもの学びの機会を提供していく。

「安心・安全」の部分では，誰もが住み慣れた地域で，個々のもつ力を活かし支え合いながら，自立して生活ができる環境づくりを進めていく。

「支える人」「支えられる人」の固定的な役割ではなく，誰もがその人なりの方法で支え，必要なときには支えられるという新たな都市型のコミュニティの形成を進め，心身ともに健康に暮らせるまちをめざす。

また，住環境においても，災害に強いまちづくりを進めるとともに，地域住民同士がつながり，自助・互助・共助による地域の防災力・防犯力が高まるよう支援していく。

「にぎわいとゆとり」の部分では，南部地域が有するポテンシャル（潜在能力）を最大限に発揮するとともに，多様な主体がお互いを認め合い，相乗効果を発揮させ，新たなにぎわいを創出する。また，良好な景観形成やみどりの創出，まちの歴史・文化を磨き上げ，地域への誇りの醸成や南部地域のブランド向上に取り組んでいく。

これらを行うことで，南部地域の人口減少に歯止めをかけ，まちの活力を取り戻す。この南部地域のモデルを他の地域でも活用し，市全体の活性化につなげていく。

5　結びに

本市では，総合計画とSDGsの関連性を明らかにしたことから，各分野別計画においてもSDGsを積極的に関連させる取組みを進めている。

また，次の取組みをとおして，さまざまなステークホルダーに向けて，本市がSDGsに取り組んでいることをアピールしている。

- 関西SDGsプラットフォームへの参加
- 地方創生SDGs官民連携プラットフォームへの参加
- 神奈川県が提唱する「SDGs日本モデル」宣言への賛同
- 阪急阪神ホールディングスが運営するSDGsラッピング列車に沿線自治体として広告を掲載し企業との協働を実施
- 広報誌でSDGsの取組みの特集
- 市主催・共催のイベントのチラシにSDGsのゴールのロゴマークを掲出

これらのことを通じて，SDGsを共通言語に，社会的な課題の解決に向け，本市はもとより，住民，事業者と協働して取り組んでいきたいと考えている。

本市でのSDGsの取組みは始まったところで，効果などの測り方については今後の課題であるが，“できることからはじめてみよう”を合言葉に活動の輪を広げ，持続可能なまちづくりを進めていきたい。

持続可能なまちづくりへの取組み
～「経済」「社会」「環境」3つの側面から～

西条市 経営戦略部 政策企画課

1　はじめに

西条市は，愛媛県東部の道前平野に位置する人口約11万人の地方都市である。

市南部には西日本最高峰の石鎚山（標高1,982 m）がそびえ立ち，石鎚山系からの伏流水は，全国的にも稀な被圧地下水の自噴地帯を形成している。

西条平野の自噴井戸は，東西に約5,600 m，南北約400～2,200 mの広範囲で見られ，自噴エリアは実に800 haに渡っており，市内約3,000か所から良質な地下水が自噴する「うちぬき」という現象が見られる。

西条市民の約半数が水道施設を使わず地下水で生活しており，西条市は，1985年に旧環境庁から名水百選に選出されているほか，1995年と1996年に岐阜県で開催された全国利き水大会

では2年連続で日本一に輝くなど，全国的にも「水の都」としての評価を得ている。

西条市は，2019年度に策定している「第2期西条市総合計画後期基本計画（第2期西条市まち・ひと・しごと創生総合戦略）」（以下，「第2期総合計画後期基本計画」という）から，まちづくり長期計画にSDGsの理念を盛り込むこととしている。

これまでSDGsに対する基本姿勢を明確にしていなかった西条市としては，今後は持続可能な地域社会の実現に向けて大きな一歩を踏み出すことと

なる。

しかし，基本姿勢を明確化してこなかったものの，これまでの西条市の取組みを振り返ることで，西条市がいかに持続可能をキーワードとして，数々の仕組みづくりを行おうとしてきたかを理解することができる。

ここからは，西条市の持続可能なまちづくりに向けた取組みについて，SDGsの3つの側面である「経済」「社会」「環境」それぞれの側面から紹介する。

2　全国に先駆けて取り組んだ持続可能な産業振興の仕組みづくり

はじめに，「経済」の側面から西条市の持続可能な産業基盤の確立に向けた取組みを紹介する。

西条市は，1964年に新産業都市建設促進法に基づく「東予新産業都市」の開発拠点に選定されたことを機に，四国屈指の産業都市として発展してきた。四国最大規模の臨海工業団地には多くの大手企業の工場が立地しているほか，その関連企業も多数集積している。

加えて，西条市は農業分野においても四国最大の経営耕地面積を有する農業都市であり，日本一の生産量を誇る「はだか麦」「愛宕柿」「春の七草」など，多種多様な農作物の一大産地となっている。

このように，戦後一貫して産業都市として発展してきた西条市も，その繁栄が永遠に続かないものだと危機感を募らせた時代があった。

1990年代に突入後，わが国経済はバブル経済の崩壊やグローバル化の影響を受け，大手企業による生産拠点の集約化や海外展開の加速化が危惧されるようになった。

当時の西条市でも市内に立地する大手企業の工場が撤退するなど，これまで推進してきた企業誘致型の産業政策の脆さが露呈され，そのあり方が問われる事態に直面していた。

そのような中，西条市では全国の自治体の動きに先駆けて，当時の主流であった企業誘致型産業政策から，ヒト・モノ・カネなどの地域資源を活かして新産業を創出する内発型産業政策へ転換することを決断した。

1999年に設立した第三セクターの産業支援機関である「株式会社西条産業情報支援センター」（通称「SICS」）がその象徴である。SICSを設立した当時は，都道府県単位で同様の産業支援機関を設立する動きが見られたが，人口規模の限られる単独の地方都市が取り組む事業としては極めて珍しい事業であった。

西条市はかつて企業誘致に成功した自治体であるが，決して過信することなく危機感を素直に受け入れ，中長期的な視点からの不安定要素が多い企業誘致中心の産業政策から，内発型産業の創出によって持続可能な産業基盤を確立しようとする方向に舵を切ったことが，今日的なチャレンジ精神に溢れる市政運営の基盤をつくり上げたといえるだろう。

令和の時代が訪れた今日においても，西条市が推進する地方創生の取組みは，「地域活力の源泉は産業にあり」のフレーズのもと，内発型産業の創出によって持続可能な産業基盤を安定化させることに重点を置いている。また，それらの取組みは決して行政だけが推進するのではなく，必ずといっていいほどSICSを含めた民間企業とのパートナーシップによって推進している。西条市は，公民連携によって持続可能な産業基盤を確立しようとしている地方都市の先駆けといっても過言ではないだろう。

2011年には，持続可能な地域農業のあり方を確立する取組みの一環として，日本経済団体連合会（経団連）の未来都市モデルプロジェクトの実証地域の選定を受けた。環太平洋連携協定（TPP）の締結に向けた交渉が進展する中，当時では異例となる産業界と農業界との連携体制を確立し，農業の生産から加工・流通までの流れを単一の都市に集約化する「総合6次産業都市」の構築を推進してきた。

また，今日的には持続可能なエリア戦略型観光サービスを展開することを目的に，愛媛県と高知県の県境を越えて1市2町1村（愛媛県西条市，同県久万高原町，高知県いの町，同県大川村）が連携し，魅力的な観光地域の形成を地域とともに進める法人（DMC）として第三セクターの「株式会社ソラヤマいしづち」を設立している。

このように，西条市では持続可能な産業基盤の確立に向けて従来の考え方や枠組みにとらわれない斬新なアイデアを採用するなど，他の自治体とは異なる発想のもとで数々のチャレンジを巻き起こしてきた。現在，西条市では移住者や関係人口（居住していないものの何らかの形でまちづくりに関わろうとする者をいう）が増加している。

今後は，さらに西条市の産業基盤を持続可能な形で維持していくことができるよう，人材不足の観点からの取組みを強化していく考えである。具体的には，移住者や関係人口を含めた交流促進を図ることで新たなイノベーションを巻き起こす「チャレンジを応援するまちづくり」を推進していきたいと考えている。

3　持続可能な地域社会の実現に向けた仕組みづくり

引き続き，「社会」の側面から西条市の持続可能な地域社会の実現に向けた取組みを紹介する。

西条市では現在，都市の根幹を揺るがす深刻な課題に直面している。今や大半の地方都市が直面する深刻な課題となっているが，人口減少・少子高齢社会の到来である。人口減少や少子高齢化に起因する都市問題は広範に至るため，何を優先的に取り組んでいくのかという点は，それぞれの都市によって考え方が異なるかもしれない。しかし，何も考えずに放置する道を選択している自治体は皆無であろう。

西条市では，旧西条市，旧東予市，旧丹原町，旧小松町の2市2町が合併して新しい西条市が誕生した2004年11月以降，人口減少が続いてきた。過去のデータからも明らかに人口減少の傾向が見られていたが，多くの関係者がその事実に気付きながらも，深刻に受け止めていなかったというのが実情ではないだろうか。また，どこかのタイミングで人口減少のスピードが弱まり，いつかはバランス良く人口が均衡する日が来るかもしれないという淡い期待を抱いていたのではないだろうか。結果的に，私たちは持続可能な地域社会を実現し，次世代に引き継いでいくという視点が不十分だったのかもしれない。

西条市では，これまで他の地方都市と同様にまち・ひと・しごと創生法（平成26年法律第136号）にもとづき，2015年10月に「西条市まち・ひと・しごと創生総合戦略」を策定して人口減少対策を推進してきた。

その約1年後となる2016年11月には，玉井敏久市長が西条市長に就任した。玉井市長は，就任直後から国勢調査の結果と大きく乖離した人口ビジョンの見直しを行うなど，データ分析を重視した政策形成（以下，「EBPM」という）に力点を置いてきた。

2017年11月には，EBPM推進の一環として，直面する政策課題について徹底的に調査分析して課題解決に向けた提言を行うとともに，次世代を担う政策形成能力に秀でた市職員を育成することを目的に，中四国地域の都市として初めてとなる自治体シンクタンク「西条市自治政策研究所」を開設した。

西条市自治政策研究所は，市長特命事項や中長期視点から早期に取り組むことが有益だと考えられるテーマの調査研究に取り組む「調査研究機能」，主要データの収集・分析・蓄積・目標設定・管理に取り組む「政策支援機能」，若手・中堅職員を対象に政策形成能力の向上に向けて取り組む「政策形成能力育成機能」の3つの機能を有している。

西条市自治政策研究所は，2019年度末で本格的な調査研究活動の2サイクル目を終える。研究所機能を設立した当時から重点的に取り組んでいるのが，人口推計の詳細分析と未来予想である。それまでの西条市では，他の地方都市と同様に国立社会保障・人口問題研究所が公表する市域全体の将来推計人口のみを基準データとして使用し，人口減少対策を検討してきた。

しかし，市域全体の将来推計人口だけでは，将来に向けて取り組んでいかなければならない人口減少対策の大枠が見えたとしても，持続可能な地域社会の実現に向けて最も大切となる，地域別に異なる課題の本質をつかむことはできなかった。

そこで，西条市自治政策研究所では，2018年度から有識者指導のもと，他の研究者の視点なども取り入れながら，2045年を基準年とする西条市の未来予想に取り組んできた。

未来予想を行う上で最も重要視したのが，西条市内の全25地区（小学校区）別の将来推計人口である。地区別の将来推計人口が明らかになることで，地区別の高齢化傾向や各小中学校の児童生徒数の推移など，多方面からの分析が可能となるからである。

そこで，西条市自治政策研究所では，2010年および2015年国勢調査の小地域別データを活用して独自に地域別の将来推計人口を算出した上で，そこから地区別高齢化の推移，小中学校別児童生徒数の推移，地域社会の状況に関する未来予想を行った。また，他の研究で活用されている手法などを参考としながら，人口減少の観点から農業分野や製造業分野の未来予想を行った。

未来予想を行っても，どうせ当たらないから意味がないと思われる方もいるかもしれない。もちろん，今回西条市が実施した未来予想の結果が確実な未来として訪れるかどうかを確約することはできない。しかし，西条市のような地方都市にとって，将来人口を予想して確実に正解することに大きな意味はない。むしろ，未来予想を通じて自分たちの地域が持続可能な地域社会を実現するためにどのような課題を抱え，今後どのような政策の方向性を打ち出していくことが効果的なのかを読み取ることに価値がある。

近年，バックキャスティングという考え方が注目されている。バックキャスティングとは，現時点を基準として実施すべき事業を考えるフォアキャスティングの逆の定義であり，ある程度先の未来に基準を置き，その時点までに実施すべき事業を逆算して計画する考え方である。バックキャスティングは，急速な人口減少社会に突入する中，無駄なく計画的に事業を実施していくために効果的な考え方だということができる。

2019年7月31日，第32次地方制度調査会が「2040年頃から逆算し顕在化する地方行政の諸課題とその対応方策についての中間報告」を公表した。

その内容によると,「2040年頃にかけて地域によって異なって現れる変化・課題に対応するためには,それぞれの地方公共団体において,首長・議会・住民等がともに,地域における変化・課題の現れ方を見通し,資源制約の下で何が可能なのか,どのような未来を実現したいのか議論を重ね,ビジョンを共有していくことが重要」とされている。

つまり,地方自治体が独自に未来を予測する重要性に触れているのである。今後,全国的にバックキャスティングによる政策形成の動きが拡大していくことが見込まれることから,西条市の取組みが持続可能な地域社会を目指す一つの手段として注目されるのではないだろうか。

ここで,実際に西条市が行った未来予想の一例を紹介する。

西条市は2014年に日本創生会議人口減少問題検討分科会が公表した「消滅可能性都市」には該当しなかった。この「消滅可能性都市」とは,2010年の国勢調査を基準年として,2040年時点に20歳から39歳の女性人口が半減する自治体として定義されている。この考え方を参考に,「消滅可能性都市」と同じ定義を西条市内の全25地区にあてはめてみる(以下,「消滅可能性地域」という)。その結果,これまで人口減少の影響が大きいだろうと想定していた周辺部の地区のみならず,市街化区域も含めて市内全25地区のうち半数以上の15地区が「消滅可能性地域」に該当する衝撃的な事実が明らかになった。

つまり,西条市は日本創生会議人口減少問題検討分科会が公表した「消滅可能性都市」に該当しなかったことで安心できるような状況にはなく,市内の半数以上の地区が将来に向けて深刻な不安を抱えていることになる。また,市中心部に位置し,行政機能が集中している地区も「消滅可能性地域」に該当しており,これまで人口減少問題と無縁だと思われていた地区も決して安心できない状況に置かれていることが明らかになった。今後は地域によって異なる人口減少問題の本質を見極めながら,地域に応じた対応策を検討していく必要がある。

これらの未来予想の結果は,市民とともに危機感を有して持続可能なまちづくりに取り組むという目的から,第2期総合計画後期基本計画の策定のタイミングに合わせて公表に踏み切った。

また,持続可能な地域社会を実現していくためには,行政のみならず市民との危機感の共有が大切であるとの考え方のもと，市内全地区で開催されたタウンミーティングの場で玉井市長自らが市民に対してデータをもとに説明し，市民と膝を突き合わせて地域の未来に向けた意見交換を行った。

未だ危機感を有している市民が決して多いとは言えない状況にあるが，市長自らが未来予想を説明して情報発信を行ったことは，市民と行政が一丸となって地域社会を持続可能な形に転換していこうと一致団結する機会になったのではないだろうか。

西条市では，2019年度末に策定した第２期総合計画後期基本計画に未来予想の結果を掲載している。また，第２期総合計画後期基本計画では，直面する最重要課題を「人口減少・少子高齢化への対応」とした上で，目指すべき達成目標を「みんなで実現しよう！持続可能な西条市（西条市SDGsの推進）」としている。地方都市がSDGsの推進を掲げることは，もはや珍しい動きではなくなっている。しかし，西条市の場合，独自に行った未来予想をもとに，市民と危機感を共有して掲げた目標であることに大きな価値がある。現在，西条市では地域が主体的に地域課題を発見して解決に向けて取り組む地域自治組織の設立を推進している。今後，市民との危機感共有の結果として，これらの取組みがさらに推進されることを期待している。

４　西日本一標高差のある地方都市の持続可能な自然環境を維持する仕組みづくり

西条市は，これまで産業都市として発展してきた背景もあり，「経済」や「社会」の側面からの取組みが注目される傾向があるのかもしれない。では，「環境」の側面からの取組みが見劣りするのかといえば，決してそうではない。前述したとおり，西条市は，西日本最高峰の石鎚山に代表される自然環境に恵まれた地方都市である。西条市民は豊かな自然環境からの多大なる恩恵を受けて生活しているが，近年では将来に向けて自然環境を持続可能なものにしていくための課題が山積しており，中でも地下水保全を巡る課題は早急に取り組んでいく必要に迫られている。ここからは，「環境」の側面から西条市のSDGs実現に向けた取組みを紹介する。

西条市は，北は瀬戸内海に面し，南部には西日本最高峰の石鎚山がそびえ立つ。あまり知られていないかもしれないが，海抜ゼロメートルの海岸部から約20㎞の直線距離に標高1,982ｍの石鎚山山頂までが収まる，西日本一の標高差を有する都市でもある。この直線距離20㎞の間には，他地域から羨まれるほどの豊富な自然環境が凝縮されている。特に石鎚山系には，麓か

ら山頂までの間に日本列島の自然が凝縮され，高山帯と亜熱帯を除く日本の主な植生帯を観察することができる。石鎚山系には独自の固有種も多く存在し，一説によると，それらは40種類以上にのぼるとも言われている。

また，平野部では石鎚山系からの伏流水が至る所から湧き出し，西条市内に多く存在する湧水池は水生生物の生息地となっており，中小河川にはアユやウナギが生息している。西条市内では市街地にも多くの水路が見られ，河床から水が湧き出ることで流水が透き通り，きれいな河川でしか生育することができない水生植物や，カワセミやコサギなどの野鳥も見ることができる。

加えて，西条市の海岸部には広大な湿地帯が広がり，多くの渡り鳥が渡来する環境省の「日本の重要湿地 500」や，国際的な鳥類保護組織であるバード・ライフ・インターナショナルが選定する重要鳥類生息地にも選ばれており，愛媛県内では数少ないツルの渡来地でもある。また，遠浅の海岸部にも多くの貴重な生物が生息しており，1949年には生きた化石と称されるカブトガニの繁殖地として，愛媛県の天然記念物に指定されている。

ここまで簡単に西条市の自然環境を説明してきたが，標高差2,000 mに凝縮された西条市の自然環境を端的に説明することがいかに難しいかおわかりいただけたかと思う。西条市民は，これら豊かな自然環境の共生者であり，これらの自然環境をいかに持続可能な形で受け継いでいくのかという点が大切であることは言うまでもない。

西条市では，幸いなことに市民活動として豊かな自然環境の保全活動に取り組まれている多くの個人・団体が存在する。抱えるミッションは異なるかもしれないが，いずれの個人・団体も西条市の豊かな自然環境に魅了され，持続可能な形で未来に受け継いでいきたいという考えに違いはないだろう。このような個人・団体の活動があってこそ，西条市の自然環境はすばらしい形で受け継がれてきた。

しかし，近年では，気候変動，外来種侵入，シカの食害，山林荒廃などの課題が重くのしかかり，持続可能な自然環境のあり方が問われる事態となっている。このような中，西条市の豊かな自然環境を未来に向けて保全していくことを目的に，2013年度には環境省の地域生物多様性保全計画策定事業の採択を受けることとなった。実質的な活動期間は2013年度から2014年度までの2年間であり，2015年11月には「生物多様性西条市地域連携保全活動計画」を策定している。生物多様性西条市地域連携保全活動計画では，西条市地域連携保全活動協議会を中心として，西条市内31地区にのぼる重点保全地区および課題を設定している。また，前述した31地区を含め，石鎚山系から平野部・海岸部に至るまでのエリア全域を「水域ネットワーク」と名付けることとし，市民が西条市の自然環境を知る機会を増やし，今後の保全活動に繋いでいくという活動の方向性を取りまとめた。

この計画策定を機に，西条市の自然環境保護に向けた考え方は，重点保全種を保護するだけではなく，生態系全体を保全していかなければならないという広範な考え方に転換された。課題解決に向けて，まだまだ取り組んでいかなければならない事業は多く存在するが，今後とも市民と行政が足並みを揃えて生態系全体の保全を意識して取組みを継続し，持続可能な自然環境の実現を目指していきたいと考えている。

最後に，西条市として絶対に避けて通ることのできない取組みを紹介する。それは，市民の生命とも言うべき地下水の保全に向けた取組みである。前述したが，西条市内では約3,000か所から良質な地下水が自噴する現象が見られ，市民の約半数が水道施設を使わず地下水で生活している。また，地下水をはじめ石鎚山系から流れ出る水は，工業用水や農業用水としても幅広く活用されている。まさに，西条市民は地下水という形で自然環境からの多大なる恩恵を受けて生活している。しかし，この市民にとって身近で当たり前であったはずの地下水が，近年では一部の地域で塩水化が進行するなどの異変が生じている。地下水が持続可能なものでなくなったとき，西条市民の生活は大きく様変わりすることとなる。市内の半数以上の家庭に上水道設備が備わっていない中，もし地下水が使用できなくなると，市民生活を維持することはもはや困難となる。普段から地下水の恵みを受けて生活している西条市民にとって，地下水を持続可能な形で維持することは宿命なのである。

西条市では，これまでにも地下水を持続可能な形として将来世代に受け継いでいこうとする取組みを実施してきた。特に，過去2度に渡って実施した大規模な科学的視点からの地下水資源調査は，西条市の地下でどのように地下水が流れ，どの程度の地下水が貯留しているのか，どのような原理で地下水が自噴するのかという科学的メカニズムを明らかにした。また，地下水が自噴するメカニズムが解明できたことを受け，塩水化の原因は川上から浸透する地下水の圧力が弱まることで，海水からの圧力の影響を受けて発生するということが明らかになった。その結果として，塩水化を防いで西条市の地下水を持続可能な形としていくためには，河川の流量を保つのか，あるいは地下水の使用量を抑制するのか，いずれかの手段で地下水位を保つことが重要であるとの結論に至ることができた。

これまでも西条市では，有識者による指導のもと，地域が地域の実状にあった保全活動や条例による規制によって保全する地下水を「地域公水」と位置付けるという概念を盛り込んだ「西条市地下水保全管理計画」を策定して地下水の保全活動に取り組んできた。

2020 年 7 月には，名水百選のある自治体で構成する「全国水環境保全市町村連絡協議会」が開催する「名水サミット」を西条市で開催することが決定しており，これを機に西条市の地下水に対する市内外からの関心が高まることを期待している。

今後直面する課題としては，より効果的な地下水保全対策を推進していくことを目的に，かつて旧西条市で制定していた「西條市地下水の保全に関する条例」について，市域全体を対象地域とする形で新たに制定し，市民の意識向上のみならず，地下水のくみ上げを抑制していくための具体的な手段を検討しているところである。もちろん，地下水のくみ上げは，市民や企業が当然のこととして感じている権利であるため検討は慎重に行うべきである。しかし，有識者の指導を受けながら，これまでもデータの科学的分析や市民への啓発活動を行ってきた。持続可能な自然環境の保全のみならず，地域社会を良好な形として維持していくためにも，今後は市民とともにさらなる議論を積み重ねていきたいと考えている。

5　今後の展開に向けて

ここまで西条市の SDGs の推進について，特に仕組みづくりという観点に重点を置いて説明してきた。まさに，西条市では単に特化した取組みを断続的に実施するのではなく，長期的視点からいかに持続可能な仕組みを確立していくかという点を大切にしてきた。

人口減少社会を迎え，今後さらに持続可能を実現することが難しくなることが想定される中，公民連携体制のもと，ますます持続可能な仕組みづくりに拘っていきたいと考えている。

また，政策課題が複雑多様化する中，今後は自治体職員の政策形成能力の向上が重要になると考えている。

自治体職員がバックキャスティングの視点をしっかり有するとともに，市民とともに足並みを揃えて難局を乗り越えていくことができるよう，段階を追って自治体経営の底上げを目指していきたいと考えている。

■執筆者紹介

山口　幹幸（やまぐち　みきゆき）
大成建設株式会社 理事　元東京都都市整備局
埼玉県生まれ
日本大学理工学部建築学科卒業
東京都入都後，1996年東京都住宅局住環境整備課長，同局大規模総合建替計画室長，建設局再開発課長，同局区画整理課長，目黒区都市整備部参事，ＵＲ都市再生企画部担当部長，都市整備局建設推進担当部長，同局民間住宅施策推進担当部長を経て2011年より現職。
不動産鑑定士，一級建築士
〈主要著書（共著を含む）〉
『コンパクトシティを問う』（プログレス，2019年），『変われるか！都市の木密地域―老いる木造密集地域に求められる将来ビジョン』（プログレス，2018年），『Evaluation』No.66「特集・コンパクトシティを考える」（プログレス，2018年），『人口減少時代の住宅政策―戦後70年の論点から展望する』（鹿島出版会，2015年），『都市の空閑地・空き家を考える』（プログレス，2014年），『地域再生―人口減少時代の地域まちづくり』（日本評論社，2013年），『マンション建替え―老朽化にどう備えるか』（日本評論社，2012年），『環境貢献都市―東京のリ・デザインモデル』（清文社，2010年），『東京モデル―密集市街地のリ・デザイン』（清文社，2009年）など。

高見沢　実（たかみざわ　みのる）
横浜国立大学大学院 都市イノベーション研究院 教授
愛知県生まれ
東京大学大学院工学系研究科博士課程単位取得退学
横浜国立大学工学部助手，東京大学工学部講師，助教授，横浜国立大学工学部助教授等を経て，2008年4月より横浜国立大学大学院工学研究院教授。その後改組により，2011年4月より現職。この間，1993年に文部省在外研究員（ロンドン大学）。専門は都市計画。
〈主要著書（共著を含む）〉
『密集市街地の防災と住環境整備：実践にみる15の処方箋』(学芸出版社，2017年)，『60プロジェクトによむ　日本の都市づくり』（朝倉書店，2011年），『都市計画の理論』（学芸出版社，2006年），『初学者のための都市工学入門』（鹿島出版会，2000年），『イギリスに学ぶ成熟社会のまちづくり』（学芸出版社，1998年）など。

牧瀬　稔（まきせ　みのる）
関東学院大学法学部地域創生学科 准教授
神奈川県生まれ
法政大学大学院人間社会研究科博士課程修了
民間企業，横須賀市都市政策研究所（横須賀市役所），（公財）日本都市センター研究室（総務省外郭団体），（一財）地域開発研究所（国土交通省外郭団体）を経て，2017 年 4 月より現職。
社会情報大学院大学特任教授，東京大学高齢社会研究機構客員研究員，沖縄大学地域研究所特別研究員，法政大学大学院公共政策研究科兼任講師等を兼ねる。
〈主要著書（共著を含む）〉
『コンパクトシティを問う』（プログレス，2019 年），『地域ブランドとシティプロモーション』（編著，東京法令出版，2018 年），『地域創生を成功させた 20 の方法』（秀和システム，2017 年），『「型」からスラスラ書ける　あなたのまちの政策条例』（第一法規，2017 年）など。

城山　佳胤（しろやま　よしつぐ）
帝京平成大学 健康医療スポーツ学部 教授
奈良県生まれ
慶応義塾大学法学部法律学科卒業，法政大学大学院社会科学研究科（修士課程）修了
特別区採用試験を経て，1986 年東京都豊島区採用。福祉事務所，人事課ほか 2004 年行政経営課長，国民健康保険課長，議会総務課長，会計管理室長，政策経営部長，教育部長を経て 2019 年より現職。
〈主要著書（共著を含む）〉
『地域ブランドとシティプロモーション』（東京法令出版，2018 年），『人口減少時代における地域政策のヒント』（東京法令出版，2009 年），『資料から読む地方自治』（法政大学出版部，2009 年），『子どもの権利とシティズンシップ―自治体の役割を考える』（総合研究開発機構，2004 年）など。

川崎　直宏（かわさき　なおひろ）

㈱市浦ハウジング＆プランニング 代表取締役社長

愛知県生まれ

京都大学大学院工学研究科卒業

1979年㈱市浦都市開発建築コンサルタンツ（現㈱市浦ハウジング＆プランニング）入社。1986年建築計画室長，2000年常務取締役，2008年専務取締役を経て，2016年代表取締役社長となり，現在に至る。

住宅政策や自治体の住宅計画の策定を手掛けるほか，世田谷環境共生住宅の計画，兵庫コレクティブハウジングの計画，種々の高齢者住宅計画調査，ストック活用計画調査等の住宅計画に関する調査研究に携わる。2011年以降は東日本大震災の復興における仮設住宅，災害公営住宅等の調査・計画業務に関わる。

技術士。工学博士（京都大学）。日本大学・大学院非常勤講師。

都市住宅学会著作賞・論説賞，資産評価政策学会著作賞受賞。

〈主要著書（共著を含む）〉

『コンパクトシティを問う』（プログレス，2019年），『人口減少時代の住宅政策―戦後70年の論点から展望する』（鹿島出版会，2015年），『地域再生―人口減少時代の地域まちづくり』（日本評論社，2013年）など。

楠亀　典之（くすかめ　のりゆき）

株式会社アルテップ　プロジェクトリーダー

滋賀県生まれ

2002年法政大学大学院工学研究科修士課程修了。同年アルテップ入社。

主に住宅市街地のまちづくりや調査研究等に従事。

〈主要著書（共著を含む）〉

『変われるか！都市の木密地域―老いる木造密集地域に求められる将来ビジョン』（プログレス，2018年），『人口減少時代の住宅政策―戦後70年の論点から展望する』（鹿島出版会，2015年），『環境貢献都市―東京のリ・デザインモデル』（清文社，2010年），『東京モデル―密集市街地のリ・デザイン』（清文社，2009年），『アジア遊学―アジアの都市住宅』（勉誠出版，2005年）など。

〈執筆者一覧〉

山口　幹幸	（大成建設株式会社 理事，元東京都都市整備局 部長，不動産鑑定士，一級建築士）
高見沢　実	（横浜国立大学 大学院 都市イノベーション研究院 教授）
牧瀬　稔	（関東学院大学 法学部 地域創生学科 准教授 社会情報大学院大学 特任教授）
城山　佳胤	（帝京平成大学 健康医療スポーツ学部 教授）
川崎　直宏	（株式会社市浦ハウジング＆プランニング 代表取締役社長）
楠亀　典之	（株式会社アルテップ プロジェクトリーダー）

《持続可能な地域創生》
SDGsを実現するまちづくり―暮らしやすい地域であるためには

2020年4月10日　印刷
2020年4月20日　発行

編著者　山口　幹幸／高見沢　実／牧瀬　稔

発行者　野々内邦夫

発行所　**株式会社プログレス**
〒160-0022　東京都新宿区新宿 1-12-12
電話 03(3341)6573　FAX03(3341)6937
http://www.progres-net.co.jp　E-mail: info@progres-net.co.jp

＊落丁本・乱丁本はお取り替えいたします。　モリモト印刷株式会社

ISBN978-4-905366-99-7　C3036